통일한국의 새지평

과거청산의
윤리적 시론

통일한국의 새지평

과거청산의
윤리적 시론

김원천 지음

통일 이후 북한의 체제폭력과
과거청산에 대한 한국교회의 역할

주님의 선하신 권능에 싸여(Von guten Mächten)

신실하신 주님의 팔에 고요히 둘러싸인 보호와 위로 놀라워라
오늘도 나는 억새처럼 함께 살며 활짝 열린 가슴으로 새로운 해 맞으렵니다.

지나간 날들 우리 마음 괴롭히며 악한 날들 무거운 짐 되어 누를지라도
주여, 간절하게 구하는 영혼에 이미 예비하신 구원을 주소서

쓰디쓴 무거운 고난의 잔 넘치도록 채워서 주실지라도
당신의 선하신 사랑의 손에서 두려움 없이 감사하며 그 잔 받으렵니다.

그러나 이 세상의 기쁨, 눈부신 햇살 바라보는 기쁨 다시 한 번 주어진다면
지나간 날들 기억하며 나의 삶 당신께 온전히 드리렵니다.

어둠 속에서 가져오신 당신의 촛불 밝고 따뜻하게 타오르게 하시며
생명의 빛 칠흑 같은 밤에도 빛을 발하니 우리로 다시 하나 되게 하소서!

우리 가운데 깊은 고요가 임하며 보이지 않는 주님 나라 확장되어 갈 때
모든 주님의 자녀들 목소리 높여 찬양하는 그 우렁찬 소리 듣게 하소서

주님의 강한 팔에 안겨 있는 놀라운 평화여!
낮이나 밤이나 우리와 함께하시는 하나님은 다가올 모든 날에도 변함없으니
무슨 일 닥쳐올지라도 확신 있게 맞으렵니다.

- "디트리히 본회퍼와 약혼녀 마리아의 편지"
『옥중연서』, 정현숙 옮김, 344-347

김원천 목사 박사학위 논문출판 추천사

　수년간의 연구가 필요한 박사학위 논문과 같은 큰 연구 프로젝트를 수행함에 있어서 학문적 이상과 현실적 적시성을 동시에 충족시키는 것은 그리 쉽지 않다. 논리적인 학문적 이상을 통해서 보편성을 가질 수는 있지만 현실적 함의가 약해지기 쉽고, 현실적인 적시성을 통해서는 구체적이고 실질적인 적용성을 가질 수 있지만 보편 타당성을 놓치기 쉽기 때문이다. 더구나 한반도의 통일과 같은 거대 담론을 다룸에 있어서는 더욱 그럴 것이다. 이 책은 양자를 절묘하게 잘 갖추었다고 말할 수 있을 것이다.

　이 책의 기반이 되는 김원천 목사의 박사학위 연구는 한반도에서 통일이 이루어지고 난 후에 해결해야 할 과거청산의 문제, 더구나 국가적 차원에서 이루어진 구조적인 문제의 청산에 대한 방안을 기독교 윤리적 관점에서 다루었다. 이 주제의 특이성은 어떻게 하면 통일에 도달할 수 있는가의 문제가 아니라, 통일이 이루어지고 난 이후의 문제를 먼저 다루고 있다는 점에 있다. 통일 이후에 예상되는 문제점에 대한 고찰과 그에 대한 해결 방안이 제대로 찾아지지 않는다면, 통일 그 자체에 대한 동력도 상실되고 말 것이다. 그런 점에서 이것은 단지 통일 이후의 먼 미래에 대한 전망만을 담고 있는 것이 아니라, 우리가 원하는 한반도의 평화와 통일이 어떠한지,

혹은 어떠해야 하는지를 미리 보여줌으로써 통일에 대한 통전적인 이해를 가능하게 할 것이기에 통일에 대한 준비를 더욱 체계적으로 갖추게 할 것이다.

　이 연구를 김원천 박사가 연구하기 시작했을 때만 해도 한반도에는 평화나 통일에 대한 희망보다는 전쟁의 공포가 상당히 컸다. 하지만 이 연구를 마친 이즈음에는 마치 언제 그랬냐는 듯이 쌓인 겨울눈을 뚫고 꽃망울을 밀어내면서 봄을 재촉하는 것처럼, 2018년 평창올림픽 이후에 한반도를 둘러싼 정세의 공기는 한반도가 분단된 이후에 여태껏 경험해 보지 못했던 평화와 통일에 대한 희망으로 차올라 있다. 모처럼 주어진 한반도의 봄의 기운이 가을의 결실로 이어지기를 간절히 바라며 기도한다.

　한반도의 평화와 통일을 속단할 수 없으며, 속단해서도 안 된다. 끊임없이 노력하고 기도하고 희망해야 한다. 그것은 예수님의 재림이 가깝다고 확신을 가지고 믿으면서도 오늘 하루하루를 소중히 여기며 충실히 살아가는 우리 그리스도인의 실존적 모습과 꼭 닮았다. 이런 점에서 이 책은 우리가 한반도의 평화와 통일을 바라보면서, 특히 교회적 차원에서 무엇을 준비하고 어떤 일에 기여할 수 있는지, 아니 기여해야만 하는지를 돌아보게 하는 지혜와 통찰을 우리에게 제공해주리라 생각한다.

2019년 2월,

오성현 박사 (서울신학대학교)

목차

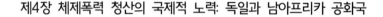

제1장

들어가는 말

1. 문제 제기와 연구목적

오늘날 우리 사회에 회자된 두 단어는 갑질 문화와 미투 운동이다. 두 단어가 의미하는 공통점은 권력의 속성으로부터 파생된 위력에 의한 폭력이다. 개인 위력의 남용으로 점철된 폭력도 그 상처가 깊고 오랜 세월 지속되지만, '위안부 인권문제'처럼 식민 제국주의 국가 체제에 의해 자행된 폭력은 개인과 가족을 넘어 피지배 국가 전체를 피폐화 시킨다. 한편, 자국의 강압적인 군사독재 국가 체제에 의한 폭력은 제2차 세계대전 이후 군사력과 독재적인 강제력을 발판으로 집권한 저개발 중남미권, 아시아권, 아프리카권에 급속도로 확산되었다. 국가폭력의 확산은 군사 원조를 빌미로 제1세계가 국가폭력의 구조와 방법들을 제3세계 국가들에게 전파, 이식하면서 좀 더 조직적이며 체계화되었다. 또한 방위 산업과 안보 산업이 세계적으로 비약적인 성장을 하게 되므로 국가 체제폭력은 세계적으로 널리 확산되어 갔다.

이러한 국가 체제폭력 양상을 설명하는 이론에는 두 가지가 있다.

첫 번째 이론은 사회가 다양화되고 도시화됨에 따라 국민을 통합하는데 위기감을 느낀 국가가 질서 유지 방안으로서 국가 체제폭력을 사용하는 것이다. 두 번째 이론은 국가의 엘리트 지배 계급이 정치경제적 특권 유지와 신변 보호를 위해 폭력을 사용하는 것이다.

최근 세계에서 발생하는 국가 체제폭력 현상은 이데올로기의 기반이 붕괴되면서 사회 불평등의 심화와 그 현상에 대한 불만이 주류를 이루고 있다. 그러나 남북한은 이데올로기적으로 국가 체제의 정당성을 확보하기 위한 수단으로서 폭력을 사용하고 있다고 추론된다. 특히 북한의 체제폭력은 세계 현대사 어디에서도 찾아보기 드문 참혹한 반인도적 인권 범죄와 연관되어 있다. 북한은 범죄 국가로 주민들의 자유와 권리를 제한하고 박탈하여왔다. 예컨대, 북한의 정치범 수용소는 자유권 규약을 정면으로 위배한 범죄 행위 그 자체의 산물이며, 체제폭력의 대명사이며 상징이다. 정치범 수용소는 정치적 사건과 연관된 당사자와 그의 가족들을 합법적인 재판 절차 없이 수용하거나 처벌을 집행하는 특별 구금 시설이다. 북한 정치범 수용소는 두 가지 목적으로 운영되고 있다. 첫째는 정치범들을 사회로부터 격리시키고자 함이며, 둘째는 강제 노동을 시켜 물자를 생산하려는데 있다.

또한 북한의 체제폭력은 생태적 파괴와 더불어 경제난으로 인한 가난의 문제를 야기하고 있다. 이러한 북한의 체제폭력 문제는 통일 이후 반드시 청산되어야 할 시대적 요청이자 역사적 과업으로 떠오를 것이다. 이 문제를 해결하기 위한 과제는 두 가지 맥락에서 살펴보아야 할 것이다. 첫째, 북한의 체제폭력의 문제에서 피해자와 가해자의 범위를 어디까지 규정할 것인가? 규명한 피해를 어떤 방식으로 처리할 것인가? 둘째, 과거청산의 문제와 과제이다. 과거청산 문제는 법률적, 정치적으로 처리하는 것이 원칙이지만, 이 졸저는 정의와 화해의 관점으로 풀어가고자 한다.

첫 번째 문제는 북한의 체제폭력의 범위를 규정하는 것으로서, 그 피해 범위를 피해자, 가해자, 생태 피조세계까지 확대시키고자 한다. 피해에 대한 규명을 위해 극히 제한적이나마 북한인권 침해 상황, 북한의 생태계 오염과 생태계 파괴 상황, 구조적 비생태성, 경제체제의 구조적 모순, 경제난의 실태를 일고할 것이다.

두 번째 문제로서 과거사를 법적 청산으로 해결한 국제적인 사례들을 참고하여 북한의 체제폭력 청산에 반영하겠다. 유고 전범 재판소, 나치 전범 재판소, 아프리카의 국제 전범 재판의 사례들이 있다. 그러나 이 졸저는 정의와 화해라는 기독교 사회 윤리적 근거에 바탕을 두고 과거청산에 대한 사례를 분석하고 검토해 보고자 한다. 체제폭력 청산의 국제적 사례 중, 독일과 남아프리카 공화국의 노력들을 주목하고자 하며, 두 나라의 노력들을 살펴보는 가운데 북한의 체제폭력 청산을 위한 한국교회의 역할로 청산과제의 범위를 한정 짓고자 한다.

그러나 한국교회는 북한의 체제와 통일에 대해 상반된 이해를 갖고 있다. 1970년대 보수 교회는 반공 이데올로기에 매몰되어 있던 반면, 진보 교회는 인권개선운동을 주도해 나갔다. 1980년대 접어들면서 보수 교회는 직접 전도에 따른 북한 선교에 매진했고, 진보 교회는 통일운동을 선도해 나갔다. 1990년대에 시작된 북한인권 운동에는 진보 교회와 보수 교회가 다양한 방식으로 대응하였다.

2015년 8월 9일 광복 70주년 한국교회 평화통일 기도회가 서울

시청 앞 서울광장을 비롯해 국내외에서 열렸다. 기도회는 교회와 교파를 초월한 것으로서, 통일의 당위성과 공감대를 형성해 준 역사적 현장이었다. 한국교회를 비롯해 사회 전체가 한반도의 통일을 염원하면서 그 실천 강령을 발표하는 등, 통일을 향한 진일보한 모습을 보여주었다. 하지만 통일 이후를 대비한 과거청산 연구와 준비는 턱없이 부족한 상태다. 특히 이 졸저가 제시한 통일 이후 북한의 체제폭력과 과거청산에 대한 연구는 아직 만족할 만큼 이루어지지 않은 상태이다. 근래에 와서야 '화해와 진실 위원회'를 구성, 활동하고 있으며, '사단법인 과거청산학회', '(사) 한반도녹색평화운동협의회(KGPM)', '토지+자유연구소' 등이 설립되면서 연구가 활기를 띠고 있다. 그렇지만 기독교 윤리적 관점의 연구는 아직 미약하다. 하지만 최근에 발표된 논문 중, 강병오의 "통일독일의 과거청산 사례 분석과 그것이 한반도에 주는 교훈: 북한 선교 관점에서"[1]라는 논문은 이 분야의 연구에 활력을 주고 있다.

따라서 이 졸저는 통일 이후를 대비한 오늘의 실천과 미래에 대한 준비, 체제폭력 피해와 과거청산에 대한 기준 마련을 위한 토대 조성을 모색하여 본 후, 목회 현장에서 적용할 수 있는 구체적 방법도 궁구해 볼 것이다. 특히, 북한의 인권 개선, 한반도 생태계 회복, 가난의 해결을 위한 '토지 정의 실현'이라는 세 가지 관점에서 한국교회가 감당해야 하는 역할을 제시할 것이다. 이 논문은 기독교 윤리적 관점에서 제(諸) 학문과의 대화를 통해 정의의 목표로써 화해를 실천하고 구현해 나가는 하나의 길잡이가 될 수 있을 것이다.

---

1) 강병오, "통일 독일의 과거청산 사례 분석과 그것이 한반도에 주는 교훈-북한 선교 관점에서", 『신학과 선교』 53 (2018), 9-40.

이 졸저의 연구 목적은 통일 이후 북한의 체제폭력과 과거청산에 대한 문제를 다루되, 특별히 현재부터 통일 이후까지 한국교회가 감당해야 하는 과제와 실천방안을 모색하는데 있다. 북한 체제와 사회 현실의 문제를 다루기 때문에, 이 졸저의 집필을 위한 자료 수집에는 근본적인 한계점이 노정되어 있지만, '북한 체제폭력 청산'이라는 논지를 강화시켜 줄 수 있는 일차 자료들을 우선적으로 발굴하고 선별하여 본문 내용을 구성하여 나갈 것이다.

2. 연구방법과 범위

필자는 연구를 수행하기 위해서 문헌조사 연구방법론을 채택하였으며, 이에 대한 문헌 자료로서 기독교 사회윤리학자 위르겐 몰트만, 디트리히 본회퍼, 로널드 J. 사이더의 주저들을 핵심 자료로 삼았고, 국가 체제폭력, 북한의 체제폭력, 과거청산에 관한 연구서들과 정부와 UN 등 국제적인 연구와 통계문서들을 참고하였다. 법적 청산보다는 한국교회의 역할에 비중을 둔 논지에 부합되게 북한의 인권, 생태계, 토지제도 등과 관련된 자료들을 토대로 했다.

필자는 기독교 신학과 다양한 인접 학문 사이의 '간-학제적' 연구 방법을 통하여 과거청산에 대한 사변적인 통찰뿐만이 아니라 실천 가능성을 모색하고자 하였다. 즉, 윤리 신학적 이론을 바탕으로 이론적 근거를 제시하고, 이와 더불어 정치, 외교, 사회, 법률, 종교 분야의 다양한 문헌고찰을 통해 치유와 회복의 실천방안을 모색하는 '간-학제적' 문헌 연구 방법을 사용하였다.

필자는 다음과 같이 내용을 전개하여 나갈 것이다. 제1장에서는 문제 제기와 연구목적, 연구방법과 범위를 다룰 것이다. '간-학제적' 문헌 연구 방법을 통해서 구체적인 실천방안을 도출해 내는 것을 주요 논지로 삼고 있음을 밝히고, 졸저의 자료에 대한 한계성을 인정하지만 일차 자료를 중심으로 집필해 나갈 것이다.

제2장에서는 정의와 화해를 위한 윤리 신학적 탐구에 대한 논증을 하고자 한다. 첫째, 위르겐 몰트만이 밝힌 바 있는, 정의 목표로서의 화해의 신학적 근거를 고찰할 것이다. 몰트만의 정의 이해, 몰트만의 칭의와 정의의 관계 이해, 몰트만의 정의 목표로서 하나님 나라와 화해, 몰트만의 정치 신학적 정의 구현으로서의 화해가 주요 신학적 근거로 제시될 것이다. 둘째, 디트리히 본회퍼의 책임 윤리와 교회론의 신학적 근거를 고찰할 것이다. 본회퍼의 책임 윤리와 정의, 그리스도 중심 공동체로서의 교회, 역사 속의 책임적 사귐 공동체로서의 교회, 세상 안에서 거룩한 책임적 제자 공동체로서의 교회가 주요 신학적 근거로 제시될 것이다. 셋째, 로널드 J. 사이더의 성육신적 하나님 나라로서의 기독교의 신학적 근거를 고찰할 것이다. 가난 이해, 가난의 성서적 관점, 가난에 대한 교회의 대응들, 성육신적 하나님 나라로서의 사랑과 정의가 주요 신학적 근거로 제시될 것이다.

제3장에서는 북한의 체제폭력과 그 피해를 다루고자 한다. 첫째, 폭력의 주체로서 국가 체제폭력에 대한 이론을 고찰할 것이다. 폭력의 기원과 유형, 국가폭력 범죄 피해의 특성, 북한의 체제폭력 - 정치범 수용소의 반인도적 범죄들, 체제폭력 연구의 최근 경향이 주요 이론적 근거로 제시될 것이다. 둘째, 생태계에 미친 북한의 체제

폭력 상황을 살펴볼 것이다. 생태계에 미친 북한의 체제폭력의 내재적 요인 문제, 북한의 체제폭력에 의한 새로운 생태계 문제들이 근거 자료로 제시될 것이다. 셋째, 북한의 경제난에 대해서도 살펴볼 것이다. 북한의 경제난, 북한 경제체제가 겪었던 1990년대 경제난의 실태 등의 사례가 근거 자료로 제시될 것이다.

제4장에서는 체제폭력 청산의 국제적 노력을 사례별로 탐구하고자 한다. 첫째, 독일의 사례를 살펴보고자 한다. 서독의 통일 전부터의 준비, 동독 정권의 국가 체제폭력 사례와 증거 수집, 동독의 정치범들에 대한 부당한 판결과 학대, 통일 후 동독의 국가 체제폭력 범죄자 처벌과 과거청산의 사례가 근거 자료로 제시될 것이다. 둘째, 남아프리카 공화국 사례를 살펴볼 것이다. 남아공 '진실 화해 위원회(TRC)'를 통해 본 북한의 체제폭력과 과거청산의 기독교적 담론, 남아공 '진실과 화해 위원회'에 대한 이해, TRC의 핵심 개념으로 본 북한의 체제폭력과 과거청산을 위한 담론 분석으로서 남북한 통일 이후 준거를 설정하고자 한다.

제5장, 제6장, 제7장에서는 위에서 연구한 결과물을 중심으로 통일 이후 북한의 체제폭력 청산을 위한 한국교회의 역할을 설정하여 제언하고자 한다. 첫째, 북한인권 개선을 위한 한국교회의 역할을 탐구할 것이다. 독일의 통일과 동·서독교회의 노력들, 동·서독교회의 사례들을 통해서 배우는 한국교회의 과제, 북한인권 개선을 위한 통일 목회를 제시하고자 한다. 둘째, 남북한 통일에 따른 한국교회의 생태계 통합 과제를 고찰할 것이다. 독일 통일 과정 사례를 통한 남북한의 생태계 통합 연구, 북한의 생태계 문제 해결을 위한 접근 방식, 생태계 통합을 위한 한국교회의 과제를 제시하고자 한다.

셋째, 희년 제도에 따른 북한의 토지 개혁에 대해 제언할 것이다. 토지 공유제에 대한 고찰, 북한 경제체제의 토지제도 개편과 공공 임대제, 통일 한국의 토지 정책에서 고려해야 할 사항, 희년 제도 실천을 위한 한국교회의 역할을 고찰해 보고, 이에 대한 대안을 제시할 것이다.

제8장에서는 연구 결과를 요약하고 한국교회가 통일 이후 실천해야 할 과제가 무엇인지 제시하고자 한다.

정의와 화해를 위한
윤리 신학적 근거:
J. 몰트만, D. 본회퍼, R.J. 사이더

이 장에서는 위르겐 몰트만이 제시한 평화의 개념, 디트리히 본회퍼의 책임 윤리와 교회론, 그리고 로널드 사이더가 이해한 가난의 의미를 탐구해 보고자 한다. 하나님이 말씀하시는 정의의 목표로서의 화해 개념을 몰트만의 신학은 강조하고 있다. 몰트만의 정의가 궁극적으로 지향하는 목표는 무엇인가? 몰트만의 정의는 철학적 정의론과 어떻게 다른가? 몰트만이 주장하는 정의의 목표로서의 화해는 무엇인가? 몰트만의 정의에서 칭의와 하나님 나라는 어떻게 관계를 맺고 있는가? 몰트만은 정의의 개념을 가해자와 피해자 그리고 생태학적 신학의 범주 안에서 어떻게 정립시키고 있는가? 몰트만의 정의 실현을 통일 이후 북한의 체제폭력과 과거청산을 다루는 데 있어서 어떻게 응용할 것인가? 등등의 질문을 제기하면서 이에 대한 해답을 몰트만의 신학적 관점에서 찾고자 한다. 몰트만으로부터 북한의 체제폭력과 과거청산을 위한 윤리 신학적 근거를 찾고, 본회퍼로부터는 책임 윤리와 교회론에 근거한 실천적 방향성을 정립하고자 한다. 사이더로부터는 북한의 체제폭력으로 인해 발생된 빈곤의 문제를 해결할 경제 윤리적인 근거를 신학적인 견지에서 모색하고자 한다.

본회퍼는 책임 윤리와 교회론을 강조했다. 본회퍼의 관점에서 통일 이후 북한의 체제폭력과 과거청산의 방향성이 어디를 향하여야 하는지를 고찰하겠다. 본회퍼는 인간들이 책임적 삶을 살지 못한 이유를 어떻게 규명하며, 이를 회복하기 위한 방안을 어떻게 설명하고 있는가? 인간이 책임 윤리적인 삶을 실천하는 양태를 어떻게 제시하고 있는가? 본회퍼의 교회론이 함의하고 있는 세 가지 주요 관점은 무엇인가? 여기에서 제기하고 있는 그리스도 중심 공동체로서의 교회, 역사 속에서의 책임적 사귐 공동체로서의 교회, 세상 안에서 거룩한 책임적 제자 공동체로서의 교회가 북한의 체제폭력과 과거청산을 위한 방향성 정립에 어떻게 기여할 수 있는지 구체적으로 다루고자 한다.

로널드 J. 사이더(Ronald J. Sider, 1939~)는 『가난한 시대를 사는 부유한 그리스도인』을 출간한 성육신적 하나님 나라 연구의 선두주자였다. 그는 팔머 신학교에서 오랫동안 신학 교수로 재직해 오면서 '사회 참여를 위한 복음주의 운동(Evangelicals for Social Action)'이라는 모임을 창설했고, '프리즘(PRISM)'이란 잡지를 창간하여 발행인으로 왕성한 대외 활동을 해왔으며, 100편 이상의 논문 발표와 28권[1]의 책을 저술했다.

사이더의 '가난' 이해가 북한의 체제폭력 현실을 극복하는데 어떠한 의미가 있는가? 그렇다면 오늘날 세계 기독교의 '가난' 이해와

---

1) 『그리스도인의 양심선언』, 『물 한 모금, 생명의 떡』, 『이것이 진정한 기독교다』(이상 IVP), 『복음 전도와 사회봉사』(CLC) 등을 포함하여 최근에는 『복음주의 정치 스캔들』(홍성사 역간)이 국내에 번역 소개되었다.

해결 방법은 타당한가? 사이더가 제기한 교회 공동체를 중심으로 한 복음전도운동, 사회운동, 성령 운동이 북한의 체제폭력과 과거청산을 위해 어떻게 활용될 수 있는지를 모색해 보겠다.

사이더의 총체적 복음 운동은 해방신학과는 신학적 출발점이 다를 뿐만 아니라, 전제 또한 다르다고 할지라도 해방신학과 유사한 사회적 참여와 행동을 이끌어 낼 수 있다. 그는 복음주의라는 정체성을 고수하면서도 사회참여와 변혁에 대한 충분한 성서적 근거와 자료들을 제시하였다. 본 장에서는 통일 이후 북한의 체제폭력과 과거청산을 도모하는 신학적 근거를 로널드 J. 사이더의 '성육신적 하나님 나라'라는 기독교적 관점에서 찾고자 한다.

1. 위르겐 몰트만의 '정의의 목표로서의 화해'

(1) 몰트만의 정의(正義)

사회에 영향을 미치는 철학적 정의론은 분배적 정의와 응보적 정의로 크게 분류된다. 몰트만의 정의 개념에 대한 이해를 위해, 먼저 분배적 정의와 응보적 정의가 무엇인지 살펴보고자 한다. 아리스토텔레스는 분배적 정의에 대해 "각자가 가진 가치에 비례하는 분배가 가장 정의로운 분배"[2]라고 천명하고 있다. 분배적 정의에 대한 근현대적 계보는 존 롤스(John Rawls)와 마이클 샌델(Michael Sandel)에 의해 이어지고 있다.

---

2) 아리스토텔레스, 『니코마코스 윤리학』, 최명관 역,(서울: 서광사, 1984), 145-148.

롤즈의 분배적 정의에서 인간의 갈등은 구성원들이 분배 과정에서 더 많은 몫을 기대하면서 발생한다. 그러므로 구성원들이 수용할 수 있는 분배의 원칙을 세워 갈등을 해결해야 한다. 롤즈는 분배 원칙 수립을 위해 원초적 입장을 제시하였는데, 이는 가상적 장치로서 모든 사람들이 평등했던 최초의 상황에 존재하게 하는 것으로, "자기 자신의 기본 권리와 이해관계에 미칠 결과를 고려하지 않고, 전체 이득의 산술적인 총량을 극대화한다는 이유만으로"[3] 기본 구조를 선택하지 않는 것이다. "원초적 입장에 있는 사람들이 그들의 기본적 자유가 효과적으로 발휘된다는 점을 안다면, 그들이 작은 자유나마 더욱 큰 경제적 이득과 교환하려 하지는 않을 것이라는 점을 가정해 왔다."[4] 롤즈의 원초적 입장은 구성원 누구도 자신의 위치, 사회적 상태, 계층적 지위, 자산, 능력, 체력 등에 대해 이해할 수 없고 자신에게 어떠한 행운이 다가오는지에 대해 알 수 없다. 그리고 구성원은 자신이 어느 정도의 몫을 받게 되는지 모르며, 공정한 분배 원칙을 추구하게 되는데, 구성원 모두는 무지의 베일에 가려진 상황에서 서로에 대한 정보로부터 차단되어 있기 때문에 편향성 없는 공정한 결과 도출이 가능하다.

김봉석은 롤즈의 분배적 정의에 대해, "개인이 가지는 불가침의 평등한 자유와 차등원칙의 결합이며, 이는 현대적 시민권 개념에서 출발한 평등주의적 논의의 정교화라는 점에서 의의가 있다."[5]고 해석하고 있다. 리히(Arthur Rich)는 롤즈의 분배적 정의 개념이 정의

---

3) 롤스 존, 『정의론』, 황경식 역,(서울: 이학사, 2003), 49.
4) 위의 책, 692.
5) 김봉석, "철학적 정의론의 다차원성", 『한국 사회학회 사회학 대회 논문집』, 6 (2008), 279.

론에서 도출될 수 있는 자유의 권력화가 사회경제적 문제를 초래할 수 있다고 진단하고 있다.[6)]

마이클 샌델에 따르면, "정의로운 사회는 우리가 소중히 여기는 것들, 소득과 부, 의무와 권리, 권력과 기회, 공직과 영광 등을 올바르게 분배한다."[7)]고 하면서 '공동체주의'라는 명칭을 처음으로 사용하였다. 그는 공동체주의라는 명칭을 처음으로 사용하면서 그 이름 아래 여타의 저자들의 관심을 끌어 모으게 한 인물로 평가 받는다(Mulhall & Swift, 1996: 40). 이러한 성과를 가능케 한 1982년의 저작 『자유주의와 정의의 한계(Liberalism and the Limits of Justice)』의 요지는, 사회 이전에 존재하는 개인이라는 롤스의 관점을 논박하면서 상호 주관적 자아와 공동체에 대한 근원적 애착을 강조하는 것이라 할 수 있다. 이때, 개인은 자신이 속한 공동체에 근본적으로 연관되어 있는데, 즉 공동체주의적인 함의를 읽을 수 있다. 샌델의 논의를 바탕으로 그가 제시하는 공정한 분배 원칙을 추론해 보면, "공동체적 맥락과 연계된 자아 정체성을 가진, 그리고 효율적으로 활용하는 자산을 갖고 공동체 전체의 선을 위해 노력하는 개인들에게 사회적 자원 및 가치를 각자의 노력에 비례하여 분배하는 것"으로 요약할 수 있다.[8)]

그러나 이와 같은 분배적 정의론에는 문제가 있다. 김봉석은 "샌델의 규범적 집합주의적 이론은 개인과 집합적 질서 사이의 긴장을 과소평가하며 개인의 의지와 자원성을 사회질서에 종속시켜버리는

---

6) Rich Arthur, Wirtschaftsethik I, Zeitschrift für Philosophische Forschung 40, no. 4 (1986), 214-219.

7) 마이클 샌델, 『정의란 무엇인가』, 이창신 역,(파주: 김영사, 2010), 33.

8) 김봉석, 위의 논문, 280.

제2장 정의와 화해를 위한 윤리 신학적 근거: J. 몰트만, D. 본회퍼, R.J. 사이더 27

문제를 낳을 수 있다"고 주장한다.[9] 또한 김영기는 "공동체라는 전체가 지향할 목적을 발견하여 조화로운 조정을 이룬다는 이야기가 공허한 담론이 되지 않기 위해서는 결국 구체적인 기준과 조정의 원칙이 제안되어야 할 것"이라고 지적한다.[10]

응보적 정의관은 "눈에는 눈 이에는 이"라는 원칙에 입각하여 과거의 잘못된 행위를 기준으로 그에 상응하는 대가를 돌려주는 정의이다.[11] 응보적 정의는 복수나 보복과 같이 가해자의 고통을 통한 피해자의 사적인 만족과 상관없이 가해자로 하여금 그에 합당한 응보를 받게 하려는 목적을 지닌다. 그러나 응보적 정의관이 지닌 문제점은 범죄에 대한 처벌의 종류와 정도를 결정할 객관적 기준이나 방법을 제시하기 어렵다는 점이다.[12] 또한 범죄자의 처벌이 실행되어도 피해자가 겪은 육체적, 정서적 피해가 보상될 방법이 없고 사회적 범죄에 대한 대가성 차원의 지불이라는 의미만 있을 뿐, 범죄자를 도덕적 교화로 인도할 가능성이 거의 없다.[13] 범죄자를 처벌함으로써, 범죄 이전 상태로의 온전한 회복은 불가능하며, 피해자의 일시적 감정 해소를 위해 시행되는 폭력의 악순환은 결코 정의의 균형을 가져올 수 없기 때문에 응보적 정의는 그 목적 실현에 한계를 가진다.

몰트만은 "개신교 신학이 하나님의 의롭게 하는 의와 정의를 행하는 의 사이의 유비에 주목하지 않았던 것은 놀라운 일"[14]이라고

---

9) 김봉석, 위의 논문, 282.
10) 김영기, "마이클 샌델의 정의관 비판", 『동서사상』 10 (2011), 22.
11) 이종원, "응보적 정의와 회복적 정의", 『신학과 실천』 28 (2011), 884-885.
12) 이종원, 위의 논문, 887.
13) Bash Anthony, *Forgiveness and Christian Ethics,* (Cambridge, England: Cambridge University Press, 2007), 150-151.
14) 위르겐 몰트만, 『삼위일체와 하나님의 역사-삼위일체 신학을 위한 기여』, 이신건 역,(서울 :

지적한다. 피해자가 희생의 고난을 통하여 의로움을 상실하였듯이, 가해자도 악한 행위를 통하여 비인간적이 되고 불의하게 된다. "바울이 기록한 죄인에 대한 칭의가 세계 안의 하나님의 의의 계시라면 구약성서에 기록된 정의를 상실한 자들에게 의를 행하는 것은 하나님의 자비와 또 하나님의 의의 총체"15)라며 하나님의 창조적인 의를 설명한다. 그는 하나님의 의가 승리하는 대심판을 통해 피해자들에게 희망을 주는 것으로서 나타날 것이 기대되었으나, 하나님이 자신의 백성이 당하는 고난을 자신의 고난으로 삼으며 그 백성에게 권리를 찾아주고 악행을 심판함으로써 하나님 자신의 정의를 세우는 평화의 나라의 모습을 제시한다.16) 그리하여 "하나님의 의는 상주고 벌주는 의가 아니고 정의를 창조하고 확립하는 의라는 것이다."17) 예수는 죄인들에게 용서의 법과 자비로움이란 의를 선포했다. 바울 역시 하나님의 의가 가해자에 대해 보복 형벌적 법이 아닌 창조적으로 의롭게 하는 의로 설명하였다.

결론적으로 몰트만은 하나님의 정의 실현은 응보적 심판이 아닌 예수 그리스도의 새로운 심판을 통해서 가능하다고 주장한다. 예수의 심판은 "의가 없는 자들을 종국적으로 의롭게 하고, 불의한 자들을 정의롭게 만들고, 원수들을 영원히 죽이는 것이 아니라 원수된 관계를 영원히 소멸시키고 그의 사랑의 힘으로써 이 관계를 변화시켜서 종국적으로 그의 끝없이 계속될 평화의 나라를 세우는 심

대한기독교서회, 2017), 113.

15) 위의 책, 113.

16) 위르겐 몰트만, 『예수 그리스도의 길』, 김균진, 김명용 역,(서울: 대한기독교서회, 1990), 465-466.

17) 위의 책, 466-467.

판"[18]이다. 이러한 평화의 나라 건설이야말로 죽이기 위해 오시지 않고 살리기 위해 오시는 그리스도의 정의로운 심판에 대한 바른 메시아적 해석이라는 것이다.[19] "하나님의 정의는 올바름과 공정함을 창조하는 정의로써 나타나지만"[20] 분배적 정의와는 다르다고 보았다. 분배적 정의는 불의에 대해 결국 응보적 정의로 적용되는데, 몰트만에 따르면 이것은 가해자에 대한 보응에 치우쳐 고난 당한 피해자가 도외시 되는 한계를 가진다고 주장한다.[21] 분배적 정의와 응보적 정의는 결국 피해자가 자비를 베푸는 주체로 세워짐으로써 그 인권을 회복해야 하는 가능성을 차단하기 때문이다. 그런 의미에서 몰트만은 정의의 최고 형태라 규정하는 자비의 법, 즉 권리를 잃어버린 자들에게 이를 되찾아주는 과부와 고아의 아버지가 되시는 하나님의 정의가 요청된다고 역설한다.[22]

(2) '십자가와 부활'에 근거한 칭의와 '다시 태어남'을 가능하게 하는 칭의로서의 정의

몰트만에게서의 정의론은 하나님이 그리스도를 통해 모든 인간이 정의롭다고 칭해주시는 것만 아니라, 실제로 정의를 세우시는 분이라는 칭의 이해에서 출발한다. 몰트만의 칭의론은 인간의 '중생'을 포함하는 모든 피조물의 '다시 태어남'을 포함하고 있다는 것이 특징이다.

---

18) 위의 책, 470.

19) 위의 책, 470.

20) 위르겐 몰트만, 『정의가 미래를 창조한다』, 안명옥 역, (서울: 분도, 1990), 71.

21) 위르겐 몰트만, 『희망의 윤리』, 곽혜원 역, (서울: 대한기독교서회, 2012), 312-313.

22) 위르겐 몰트만, 『정의가 미래를 창조한다』, 73.

피해자는 자신의 고난 가운데 십자가를 지심으로 의롭다 칭함을 받게 하신 그리스도가 함께함을 인식하게 될 때, 고난을 괴로워하지 않고 희망의 삶으로 살아가게 된다.23) 또한 가해자가 그리스도를 대하게 되면 자신의 악한 실상을 깨닫는 심판을 받고, 정의로운 삶으로 창조되는 경험을 하게 된다.24)

몰트만의 '십자가-부활' 신학에 근거한 칭의 개념은 첫째, 폭력과 불의의 피해자들을 법으로 보호하고 그들을 회복시킴으로써 그들에게 자신을 의로운 자로 입증하시는 하나님의 칭의이다. 둘째, 과거 자신의 죄책감의 사슬에 매여 있는 불의의 종들을 해방하고 새로운 삶의 출발을 열어주며, 바르게 만듦으로써 그들을 의로운 자로 인정하시는 하나님의 칭의이다. 셋째, 앞에서 소개한 두 방법을 통해 의를 회복하고 세우는 창조자의 피조물에 대한 자기 권리회복이 이 세상에 도래할 하나님 나라를 선취하게 하는 칭의이다.25) 몰트만의 칭의론은 피해자들에게 정의가 실현되고 범죄자들이 교정되는 것이다.26) 그러므로 몰트만에게서 칭의는 '다시 태어남'을 포괄한 것이며, 이 거듭남의 현실이 바로 정의의 실제적 내용인 것이다.

'다시 태어남'이라는 정의는 피해자들에게 의를 세우고 가해자들을 바르게 교정하는 하나님의 창조적인 의를 선포하는 것이라고 몰트만은 말한다.27) 한편으로 하나님은 피해자이지만 다른 한편으로

---

23) 위르겐 몰트만, 『오늘 우리에게 그리스도는 누구신가?』, 이신건 역, (서울: 대한기독교서회, 1997), 64.

24) 위의 책, 90.

25) 위르겐 몰트만, 『절망의 끝에 숨어있는 새로운 시작』, 곽미숙 역, (서울: 대한기독교서회, 2006), 107-108.

26) 위의 책, 77.

27) 위르겐 몰트만, 『희망의 윤리』, 309-316.

는 가해자가 되는 갈등의 역사 중심에 계신다. 화해의 심판자요 평화의 심판자가 되셔서 인간관계를 회복시키며, 이를 우주적 차원으로 행하심으로써 만물을 새로운 창조로 인도하신다.[28]

첫째, 몰트만에게서 칭의로서의 정의는 하나님이 피해자들의 편에서 그들과 함께 고난 당하는 운명 공동체로 함께하신다는 것이다.[29] 즉, 화해만이 증오로부터 해방되는 길이며,[30] "가해자에게 화해를 제안할 수 있는 것은 오직 피해자이다."[31] "하나님께서 피해자 편에 계시기 때문에 피해자들은 신적인 권위를 얻게 되는 것"[32]이라고 규정한다.

몰트만은 피해자가 하나님의 창조적 정의를 적극적으로 실현하는 방안으로 '원수 사랑'을 제시한다. 원수 사랑은 화해로 가는 길이며 따라서 창조적 정의이다. 원수 사랑은 인류 사회에서 영구 지속적인 평화가 가능하도록 하는 메시아적 정의의 정점이다.

둘째, 가해자 및 구조의 교정을 위한 새로운 삶으로서의 정의이다. 몰트만에 의하면 칭의는 가해자들을 정의의 종으로 새롭게 세우는 '다시 태어남'을 얻게 하며 불의했던 과거가 오히려 새로운 시작을 도모하는 동기가 되는 것이다.

몰트만의 판단대로 개인이 죄를 범하는 습관에 의해 생겨나는 악행들이 사회구조적 차원으로 비화되고, 고착화되면 "불의하고 악한

---

28) 위르겐 몰트만, 『절망의 끝에 숨어있는 새로운 시작』, 196-197.
29) 위르겐 몰트만, 『생명의 영』, 김균진 역, (서울: 대한기독교서회, 1992), 178-179.
30) 위르겐 몰트만, 『그리스도가 계신 곳에 생명이 있습니다.』, 채수일 역, (서울: 대한기독교서회, 1997), 40.
31) 위르겐 몰트만, 『세계 속에 있는 하나님』, 곽미숙 역, (서울: 동연, 2009), 429.
32) 위의 책, 429.

구조는 인간이 악을 행하도록 강요한다."[33] 이러한 불의한 사회구조는 인간에 의해 만들어지지만, 그 구조를 형성하는 인간 또한 구조들에 의해 지배당하는 악순환 고리, 즉 체제적인 죄의 세력이 구조화되어 자립적으로 인간 위에 군림하고 강압적 폭력 행사로 인간을 죄의 공범자로 만드는 구조가 됨을 이해해야 한다.[34] 제도화, 구조화로 연결된 폭력 구조들은 자체에 의해 변화가 불가능하다. 이러한 폭력 구조의 변화는 이를 만든 자들에 의해 가능해진다.[35] 그러므로 하나님의 칭의는 그리스도를 통해 구조적으로 고난 당한 자들이 권리를 회복하고, 구조적으로 불법을 행하던 자들이 불의의 구조와 제도를 청산하는 정의의 공동체를 이루어 나감으로써 구현되는 것이다.[36]

몰트만은 만물을 향한 '다시 태어남', 즉 새 창조의 비전에 대해 "자연과 인간문화의 관계는 인간이 자연을 굴복시키기 위해 자연을 인간에게 이용될 수 있는 대상으로 만들었던 구조적 폭력에 의하여 결정되어 왔다."[37]고 지적한다. 몰트만은 인간의 삶과 자연과의 형평을 깨뜨리는 불의한 구조의 극복을 위해서는 인간이 자연에 대한 파괴 가능성과 파괴 능력으로부터 변혁되고, 불의의 궁극적 시간과 힘, 그리고 죽음의 권세로부터 다시 태어나야 한다고 주장한다.[38] 또한, 인간은 생태학적 하나님의 정의가 실현되도록 자신이 생태 피

---

33) 위르겐 몰트만, 『생명의 영』, 191.
34) 위르겐 몰트만, 『삼위일체와 하나님의 역사-삼위일체 신학을 위한 기여』, 126-129.
35) 위르겐 몰트만, 『절망의 끝에 숨어있는 새로운 시작』, 85.
36) 위르겐 몰트만, 『삼위일체와 하나님의 역사-삼위일체 신학을 위한 기여』, 130.
37) 위르겐 몰트만, 『예수 그리스도의 길』, 359.
38) 위르겐 몰트만, 『삼위일체와 하나님의 역사-삼위일체 신학을 위한 기여』, 167-170.

조물의 일원임을 스스로 깨닫고, 피조 공동체를 향해 책임성 있는 사랑의 삶을 살기 위해 반드시 자연이 인간을 위한 생태계로서가 아닌, 자연 그 자체로서 주체가 되는 권리가 있음을 깨달아야 한다고 갈파한다.[39)]

이러한 면에서, 생태학적 정의는 피해자를 위한 정의이다. 몰트만은 피해자인 생태 피조물에 대한 생태학적 정의의 완성은 도래할 하나님 나라에서 성취된다고 보았다. 그것은 페리코레시스(perichoresis)[40)]적으로 만물에 내주하시는 하나님의 임재이며, 미래에 완성될 생태 피조물들이 상호 교통하는 현상을 의미한다. 그런 의미에서 만물의 '다시 태어남'은 인간에 의해 일방적으로 지배되던 상태가 아닌, 인간과 자연의 상호관계성 아래 창조자이신 하나님과 화해를 통해 서로를 위한 정의로운 피조 공동체로 존재하는 것이다.[41)]

동시에, 생태학적 정의는 가해자를 위한 정의이다. 몰트만은 생태 피조물을 향한 가해자들이 생태학적 정의가 구체적으로 실현될 수

---

39) 위의 책, 161-162.

40) 위의 책, 181. 신적인 위격들은 단지 서로에 대한 관계 안에서만 존재하지 않고, 요한복음의 표현방식이 가리키듯이, 서로 안에서 존재하기도 한다. 아들은 아버지 안에 있고, 아버지는 아들 안에 있다. 성령은 아버지 안에 있고, 아들 안에 있다. 그리고 아버지와 아들은 성령 안에 있다. 위격들이 이처럼 서로 안에서 친밀하게 내주(內住)하는 것과 완전히 침투(관통)하는 것은 삼위일체적 순환(Perichorese) 이론에 의해 표현된다. 이것은 위격 이론과 관계 이론을 넘어서는 삼위일체적 일치성을 표현한다.
페리코레시스는 영어로 'mutual indweling' 또는 'mutual interpenetration'으로 번역할 수 있다. 이는 삼위 간의 내주, 침투를 의미한다. 삼위가 서로 구별된 위격이지만, 완전히 분리된 구별이 아니라, 삼위가 서로 내주하시는 가운데 완전히 연합된 일체로 계시므로 한 분 하나님으로 존재하신다는 뜻이다. 세 위격이 하나의 완전한 연합체, 통일체로 존재하신다는 것이다. 그래서 연합적 친교를 의미하는 'communion'이라는 단어를 사용해서 삼위일체(삼일) 하나님을 'a com - munion of three persons'라고 표현하기도 한다. cafe.daum.net/yangmooryvillage/RkzJ/6732에서 '페리코레시스' 개념을 인용했다.

41) 위르겐 몰트만, 『희망의 윤리』, 249-251.

있도록 하는 생태계 조성을 위해 피해자인 생태 피조물을 위한 실제적 법안이 채택될 수 있도록 노력할 것을 주장한다. 이 같은 실천은 인류가 생태 피조물을 향한 가해자의 입장에서 피해자의 눈으로 가해자인 자신의 불의와 폭력을 깨닫게 하는 것이다. 깨달음 이후, 자신의 삶을 피해자인 생태 피조물을 위한 삶으로 다시 태어나 피해자의 회복과 보전을 위해 힘쓰는 삶을 살아가게 하는 것이다.

(3) 정의 목표로서 하나님 나라와 화해

몰트만에 따르면, 하나님 나라 이해는 인간으로 하여금 종말론적 하나님 나라를 대망하면서 정의를 실천하게 한다고 주장한다. 이러한 의미에서 하나님 나라는 앞으로 이루어지는 것이 아니라 다가오고 있는 것으로 몰트만은 이해했다.[42] 또한, 화해는 '적대적 윤리'에 대한 비판으로부터 출발하며 우주적 그리스도에 의한 생태계와의 화해를 통해 피조물들도 개체로서 인정받아야 한다는 주장을 하였으며, 이를 위해 창조 공동체의 법전을 편찬할 것을 주장하였다. 여기서 "우주적 그리스도론은 그리스도에 대한 인격적 신앙을 폐기하지 않으며 종교적 세계관으로서 이 신앙을 대체하지도 않고 오히려 이 신앙을 그리스도의 주권의 폭넓은 지평 속에 세운다."[43]는 것이다. 골로새서를 인용하여 몰트만은 하늘에 있는 것이든 땅 위에 있는 것이든 모든 것들은 그리스도를 통하여 화해되었다고 말한다.[44] 우주적 구원을 이야기하는 몰트만의 화해의 개념은 법적인

---

42) 위르겐 몰트만, 『오늘 우리에게 예수 그리스도는 누구신가?』, 171-172.

43) 위르겐 몰트만, 『예수 그리스도의 길』, 330.

44) 위의 책, 332.

개념이며, 침해된 법적 개념의 회복을 의미한다. 하나님 나라는 역사 속에서 인간으로 하여금 희망의 능력으로 하나님의 오심을 위해 화해의 길을 나서도록 한다.[45]

몰트만은 삼위일체 하나님과의 교제 가운데 살아가는 피조물들은 하나님의 페리코레시스라는 피조세계에 함께 거하는 운명 공동체로 존재한다고 보았다.[46] 그리고 창조주 하나님과 함께하는 피조 공동체의 삶은 하나님의 영광과 기쁨에 참여하는 삶이 된다.[47] 생태 피조물의 가해자나 피해자가 상호 공존하는 피조세계와 그 위에 페리코레시스적 충만으로 존재하는 하나님, 그리고 쉐키나[48]의 충만으로 창조 세계에서 존재하시는 하나님이 피조세계의 삶을 견인하신다.[49] 이것이 바로 정의로운 하나님 나라의 완성된 현실이다.

몰트만이 말하는 하나님 나라의 미래 개념은 선취의 개념이다. 선취라 함은 도래될 것을 기대하며 미리 취하는 것을 의미한다. 그러므로 하나님의 나라가 하나님의 것만이 아닌 인간의 것이기에, 인간은 하나님 나라와 의를 구함으로써 우주적 그리스도와의 화해를 선취해 나가야 할 것이다. 이에, 인간은 역사 가운데서 하나님의 나라와 의에 모순되는 상황을 거부하며 그에 상응하는 상황을 조성하

---

45) 위르겐 몰트만, 『희망의 윤리』, 86.
46) 위르겐 몰트만, 『하나님의 이름은 정의이다』, 곽혜원 역, (서울: 21세기 교회와 신학 포럼, 2011), 237-239.
47) 위르겐 몰트만, 『오늘 우리에게 예수 그리스도는 누구신가?』, 35.
48) 쉐키나(Shekinah): '거주하는 것, 또는 거주'의 뜻으로서, 'shakan'(거주하다)에서 유래하였다. 탈굼과 라비 문서들에서 하나님이 자기 백성들과 경건하게 가까이 계심을 완곡하게 나타내는 말이다. 성서에는 이 말이 나오지 않는다. 그러나 이 말은 구약성경에서 기원하고 있으며, 구약성경은 하나님이 땅에 계시다는 말을 종종 하고 있으며, 이러한 사상이 신약성경에 반영되어 있는데, 특히 하나님이 예수 그리스도의 몸 안에 거한다는 사상에서 잘 나타나 있다.
49) 위르겐 몰트만, 『하나님의 이름은 정의이다』, 249.

여 하나님의 나라의 도래를 선취해야 할 것이다.50)

몰트만에 의하면, 하나님 나라의 선취적 적용으로서의 화해는 크게 영생, 사랑, 자유, 평화 네 가지로 대별할 수 있다. 첫째, 몰트만은 연대기적 시간이 아니라, 영생이란 인생을 생동적으로 만들고 인생의 의욕을 고양시키는 사랑받는 삶을 말한다.51) 그리스도인의 영원한 생명은 하나님과의 교제로 하나님의 영원성에 동참하여 존속함으로 영원성을 부여 받게 되기 때문에 하나님 안에서 실현되는 것이다.52)

둘째, 몰트만에 의하면, 인간을 사랑하시는 하나님 때문에 인간은 다른 상대를 용납하며 그들과 함께 삶을 나누는 희망의 삶을 살아야 한다는 것이다. 죄인과 세리의 친구이신 예수와 함께 우리 사회의 소외된 이웃과 함께 살아가는 사회의 공동체를 건설해야 하며 죄책감에 애통하는 자와 함께 울며, 죽어가는 자와 동고동락하는 것이다.53)

셋째, 몰트만에 따르면 자유가 하나됨으로서의 선취적 적용으로서 화해를 이루는 실천적인 도구가 되기 위해서는 먼저 피해자들의 자유 회복이 이루어져야 한다고 말한다. 피해자들이 자유롭지 않을 때 실제적인 자유가 없다고 갈파하면서, 인간이 자유를 경험하는 가장 분명한 방법은 "인간의 지배와 무관심 아래에서 고난 당하는 사람들의 해방"54)을 통해서라고 제시한다. 그런 의미에서 공동체적

---

50) 위르겐 몰트만, 『절망의 끝에 숨어있는 새로운 시작』, 128-129.

51) 위의 책, 207-209.

52) 위의 책, 212.

53) 위르겐 몰트만, 『성령의 능력 안에 있는 교회』, 박봉랑 외 4인 역, (서울: 대한기독교서회, 2011), 137-141, 146-147.

54) 위르겐 몰트만, 『하나님 체험』, 전경연 역, (서울: 대한기독교서회, 1982), 155.

자유는 권력투쟁과 계급투쟁의 역사에 대한 저항운동이 되어, 소외되고 억압당하는 자들, 낮은 자들의 존엄성과 인권이 회복되며 생태 피조물이 피해자들이 당하는 억압에서 해방되는 것이다. 그러므로 참 자유로운 인간상은 사랑 안에서 개방적이고 생태 피조물에 이르기까지 상호 협동적 공동체를 형성한다.55)

넷째, 몰트만은 주장하기를, 인간이 하늘 아버지의 자녀라는 새로운 방향 설정이 원수에게서 해방되는 평화의 길이라고 하면서, 이 땅의 정의의 선취로서 평화의 적용을 제시한다. 그에 의하면 평화를 향한 진정한 해방의 능력은 보복의 이름으로 반응하는 것이 아닌, 선행적이고 창조적인 사랑을 세우신 예수의 원수 사랑에 대한 뒤따름이다. 몰트만은 모든 악을 견디어 내시면서도 끝내 악으로 갚지 않고 선을 세우시는 그의 사랑의 창조적 능력이 인간을 무장해제 하시며 보복의 세력에서 탈출시켜 창조적 하나님의 법칙 안으로 들어가게 한다고 주장한다.56) 그 실제적 예로써, 그는 앨라배마의 감옥에서 마틴 루터 킹(Martin Luther King)이 했던 "악에 대한 무폭력적 저항은 비겁한 자를 위한 방법이 아니라 강한 자의 방법"이 실행된 것을 제시한다. 이를 통해 공포의 정책이 아닌, 창조적인 사랑의 정책이 진정한 평화의 방안이 된 것이다.57)

---

55) 위르겐 몰트만, 『하나님 체험』, 151.
56) 위르겐 몰트만, 『약한 자의 능력』, 전경연 역, (서울: 종로서적, 1996), 68-69.
57) 위의 책, 70-71.

(4) 정치 신학적 정의 실현으로서 화해

몰트만의 정치 신학은 교회의 정치적 생태계를 각성시키고 교회의 정치적인 실존적 현실을 그리스도화 시키는 것이다.[58] 정치 신학은 신앙이 갖는 공적(公的)인 증언과 책임에서 출발하여 사회를 건강하게 비판하고 폭력을 비판하는 신학을 의미한다.[59]

몰트만의 정치 신학은 하나님 나라의 선취적 적용의 모델로써, 몰트만은 현대사회의 정의 구현을 위한 화해에 기여할 수 있는 네 가지 제안을 '하나님의 형상에 대한 이해'를 바탕으로 제시하고 있다.

첫째, 인간은 하나님의 형상으로서 인격적 존재이다. 따라서 인간이 의롭게 되고 인간성이 회복되는 것은 인간의 권리 실현과 직결된다. 이러한 맥락에서 몰트만은 인권에 대한 인식과 인권 실현을 위한 투쟁에 대하여 도피하지 말고, 비인간화와 탈인간화의 현실에 대한 투쟁의 필요성을 역설한다.[60] 그러므로 세계에 존재하는 권력 기구, 경제 기구, 국가 기구 같은 조직들이 인간의 존엄성을 지키는 조직들이 되어야 한다고 그는 주장한다. 몰트만은 근대 정치사에서 서유럽 기독교계가 주장해 왔던 인간의 인격적 권리가 이에 반하는 세력에 대한 저항권과 저항의 의무를 창출해 왔다고 진술한다.[61] 그런 점에서 몰트만은 폭군에 대한 저항을 하나님을 향한 인간의 순종으로서, "저항은 인간의 권리이며 기독교의 의무이다. [또한] 저항은 위급 시의 이웃에 대한 사랑"[62]이라고 규정한다. 이러한 근

---

58) 위르겐 몰트만,『정의가 미래를 창조한다.』, 51-53.
59) 위의 책, 50.
60) 위르겐 몰트만,『하나님 체험』, 105-107.
61) 위의 책, 98-99.
62) 위의 책, 100.

거를 통해 몰트만은 오늘날 인간의 권리와 기독교의 의무로써 저항해야 할 경우를 세 가지로 제시한다. 한 정부가 그 나라의 기본법과 헌법에 대하여 확실한 반대가 되는 법률을 선포할 때, 한 정부가 그들의 영구적인 법률을 파괴할 때, 한 정부가 헌법을 변경하면서 시민들, 또는 어떤 인종이나 계급에게 근본적인 인간의 권리를 주지 않기로 변경할 때이다. 이러한 경우는 저항을 명령할 수 있으며 더욱이 그 잘못된 내용들이 인간의 권리에 관한 것일 때에는 모든 수단으로써 저항할 것을 주장한다.[63]

둘째, 하나님의 형상은 타인과 함께할 때에 본받을 수 있게 된다. 그는 하나님께 순종하는 인간의 권리는 자신만을 위한 개별적 존재가 아닌 사회적 인간으로서, 우정과 연대감이라는 형제자매 의식을 가지고 살아갈 때 성립되는 것이라고 주장한다. 그는 성서에 나타난 희망의 역사는 인간으로 하여금 삼위일체적인 공동체 내에서, 공동체와 함께, 하나님께 응답할 때 가능하다고 했다. 그러므로 인간이 인간답게 되기 위해서는 공동체와 공동체의 제도를 존중하는 삶을 살아야 하는 것이다.[64]

인간의 생활 공동체가 인간 상호 간에 참여하고 서로 인정하는 교제를 해야 하는 이유는, 이러한 공동체 생활이 다가올 하나님의 나라에서 경험할 하나님의 임재를 선취하는 삶이 되기 때문이다. 그러므로 인간 개개인의 권리는 올바른 공동체 속에서 가능해지며, 올바른 공동체가 되기 위해서는 개인의 자유와 권리가 온전히 누려질 때 실현된다. 이러한 원칙성이 일치하지 않는 현실 상황에서는 조정

---

63) 위의 책, 100.

64) 위르겐 몰트만, 『하나님 체험』, 100-101. 위르겐 몰트만, 『삼위일체와 하나님의 역사-삼위일체 신학을 위한 기여』, 136-146. 참조.

을 통한 균형을 유지해야 한다. 인간의 존엄성과 인간의 권리에 대하여 봉사하고자 하는 자는 사회주의 국가에서 개인적 인간의 권리를 위해, 민주주의 국가에서는 사회적 인간의 권리를 서로 옹호하기 위해 노력해야 한다.[65]

셋째, 인간이 하나님의 형상을 닮았다는 점은 땅을 통치하는 인간의 권리와 자연 창조물과의 공동생활을 해야 하는 근거가 된다.[66] 몰트만은 이렇게 인간의 경제적 기본권과 함께 생태적 기본 의무를 포함시킨다. 땅에 대한 인간의 지배가 자연을 사랑하시는 창조주의 뜻과 명령에 일치하지 않고 강탈과 착취라는 자연 파괴로 행해진다면, 인간의 권리와 인간의 존엄을 부정한다. 즉 인간이 땅에 대해 만물에 대한 창조주의 지배와 일치할 때, 하나님의 형상에 적합한 모습이 되는 것이다.[67] 나아가 "인간의 자연에 대한 지배가 생태계와의 협동하는 결합 속에서 실행되고 인간적인 사회와 자연적인 생태계의 공생이 될 때에만 인간의 만물에 대한 지배가 하나님으로부터 합법적인 것으로서 인정받을 수 있다."[68] 이런 의미에서 몰트만은 자연에 대한 인간의 지배권이 생태 피조물의 권리에 대한 존중을 근거로 행사할 것을 제안한다.

넷째, 인간은 역사 속에서 미래를 위해 열려있는 사고와 그 미래를 향해 현실적인 책임을 감당할 때 존엄한 하나님의 형상에 상응하는 삶을 영위할 수 있다.[69] 인간은 당대의 정의를 위해서만 아니

---

65) 위르겐 몰트만, 『하나님 체험』, 101.
66) 위의 책, 102.
67) 위르겐 몰트만, 『정치 신학 정치 윤리』, 조성로 역, (서울: 대한기독교출판사, 1992), 226.
68) 위르겐 몰트만, 『하나님 체험』, 102.
69) 위르겐 몰트만, 『정치 신학 정치 윤리』, 227.

라 당대의 정의가 후대에로 전승될 수 있도록 실천해야 한다.[70] 몰트만은 인간의 인권 보호는 다음 세대의 정의로운 생활권을 옹호하는 삶, 즉 자신의 미래에 대해 부응하는 의무감을 가지고 정의를 위해 지속적으로 노력할 때 보호될 수 있다고 말한다.

몰트만은 현대 사회가 이기심으로 인해 미래 세대를 고려하지 않는 정책을 시행하고 있다고 진술한다.[71] 석유 등 지구의 부족 자원이나 국가의 공공재정에서의 부채, 핵폐기물 생산과 산업 쓰레기 등을 그 사례로 든다. 몰트만은 현 세대가 다음 세대에게 이와 같이 저지르고 있는 불의한 경영들을 그치고, 사회적 책임과 희망적인 생태계 상속 의무를 지고 다음 세대를 고려하여 다음 세대와의 연대성 아래 협약을 유지할 때 다음 세대의 정의가 보장될 수 있다고 지적한다.[72] 그러므로 미래를 희생시키면서 현재의 번영을 누림을 거부하고, 다음 세대와의 올바른 화해를 위해 협력하는 삶을 살아갈 때에 과잉 인구와 성장 한계의 우주에서 하나님의 형상으로의 회복과 우주적 그리스도에 의한 화해가 가능해질 것이라고 제안한다.[73]

피해자와 가해자의 화해에 의해 성취되는 하나님의 정의의 실현은 피해자와 가해자, 그들의 후손이나 대변인들이 먼저 갈등 극복 의지를 표현해야 한다. 이때 피해자는 과거의 상처를 폭로하되 가해자를 고발하지 않으며, 가해자는 자신의 입장이 아닌 피해자의 처지에서 자신들과 그들의 선조들의 해악을 깨달아야 할 것이다. 한 걸음 더 나아가 피해자는 회개하는 가해자를 자신들의 후손들과 함께

---

70) 위의 책, 228.
71) 위르겐 몰트만, 『생명의 샘』, 130-131.
72) 위르겐 몰트만, 『정의가 미래를 창조한다.』, 26-29.
73) 위르겐 몰트만, 『정치 신학 정치 윤리』, 227.

용서함으로써 가해자와 그 후손들이 화해를 경험하게 되는 것이다. 갈등의 상처는 잔존하지만 더 이상 과거가 양자를 억압하지 못하며 오히려 상처가 치유되는 화해의 공동체의 생활을 영위하게 된다.[74]

2. 디트리히 본회퍼의 책임 윤리와 교회론

(1) 책임 윤리와 정의(正義)

본회퍼는 처음으로 책임 윤리 문제를 신학계에 제기한 신학자이다. 본회퍼는 책임의 개념을 인간의 삶의 궁극적인 현실과 인간적 삶의 원천이 되시는 예수 그리스도의 생명에 대한 구체적인 응답 구조로 파악하면서,[75] '책임'을 다음과 같이 정의한다. "예수 그리스도의 생명에 대해 응답하는 (우리의 생명을 긍정하고 부정하는) 이 생명을 우리는 '책임'이라고 부른다. 책임이란 생명의 전체성을 투입한다는 뜻이며, 생사를 걸고 행동한다는 뜻이다."[76] 그리스도인이 이러한 '책임'을 만나는 지점을 본회퍼는 다음과 같이 기술한다. "책임은 하나님 앞에서, 그리고 하나님을 위해 일어나며, 사람들 앞에서, 그리고 사람들을 위해 일어난다. 그것은 항상 예수 그리스도의 일을 위한 책임이며, 오직 그런 점에서 자신의 생명을 위한 책임이다. 오직 말과 생활로써 예수 그리스도를 고백하는 곳에서만 책임은 존재한다."[77]

---

74) 위르겐 몰트만, 『그리스도가 계신 곳에 생명이 있습니다.』, 50-51.
75) 고재길, "디트리히 본회퍼의 사회윤리에 대한 소고", 『장신논단』 37 (2010. 6), 135.
76) 디트리히 본회퍼, 『윤리학』, 304.
77) 위의 책, 306.

하나님은 인간의 자유를 위해 아담과 하와를 만드시고 타자를 향한 책임적 삶을 살도록 하셨다. 그러므로 인간의 자유는 타자와 함께 살 때에 보장되는 것이다.[78] 타자를 위한 자유는 하나님의 처음 창조를 회복할 때 가능하다. 즉 인간의 피조성의 회복은 타자지향성의 삶을 살 때에 회복된다.[79] 타자는 하나님이 인간에게 정해주신 한계로서 인간은 그 한계 안에서 타자를 사랑하지만 침범하면 안 되는 것이다.[80] 또한 인간은 타자를 속박해서는 안 되며, 오히려 타자를 통해서 하나님을 발견해야 하는 것이다. 그러나 인간은 타자이신 하나님과의 관계를 파기하고, 위임된 타자와의 관계를 회피하였던 것이다.

에덴동산에서 아담과 하와의 범죄로 인해 인간들은 하나님에게서 분리되었으며 결혼 관계가 타락하여[81] 서로 사랑하는 관계가 아니라 대적하는 관계가 되었다. 이러한 대적 관계는 다음과 같은 모습으로 나타난다. 첫째, 그것은 성적 욕망으로 나타난다. 성적인 욕망은 인간의 한계에 대한 광기 어린 증오이며, 극단적으로 사실을 왜곡시키며, 분열된 세계에서 자기중심적인 의지로 일치를 도모하는 병적 집착인 것이다.[82] 인간은 성적 욕망으로 인해 타인을 말살하고, 하나님이 위임한 피조성을 강탈하고, 하나님이 베푸신 자유의 은혜를 거부하기에 이른다.

둘째, 분열된 인간은 양심에 이끌리는 존재가 된다. 양심이란 하

---

78) 디트리히 본회퍼, 『창조와 타락』, 강성영 역, (서울: 대한기독교서회, 2010), 83.
79) 위의 책, 85.
80) 위의 책, 126.
81) 디트리히 본회퍼, 『창조와 타락』, 151.
82) 위의 책, 156.

나님 앞에서의 수치감이며 악행에 대한 위장과 정당화를 시도한다.[83] 인간의 양심은 하나님으로부터의 안전을 느끼는 도피처로 안내한다.[84] 인간들은 생각하기를, 하나님으로부터 분열되고 소외된 것이 자유를 쟁취한 것이라고 착각하지만 이것은 영원한 저주 상태이며 궁극적으로 심판에 이르게 된다.

셋째, 분열된 인간은 정치적 존재가 된다. 인간이 하나님에 대한 신앙을 상실하게 되면 자신의 승리 쟁취를 위해 모든 수단과 범죄의 방법을 사용하게 된다.[85] 정치적 존재가 된 인간은 자신의 이익을 위해 타자를 억압하고, 억압당하는 타자는 용기를 상실한 채 학대 받거나 배제 당하고 멸시 당하게 된다.

인간은 타자를 향한 책임을 망각하고 자신만을 위해 살면서 타자를 책임지는 삶을 살지 않고, 타인을 소유하며, 억압하는 삶을 살았다. 이에 그리스도는 타자인 인간과의 관계 회복을 위해 십자가 희생으로 책임을 지셨고, 그리스도를 중심으로 타자를 향한 삶을 사는 책임적인 공동체를 회복하셨다.[86]

그러므로 본회퍼가 말하는 '책임'은 책임의 원천인 예수 그리스도 안에 거하는 것이다. 따라서 그리스도인이 책임적 삶을 산다는 것은 죄가 없으신 예수 그리스도 안에 함께 거하며, 그분의 사랑을 이 땅에 실현하는 것이다.[87]

산상설교는 인간으로 하여금 타인을 책임지게 만들며, 공동체 안

---

83) 위의 책, 161.
84) 위의 책, 161.
85) 디트리히 본회퍼, 『윤리학』, 119.
86) 요한복음 13:34-35.
87) 김성호, 『디트리히 본회퍼의 타자를 위한 교회』, (서울: 동연, 2018), 331-332.

에서 책임적 행동을 하도록 명령하고 있다. 책임적 행동은 사랑으로 나타나며, 사랑의 근원은 피조 현실 전체를 품고 있는 하나님의 사랑이다.[88] 여기서 하나님의 사랑으로 대변되는 타자에 대한 책임의 회복을 살펴보고자 한다.

첫째, 고난을 짊어져야 하는 책임이다. 그리스도인이 고난 받는 자들의 위로자이신 그리스도와 교제하는 길은 타자를 위해 고난을 감내할 때에 가능해진다.[89] 하나님을 위해 고난 받는 것은 자신의 것을 상실하는 것이 아니라 오히려 전부를 얻는 것이다. 이로 인해 인간이 타자를 위해 고난을 받음은 자신을 희생함으로 타자를 얻게 되는 것이다. 타자의 고난을 짊어진다는 것은 타자를 위한 봉사의 삶으로써 타자를 위해 친절을 실천하고 권리와 생명을 보장해 주는 봉사적 삶을 사는 것이다.[90] 봉사는 대상을 선별해서는 안 되며, 대상을 선별하면 타자를 자기의 기준에 맞추거나 억압할 가능성도 있기 때문이다.

둘째, 책임적 삶은 원수를 사랑하는 것이다. 하나님은 원수된 인간을 위해서 화해의 짐을 지셨다.[91] 원수를 사랑하는 것은 인간이 감당할 수 있는 능력을 넘어서는 것이다.[92] 그럼에도 불구하고 원수를 사랑해야 하는 이유는 하나님이 성육신하셔서 그 원수를 찾아오셨고 지금도 찾고 계시기 때문이다. 그러므로 책임 공동체는 타자인 원수를 찾아가야 한다.[93] 따라서 하나님과 같이 원수를 용서하

---

88) 디트리히 본회퍼, 『윤리학』, 289.
89) 디트리히 본회퍼, 『나를 따르라』, 허혁 역, (서울: 대한기독교서회, 1974), 120.
90) 위의 책, 148.
91) 로마서 5:10.
92) 위의 책, 166.
93) 디트리히 본회퍼, 『창조와 타락』, 170.

고, 원수에 대한 책임을 감당해야 한다.

셋째, '타자를 위한 책임 회복으로서의 정의'란 소외된 자들에게 행하는 것이다. 하나님 나라의 복음과 구원의 능력은 소외된 자들을 위한 것이었다.[94] 소외된 자들을 위한 책임을 감당할 때 하나님의 정의가 성취되어진다.[95] 예수님은 소외된 이방인, 여인들, 가난과 학대에 시달린 낮은 자들을 향해 제자들을 파송하셨다. 그리고 소외된 자들은 이전에 경험하지 못했던 섬김의 신비를 제자들로 인해 경험하게 된다. 이것이 제자들의 타자를 향한 책임적 모습이며, 세상을 향한 그리스도의 선교적 명령이 된다.[96] 교회 공동체는 예수 그리스도의 보내심을 받은 자로서 소외된 자들을 섬기는 책임 회복을 통해 하나님의 정의를 성취할 수 있다.

넷째, 직업을 통한 계명에 순종하는 책임적인 삶을 사는 것이다. 본회퍼는 루터의 직업관을 따르고 있다. 루터에게 성스러운 일이란 수도 생활과 금욕 생활만이 아니라 그리스도의 은혜 가운데 실천하는 모든 일이었다. 이로 인해 루터는 수도원에서 나와 세상에서 하나님의 계명을 순종하는 삶을 산 것이다. 계명에 대한 순종과 직업에 대한 순종은 같은 것으로서 직업은 생존 수단이 아니라 하나님께 위임 받은 것으로 보았다.[97] 그러므로 직업은 계명을 실천하는 길이며, 자신의 생존에 대해 책임질 수 있는 구체적인 방법이 되는

---

94) 디트리히 본회퍼, 『나를 따르라』, 229.
95) 위의 책, 229. 여기서 말하는 하나님의 때란 추수할 때요, 예수 그리스도의 재림의 때이다. 예수 그리스도는 멸시를 당하고, 불쌍하고 가련한 하나님의 백성 가운데서 추수를 기다리는 하나님의 들판을 보았다. 그리고 이들을 하나님 나라로 인도할 때가 가까이 왔음을 선언하시면서 추수할 일꾼들을 부르신다. 예수 그리스도는 홀로 일할 수 없었고, 일꾼은 부족했기에 그를 도와 일할 사람을 보내달라고 아버지께 간청하셨다.
96) 위의 책, 235.
97) 디트리히 본회퍼, 『나를 따르라』, 41.

것이다. 루터는 인간이 삶의 자리에서 끊임없이 하나님의 부르심을 확인하고, 오늘의 업무를 거룩히 여겨야 한다고 했다. 인간은 직업을 통해 노동을 하게 되고, 계명에 순종함으로써 그리스도와의 인격적 경험을 하게 된다.[98]

세상의 직업을 수행하는 과정에서 그리스도인들은 타인과 심각한 갈등 관계를 갖게 된다. 이때 그리스도인은 직업 생활을 하는 가운데 세상 사람과는 다른 자신의 삶을 보여 주어야 한다.[99] 그리스도인은 세상에서 타인들과 함께 살고 있지만, 그리스도로 인해 자유로워진 존재임을 깨달아야 하며,[100] 그리스도인은 세상의 유혹에서 승리하고, 박해와 수모 속에서도 평화를 창출해 내야 한다. 그러기 위해 그리스도인은 직업 현장에서 연대하여 위임적 직업 공동체를 세우며 동시에 교회 공동체의 일원으로 존재해야 한다. 그리스도인에게 직업은 위임 받은 책임이고, 책임을 감당하는 것은 하나님을 향해 전적으로 응답하는 삶이 된다.[101] 세상은 그리스도인들과 지속적으로 갈등을 조성하지만 오히려 그리스도인들은 직업에 대한 책임적 삶을 통해 세상에 침투하고, 세상에서 그리스도의 뜻을 실현하는 위임 받은 직업 공동체를 세워 나가야 하는 것이다.

본회퍼에 의하면 인간의 책임적 삶은 선택이 아닌 필수이다. 은혜로 부름 받은 사람들의 삶은 그리스도의 입장에서는 소명이 되고

---

98) 디트리히 본회퍼, 『윤리학』, 350.

99) 위의 책, 307.

100) 위의 책, 311. 본회퍼는 고전 7:29-32의 말씀을 통해 세상 안에서 살아가는 그리스도인의 모습을 이야기한다. (그때가 단축하여 진고로 이후부터 아내 있는 자들은 없는 것 같이 하며 우리는 자들은 울지 않는 자 같이 하며 기쁜 자들은 기쁘지 않은 자 같이 하며 매매하는 자들은 없는 자 같이 하며 세상 물건을 쓰는 자들은 다 쓰지 못하는 자 같이 하라. 이 세상의 외형은 지나감이니라. 너희가 염려 없기를 원하노라.)

101) 디트리히 본회퍼, 『윤리학』, 351.

인간의 입장에서는 책임이 된다.[102] 인간이 어디에서 사느냐와 어떠한 일을 하느냐의 문제보다 중요한 것은 그리스도의 부르심의 여부와 이에 대해 기쁨으로 응답하느냐에 달려 있다.[103] 이러한 부르심에 대한 응답은 인간이 위임에 대해 책임적 삶을 실천하게 하는 것이다. 본회퍼는 세상을 향한 교회 공동체의 책임에 대한 실천 명령을 노동, 혼인, 정부, 교회의 위임으로 보았다.[104]

첫째, 노동의 위임이다. 노동 위임은 하나님의 명령에 순종하는 기본적 책임적 행위이다. 인간은 하나님에 대해 범죄하여 타락하였고, 피조세계에서 하나님의 창조적 대리 역할인 노동을 박탈당하였다. 그러나 인간은 예수 그리스도로 인해 칭의를 얻은 후 그리스도의 재림을 대망하며, 그리스도를 위한 책임을 회복하여 노동 위임에 순종할 수 있는 길이 열렸다. 이러한 노동은 예수 그리스도에 의한 지상명령인 것이다.[105]

둘째, 혼인의 위임이다. 인간은 혼인을 통해 하나님의 창조사역에 동참하며, 혼인하여 출생한 인간은 예수 그리스도께 영광을 돌리고 섬기며 그리스도의 나라 확장에 동참하게 된다.[106] 혼인은 교회 공동체에 주신 하나님의 축복의 방편이며 하나님을 위한 책임적 행위이다. 그러므로 혼인한 가정은 하나님의 책임 공동체로서 피조세계에 창조 원리를 실현시키는 위임에 복종해야 하는 것이다.

---

102) 위의 책, 348.
103) 위의 책, 348. "인간이 자신의 책임을 완수하는 때는 시민으로서, 노동자로서, 가장으로서 세상 직업의 의무를 충실히 수행할 때가 아니라 예수 그리스도의 부르심을 받아들일 때다."
104) 위의 책, 65.
105) 마태복음 28:19-20.
106) 디트리히 본회퍼, 『윤리학』, 70.

셋째, 정부의 위임이다. 정부는 하나님의 위임에 의한 질서 내에서 법 제정과 무력을 통한 법 집행으로 창조 세계와 혼인, 노동을 보존해야 한다.[107] 이것이 정부를 향한 하나님의 위임이며, 정부는 이를 실천하는 책임 공동체가 된다.[108] 정부 위임의 출현은 교황과 황제가 대립하는 분열에서 왔다.[109] 정부는 교회와 분리됨으로써 세상 통치를 위임 받은 것이다. 그러나 정부는 예수 그리스도의 통치와는 다른 길을 걸어왔다. 본회퍼가 나치에 투쟁한 것은 정부가 그리스도의 위임을 망각하였기 때문이었다.[110] 그는 일사각오로 종전 이후에 그리스도의 위임을 올바르게 실천할 정부가 수립되도록 투쟁한 것이다.

넷째, 교회의 위임이다. 교회 위임의 핵심은 온 세상을 향한 구원을 선포하는 것이다. 교회의 선포는 교회 안과 밖에서 성취되는데, 교회 안에서는 설교자가 회중을 향해 선포를 하고[111] 회중들은 만인사제로 맡겨진 선포의 위임을 교회 밖에서 실천하는 것이다.[112] 교회 내의 설교자에 대한 위임과, 회중에게 위임된 선포에 의해 교회 안과 밖의 세계가 통일된다.

인간은 본회퍼가 언급한 노동 위임, 혼인 위임, 정부에의 위임, 교회를 향한 위임에 대한 책임적 실천을 통해 하나님에 대한 책임을 감당하고, 예수 그리스도에 의해 성취된 하나님의 정의에 대해 책임

---

107) 위의 책, 70.
108) 위의 책, 71.
109) 위의 책, 120.
110) 위의 책, 71.
111) 위의 책, 479.
112) 디트리히 본회퍼, 『성도의 교제』, 유석성, 이신건 역, (서울: 대한기독교서회, 2010), 210.

윤리적 삶으로 응답함으로써 현실화에 동참하게 된다.113)

(2) 그리스도 중심 공동체로서의 교회

본회퍼의 교회 이해는 '인간이 그리스도와 함께 공동체를 형성하며, 그리스도를 중심으로 타자와 함께 살아가기'를 의미한다.114) 그러므로 "교회는 그리스도 안에서 시작되었을 뿐만 아니라 그 안에서 이미 성취되었다."115) 본회퍼는 그리스도적 교회 공동체가 그리스도로부터 시작하여, 그리스도 안에서 하나되고, 그리스도를 통해 완성되는 구원 공동체라고 설명한다.116) 구원 공동체로서 교회 공동체는 삼위일체를 신앙으로 고백하고, 화해를 성취하고, 삼위일체를 중심으로 관계 맺는 공동체이다. 첫째, 삼위일체 공동체는 그리스도 중심적 삼위일체가 고백되는 공동체이다. 삼위일체의 역사는 그리스도 안에서, 그리스도로 말미암아 나타난다. 삼위일체를 신앙 고백 하면 그리스도를 통해 성취된 하나님의 완전한 사역을 용납하게 되고, 삼위일체의 사역에 신앙고백자 개인과 교회 공동체가 동참하게 되는 것이다.

둘째, 삼위일체 공동체는 그리스도의 화해를 성취하는 공동체이

---

113) 디트리히 본회퍼, 『윤리학』, 73.
114) 김성호, 『디트리히 본회퍼의 타자를 위한 교회』, 70.
115) 디트리히 본회퍼, 『성도의 교제』, 125.
116) 디트리히 본회퍼, 『그리스도론』, 이종성 역, (서울: 대한기독교서회, 1981), 122-125. 그리스도교적 교회의 개념은 유대교적 집회 개념의 완성, 교회는 그리스도의 활동을 통해 이루어짐, 바울은 그리스도와 교회를 동일시함, 교회도 그리스도라고 칭할 수 있다. 교회는 그리스도의 현존이다, 너희는 그리스도의 몸이라는 바울의 직설법은 구체적 개별 교회인 종말론적인 하나님의 교회를 지시함, 교회는 예배하고 서로를 위해 활동하는 가시적 공동체, 교회는 전체 인격 곧 공동체로서 존재하는 그리스도로부터 보아야 하며 그리스도에 의해 통치되는 사람들은 서로에게 봉사하도록 인도된다.

다. 그리스도의 십자가는 타자와의 모든 인격적 관계를 회복시키는 정점이다. 그리스도께서 자신을 낮춘 십자가 사건은 삼위일체 그리스도의 화해 사역으로서 모든 타자 간의 단절되었던 관계를 회복시킨 것이다.[117] 이에 따라 십자가가 교회의 최고 상징이 된 것이며, 십자가 앞에서 불가능한 화해란 있을 수 없다. 그러므로 세상에서 분열을 화해시키려면 자신이 그리스도의 십자가를 대신 짊어지겠다는 결단이 요구된다.

셋째, 삼위일체 공동체는 그리스도 안에서 서로 간의 관계를 맺는 공동체이다. 본회퍼는 『신도의 공동생활』에서 그리스도인의 생사여탈 문제는 하나님의 말씀에 의해서 결정될 수 있다[118]고 말한다. 그리스도에게서 주어지는 창조의 말씀, 구원의 말씀, 능력의 말씀을 가지고 타자인 피조세계와 관계 맺는다는 것은 인간의 힘이 아니라 그리스도께서 인도하시는 힘에 의한 것이다. 그러므로 교회 공동체는 항상 그리스도가 지체 안과 공동체 안에 내주하시면서 인격적 관계를 맺고 계시는가를 확인하고 그리스도의 관계 가운데 존재하도록 해야 한다.

더 나아가서, 본회퍼는 구원 공동체가 그리스도의 실존을 경험하는 방법을 다음과 같이 제시한다. 첫째, 그리스도의 실존을 경험하는 길은 그리스도의 의미에 대해 끊임없이 질문하는 현실 공동체가 될 때 가능해진다. 본회퍼는 그리스도의 실존을 경험한 인간은 자신

---

117) 디트리히 본회퍼, 『신도의 공동생활』, 문익환 역, (서울: 대한기독교서회, 1998), 28. 하나님의 아들이 육을 받아들이셨을 때, 그는 은혜로 인해 진실로, 그리고 신체적으로 우리의 존재와 본질, 아니 우리 자신을 받아들이셨다. 이것이 바로 삼위일체 하나님의 영원한 뜻이다. 그래서 우리는 이제 그분 안에 있게 되었다.

118) 위의 책, 25-26.

의 한계를 고백하며, 이러한 한계를 그리스도 안에서 재발견할 때 가능해진다고 말한다.[119] 그리스도가 오늘의 현실에서 누구인지를 끊임없이 질문하고 논쟁할 때에 그리스도를 온전히 만나게 된다. 그러므로 교회 공동체는 '과거, 현재, 미래 그리고 나, 우리, 교회, 현실 상황'에서 그리스도가 어떤 의미인가를 항상 질문하여 오늘의 현실에서 그리스도가 실존하도록 해야 하는 것이다.

둘째, 현실 공동체로서 그리스도의 실존을 설교와 성례전을 통해 경험해야 한다. 교회의 존재 의의는 설교 속에 그리스도가 존재할 때이며,[120] 성례전 집례에 대한 의의도 집례할 때에 그리스도가 성육신하신 말씀으로서 드러나실 때, 존재의 의미가 있게 된다.[121] 그리스도가 없는 설교는 청중으로 하여금 설교자의 제자가 되게 하는 것이다. 그리고 그리스도의 임재가 없는 성만찬과 세례 예식은 그리스도 안에서 중생함과는 상관없이 단순한 감정이입 행위가 되는 것이다.

셋째, 교회 공동체는 그리스도 안에서 하나됨으로써 그리스도의 실존을 경험하는 현실 공동체이다. 바울은 머리이신 그리스도를 중심으로 서로 지체가 되어 그리스도 안에서 하나가 되고, 성령의 도움과 힘, 그리고 지혜와 교훈을 받는 공동체가 되어야 함을 강조한다.[122] 이것은 지체들이 서로를 인정하고, 용납해야 한다는 것이다. 만약 서로가 다름을 인정하지 않는다면 그리스도의 몸은 수많은 조

---

119) 디트리히 본회퍼, 『저항과 복종』, 손규태, 정지련 역, (서울: 대한기독교서회, 2010), 653-655.
120) 디트리히 본회퍼, 『그리스도론』, 37.
121) 위의 책, 44.
122) 존 맥아더, 『그리스도의 몸 된 교회』, 이춘이 역, (서울: 생명의 말씀사, 1986), 16.

각으로 파편화 될 것이다. 교회 공동체가 그리스도 안에서 한 몸이라면 그리스도인은 지체로서 그리스도에 근거한 공동체적 삶으로 연합되어야 하는 것이다.[123] 분리될 수밖에 없는 상황에서 분리되지 않는 것이 그리스도의 신비이다. 이 신비 안에서 교회 공동체는 어떤 상황에서도 그리스도의 몸으로서 현존하게 되는 것이다.[124]

교회 공동체는 하나님의 창조 사건이 그리스도로부터 시작하여, 그리스도를 향하고, 그리스도를 통해 완성된다고 믿는 공동체이다. 교회 공동체는 그리스도를 위해 그리스도로부터 위임 받은 창조적 능력을 발휘할 책임이 있다. 왜냐하면, 본회퍼에 따르면 교회 공동체는 다음과 같은 특별한 정체성을 소지하고 있기 때문이다.

첫째, 교회 공동체는 창조의 말씀으로 사역하는 공동체이다. 교회는 창조의 말씀에 의존하며 창조의 말씀으로만 존재하는 공동체이다.[125] 교회 공동체를 참된 공동체가 되게 하는 창조의 말씀은 현재적으로 살아있고, 인격적으로 활동한다. 그러므로 말씀이 살아있지 않다면 교회 공동체는 생존할 수가 없다.

둘째, 교회 공동체는 창조된 세상을 보존하는 책임 공동체이다. 하나님은 타락한 세계라도 선한 피조물로 보시며, 하나님 자신을 위해 만든 선한 작품으로 보신다.[126] 그런데 인간은 피조세계를 하나님과의 관계 형성을 위해 다스리지 않고 자기 뜻대로 지배하고, 강탈함으로 땅을 상실하였다. 타락한 인간이 생명을 피조세계로부터 보존하는 길은 그리스도를 통한 창조 질서의 보존과 회복으로만 열

---

123) 서창원, 『깨어있는 예수의 공동체』, (서울: 진리의 깃발, 1999), 56-61.
124) Hans Küng, 『교회』, 정지련 역, (서울: 한들출판사, 2007), 325.
125) 디트리히 본회퍼, 『그리스도론』, 44.
126) 디트리히 본회퍼, 『창조와 타락』, 61.

리게 된다.127) 인간들이 피조세계에서 강탈 행위를 멈추고 그리스도의 통치가 가능하도록 책임지는 공동체가 되어야 한다. 이러한 변화는 호흡하는 피조세계뿐만 아니라 호흡은 없지만 생명력이 있는 세계의 정치 경제 문화에까지 확대 시켜야 한다. 하나님께서는 그리스도의 공동체에 창조의 능력을 부여하시어 창조의 능력을 누리게 하시고 세상의 변화를 꾀하시기를 원하신다.

셋째, 교회 공동체는 하나님의 새로운 창조를 선취하는 공동체이다.128) 본회퍼는 하나님에 의한 처음 창조와 같이 타락한 피조세계를 새롭게 창조할 때가 반드시 도래할 것이라고 보았다.129) 새로운 창조란 피조물에 대한 심판만을 의미하는 것이 아니라 예수께서 부활하셨듯이 재림하시는 마지막 날, 피조세계의 부활의 날에 창조주와 영원히 안식하는 세상을 의미한다.130) 교회 공동체는 이러한 새 창조를 대망하며 선취하는 공동체이다. 교회 공동체가 새 창조를 기다리지 않는다면 첫 창조를 헛되게 하는 것이 되고, 새 창조를 선취하기 위해 노력하지 않으면 창조적인 생명력을 잃게 될 것이다. 그러므로 교회 공동체는 하나님의 말씀으로부터 새 창조의 능력을 위임 받아 피조된 세상을 보존하며, 화해를 추구하고, 새 창조의 때를 예비해야 한다.

---

127) 위의 책, 173.

128) 디트리히 본회퍼, 『윤리학』, 147. "교회는 역사적 유산의 소유자로서 마지막 날을 기다리는 가운데서 역사적 미래에 대해 책임을 지고 있다."

129) 디트리히 본회퍼, 『나를 따르라』, 245. 가까운 재림에 대한 예수의 약속은 이 약속이 참되다고 믿는 공동체에 의해 보존되었다. 약속의 성취는 불확실하다. 그러나 예수의 재림은 속히 이루어질 것이며, 우리가 예수를 위해 완성할 수 있는 일보다 더 확실하다. 예수의 재림은 우리의 죽음보다 더 확실하다. 이 사실은 분명하며, 오늘 우리에게 중요하다.

130) 디트리히 본회퍼, 『윤리학』, 93.

(3) 역사 속의 책임적 사귐 공동체로서의 교회

교회는 인간을 위한 하나님의 선하신 뜻이다. 하나님의 선하신 뜻은 구체적이고 역사적인 인간을 향하며, 역사 속에서 시작된다.[131] 역사 속에서 세워진 사귐 공동체인 교회는 타자를 위한 봉사를 해야 한다. 또한 공동체의 일원인 개인은 직업을 통하여 세상 안에서 위임 받은 바를 책임지고, 실천하는 존재가 되어야 한다. 책임적인 삶의 구조는 인간과 하나님을 위한 삶의 의무와 인간의 삶의 자유라는 방식을 통해 결정된다.[132]

인간은 십자가로 성육신하고 책임을 지신 하나님에 의해 세상에서 책임적 삶을 위임 받았다. 그러므로 십자가를 중심으로 존재하는 교회 공동체는 세상에서 다양한 책임적 삶으로 세워져 나가야 한다. 세상과 관련하여 교회 공동체는 다음과 같은 특별한 정체성을 지니고 있다.

첫째, 세상에서 가정 단위로 세워진 위임 공동체이다. 가정은 가장 작은 단위로, 혼인과 노동이 중요한 구성 요소이다. 본회퍼는 가정 공동체가 남편과 아내로 이루어진 교회의 원초적 형태라고 했다.[133] 그러므로 그리스도인은 혼인을 공동체 구성의 가장 소중한 행위로 고백하고, 혼인을 통해 교회 공동체가 견고히 세워지도록 해야 하며, 또한 노동은 타락한 세상에서의 고통스러운 책임[134]이 아니라, 하나님이 피조세계를 향해 선포하였던 명령에 대해 책임지

---

131) 디트리히 본회퍼, 『성도의 교제』, 125.

132) 디트리히 본회퍼, 『윤리학』, 307.

133) 디트리히 본회퍼, 『창조와 타락』, 128.

134) "네가 흙으로 돌아갈 때까지 얼굴에 땀을 흘려야 먹을 것을 먹으리니 네가 그것에서 취함을 입었음이라. 너는 흙이니 흙으로 돌아갈 것이니라 하시니라", (창세기 3:19)

는135) 행동을 의미한다. 노동은 하나님이 맡기신 신성한 일이며, 가정을 유지하기 위한 기본적 행위이다. 노동이 없는 가정은 가정의 기능이 상실되고, 하나님의 거룩한 명령을 외면하게 된다. 가정과 가정들이 모인 교회 공동체는 에덴에서 아담과 하와가 이루었던 가정의 원형을 회복하기 위해 노력해야 한다.

둘째, 세상에서 사회참여를 위해 세워진 위임 공동체이다. 사회 현실에서의 참여는 하나님께서 위임하신 업무를 실천하는 것이다. 본회퍼는 나치를 향한 저항 투쟁으로 사회의 현실에 참여하였다.136) 그리고 고백 교회 활동을 통해 세상을 향해 교회에 맡겨진 위임을 감당하고자 고난을 감내해야 함을 가르쳤고, 스스로 고난의 길을 걸어갔다.137) 교회는 사회참여를 통해 세상과의 사귐을 갖게 된다.138) 교회가 사회문제에 대해 침묵하고, 대다수의 역할을 교회 내에만 집중하는 것은 온전한 사귐을 위한 행위가 아니다.139) 교회는 사회문제에 대해 고민하고 공동체의 입장을 선포하며, 이를 실현하기 위해서 참여해야 한다. 그리고 사회에서 소외된 약자와 소수의견을 청취

---

135) "하나님이 그들에게 복을 주시며 하나님이 그들에게 이르시되 생육하고 번성하여 땅에 충만하라, 땅을 정복하라, 바다의 물고기와 하늘의 새와 땅에 움직이는 모든 생물을 다스리라 하시니라", (창세기 1:28)

136) 디트리히 본회퍼, 『저항과 복종』, 45. 오직 역사적으로 책임적인 물음을 통해서만 결실 있는 해결책들이 나올 수 있다.

137) 위의 책, 682. "인간은 세상적으로 살아야 하며, 바로 그렇게 함으로써 하나님의 고난에 동참하지. 인간은 세상적으로 살도록 허락받았다네." 위의 책, 683. "종교적 행위가 그리스도인을 만드는 것이 아니라, 세상적인 삶에서 하나님의 고난에 동참하는 것이 그리스도인을 만든 다네."

138) 위의 책, 331.

139) 디트리히 본회퍼, 『윤리학』, 154. 교회는 무죄한 자들의 피가 하늘을 향해 소리를 지르기 때문에 소리쳐야 할 때에 침묵했다. 교회는 올바른 말을 올바른 방법으로, 올바른 때에 하지 못했다. 교회는 피를 흘리면서까지 신앙의 타락에 저항하지 않았고, 대중의 불신앙을 자초했다.

하고 다수의 논리와 조화를 이루는 가교가 되어야 한다.[140]

셋째, 세상에서의 선포를 통해 하나님의 위임을 감당하는 공동체이다. 교회는 사회적 참여를 통해 사회의 문제를 해결해야 한다. 교회의 사회참여는 완전한 그리스도의 현실이 성취될 수 있도록 현재를 변화시키며 미래를 형성하게 된다.[141] 교회의 사회참여는 위임된 복음 선포의 사명을 감당하기 위해 사회에 적극적으로 침투하는 것이다. 복음의 능력은 인간의 한계와 노력을 넘어서 하나님의 일들을 성취한다. 교회는 세상의 한가운데에 존재하면서 그리스도와 더불어 세상에 들어가야 한다.[142] 그렇게 될 때에 세상은 복음을 통해 그리스도 내에서 사귐을 형성하고,[143] 하나님의 뜻에 맞는 공동체로 형성될 수가 있다.[144]

하나님을 위한 대리 공동체인 교회는 가정으로 하여금 세상에서 형성된 가장 기초 공동체가 되도록 사역해야 하며, 세상과의 사귐을 통해 능동적으로 사회에 참여하고 교회 공동체에게 위임된 은혜의 복음을 선포해야 한다.

본회퍼는 교회의 존재 가치를 타자를 위해 현존하는데 있다[145]고

---

140) 디트리히 본회퍼, 『저항과 복종』, 578. "우리는 우는 자들과 함께 울고 동시에 즐거워하는 자들과 함께 즐거워하지."

141) 디트리히 본회퍼, 『저항과 복종』, 57. "우리에게는 오직 찾기 힘든 좁은 길만이 남아 있는데, 우리는 그 길 속에서 매일매일 오늘이 마치 마지막 날인 것처럼 살아가면서도 신앙과 책임 가운데 아직도 거대한 미래가 존재하는 것처럼 살아가야 한다. 도래하는 세대를 바라보고 생각하며 행동하는 것, 그러면서도 매일매일 걱정과 근심 없이 갈 각오를 하는 것. 이것이야말로 우리가 요청받고 있으며 또한 용감하게 견지해 나가야 할 자세다."

142) 위의 책, 523. "교회는 인간의 능력이 실패한 곳, 한계에 있지 않고, 마을 한가운데 있지."

143) 위의 책, 637. "지상에서의 삶을 그리스도와 함께 전적으로 맛보아야 한다네."

144) 위의 책, 325. "만물을 회복시킬 수 있는 능력과 권한이 우리에게 있는 것이 아니며, 오직 그리스도에 의해서만 만물이 회복된다는 말일세."

145) 위의 책, 713.

보았다. 첫째, 타자를 위해 존재하는 공동체이다. 인간은 자유롭고 싶은 욕구가 있는데 자유를 추구하는 행위는 하나님으로부터의 분열을 초래한다.[146] 하나님은 인간이 하나님과 분리되지 않도록 한계를 정해주셨는데 그것이 타자를 의미한다.[147] 인간은 타자 때문에 한계를 갖지만 타자와 함께 존재함으로써 공동체 안에서 자유함을 얻는다. 그리스도인이 교회 공동체의 일원으로서 은사를 따라 공동체를 세우는 삶을 살고, 서로를 위해 살아갈 때 교회 공동체가 완전한 타자를 위한 공동체로 형성될 수 있다.

둘째, 타자의 짐을 대신 짊어지는 공동체이다. 인간은 이웃을 자기 이익 추구를 위한 도구로 취급하여 타자를 자신과 무관한 존재로 취급하였다.[148] 본래 모든 인간은 타자를 위해 살아야 하는데 이것은 오직 예수 그리스도의 존재하심에 동참할 때에 가능해지는 것이다.[149] 따라서 인간은 교회 공동체 안에서 서로 교제하며 대신 짐을 짊어지는 삶을 살아야 한다.[150]

셋째, 소외된 타자를 위해 존재하는 공동체이다. 교회 공동체가 가난과 질병과 차별에 의해 소외된 자들과, 범죄에 의해 하나님으로부터 소외된 자들을 향해 봉사해야 한다. 본회퍼는 형제를 친절하게 대하고 권리와 생명을 얻도록 하는 봉사 생활이 자기를 부정하고 십자가를 지는 길이라고 말한다.[151] 타자로 인해 자유를 향유하는 인

---

146) 디트리히 본회퍼, 『창조와 타락』, 114.
147) 위의 책, 126.
148) 위의 책, 155.
149) 디트리히 본회퍼, 『저항과 복종』, 711.
150) 디트리히 본회퍼, 『신도의 공동생활』, 40.
151) 디트리히 본회퍼, 『나를 따르라』, 148.

간은 공동체 안에서 타자의 짐을 대신 짊어지고, 원수 사랑과 소외된 자를 위해 살아가게 된다. 이처럼 봉사 공동체는 공동체 안에서 타자와 타자가 연합하여 서로를 위해 봉사할 때 형성되는 것이다.

본회퍼에 따르면, "직업은 책임이고, 책임은 현실 일상에 대한 인간의 전적인 응답이다."152) 직업적 책임은 오직 예수 그리스도의 부름에 순종하는 것이기 때문에 직업을 저속한 것으로 간주하거나 협소한 의무로 국한시켜서는 안 된다. 그러므로 그리스도인은 세상에서 책임 있는 구체적 행위를 일상의 직업에서 표출해야 한다.153)

본회퍼는 직업을 "예수 그리스도에게 전적으로 속하기를 요구하는 그분의 부름"이며, "예수 그리스도의 부름을 듣는 장소에서 그분의 요구를 듣는 일"이고, "실제적 노동과 인격적 관계를 포함"한다고 주장했다.154) 이러한 맥락에서, 본회퍼가 주장하는 직업 개념에서 한계와 제한이 존재한다면, 그것은 "그 자체로서 하나의 가치로서가 아니라 예수 그리스도에 대한 책임 안에서 그러하다." 그러므로 직업의 한계와 제한의 영역은 "예수와 이러한 관계를 맺음으로써 모든 고립으로부터 벗어난다."155)

여기서 중요한 것은, 직업의 한계와 제한은 "단지 위를 향해, 곧 그리스도를 통해 깨어질 뿐만 아니라, 밖을 향해서도 깨어진다." 그러므로 직업은 책임으로서, 책임적인 인간은 철저한 현실 안에서 철저하게 인간적으로 응답해야 한다. 그런데, 책임의 본질 속에는 자유의 법칙이 작동함으로 "어느 범위까지 인간의 소명과 책임에 속

---

152) 디트리히 본회퍼, 『윤리학』, 351.
153) 위의 책, 351.
154) 위의 책, 350.
155) 위의 책, 350.

하는지"를 법적 논리로 규정할 수 없다. "직업적 책임은 오직 그리스도의 부름만을" 따르는 것으로, 인간을 "이리저리로 인도하는 예수 그리스도의 부름에 대한 자유로운 책임이 될 것이다."156) 그러므로 그리스도인은 책임적 행위를 적대시하는 세상에서 세상을 변화시키는 주역이 되어 직업의 가치를 새롭게 하는 책임적 공동체의 일원으로 살아야 한다.

(4) 세상 안에서 거룩한 책임적 제자 공동체로서의 교회

본회퍼는 교회를 세상과 역사를 초월하여 정주하고 있는 조직으로 이해하지 않는다. 세상 안에서 철저히 책임적인 존재로서 파악한다. 본회퍼는 이러한 교회의 본질을 신약성서에서 보여주는 제자 공동체 속에서 파악한다. 제자 공동체에 속한 그리스도인들은 "자기부정을 통한 사랑을 통해 세상과 맞서야 하며, 그 사랑의 현실이 바로 [그리스도인의] '책임'"157)인 것을 자각해야 한다.

예수 그리스도의 부르심에 대한 제자들의 순종은 부르심에 응답하기 위해 모든 것을 버릴 때에 가능해진다.158) 예수의 부르심에 순종하는 교회 공동체가 고난 공동체가 되는 것은 세상의 유익한 것들을 포기하기 때문이다. 부르심을 입은 교회 공동체가 기꺼이 고난을 받을 수 있는 이유는 그리스도가 인간의 고난 받음을 위로해 주는 것을 믿기 때문이다. 그러면 고난 공동체로서 교회 공동체의 특징은 무엇인가?

---

156) 위의 책, 351.
157) 김성호, 『디트리히 본회퍼의 타자를 위한 교회』, 331.
158) 마가복음 10:28.

첫째, 고난 공동체는 말씀에 순종함을 통해 부르심에 응답한다. 본회퍼는 제자들의 응답은 언어가 아니라 순종하는 행위라고 한다.[159] 예수의 제자 공동체는 고난으로 초청하는 말씀의 부르심으로 형성되었고, 말씀 선포의 사명을 감당했으며, 말씀대로 살아갔던 것이다. 그러므로 교회는 성경의 말씀, 선포되어진 말씀, 공동체에 선포되어진 성령의 말씀을 통해 고난을 향한 예수의 부르심을 확증하고, 예수 그리스도의 길에 순종해야 한다.

둘째, 고난 공동체는 고난을 감내하는 방식으로 그리스도 안에서 사귐을 갖게 된다.[160] 예수 그리스도의 부르심의 조건에는 십자가가 따라오며, 부르심을 입은 사람은 십자가를 향해 가는 사람이기 때문에 고난에 동참하게 된다. 고난의 십자가를 짊어짐은 부름 받은 제자 공동체의 본분이다. 공동체가 고난 극복을 하기 위해서는 자기 십자가를 짊어지고,[161] 예수 그리스도와 십자가를 함께 지는 사귐이 있어야 한다.[162] 고난을 극복한다는 것은 고난의 추방이 아니라 고난을 용납하는 것이다.

셋째, 제자 공동체는 세상에서 가시적 공동체로 소금과 빛의 사명을 감당해야 한다. 본회퍼에 의하면 예수의 공동체는 세상 사람들에게 드러나 보이는 공동체가 되는 것이다.[163] 교회가 세상을 구원

---

159) 디트리히 본회퍼, 『나를 따르라』, 52.
160) 디트리히 본회퍼, 『나를 따르라』, 97.
161) 위의 책, 95. "오직 그리스도를 따르는 가운데서 그리스도와 결속하는 자만이 참으로 십자가 아래에 설 수 있다."
162) 위의 책, 99-100. "고난은 하나님의 멀어짐이다. 그러므로 사귐을 나누는 자는 고난을 당하지 않을 수 없다. … 고난은 항상 하나님의 멀어짐이다. 그러나 예수 그리스도의 고난의 사귐 가운데서 고난은 고난을 통해 극복된다. 하나님과의 사귐은 바로 고난 가운데서 선사된다."
163) 위의 책, 132.

하려면 빛과 소금처럼 보이는 공동체의 역할을 감당해야 한다.[164]
제자 공동체가 가시적 공동체가 되기 위해서는 고난을 감내해야 한
다. 교회가 어두운 세상에서 가시적 공동체성을 회복할 때 가서 제
자 삼으라는 사명을 감당할 수 있게 되며, 선포되는 복음을 통한 구
원이 가능해진다. 그리스도의 말씀을 따르는 제자들의 삶에 의해 공
동체가 드러나게 되고, 새롭게 제자가 된 사람들은 말씀을 따르고
순종하는 순환 구조를 형성한다.

교회는 훈련 공동체이며, 공동체는 훈련을 통해 세상에서 그리스
도의 사역을 감당하게 된다. 구체적으로 세분해 보면 첫째, 참된 예
배가 드려지는 공동체이다. 본회퍼는 교회 공동체에서 공적 예배가
중요함을 역설하고, 교회는 성도들의 공동체로부터 형성된 하나의
세상이라고 하였다.[165] 공동체는 예배 때마다 설교, 세례, 성만찬의
형태로 신앙을 고백하고, 하나됨을 체험하게 된다. 예배에 참석하는
공동체는 세상 가운데에서 구별되며, 예배가 드려지는 현장에서 하
나님의 뜻은 성취된다.

둘째, 공동생활로 인한 기쁨에 의해 훈련된 제자 공동체가 형성
된다. 본회퍼는 『신도의 공동생활』에서 그리스도인이 함께 존재하
는 자체가 신자들의 기쁨과 힘의 원천이며,[166] 공동체 생활의 가치
는 인간에게 가장 중요한 것임을 강조한다.[167]

셋째, 영적인 사귐을 형성한다. 그리스도인이 제자로의 삶이 가능
한 것은 성령을 통해 경험된 영적 사귐에 근거하기 때문이다.[168] 그

---

164) 위의 책, 131.
165) 디트리히 본회퍼, 『신도의 공동생활』, 205.
166) 위의 책, 23.
167) 위의 책, 82.

리스도인들은 성령이 충만한 임재에 의해 형성된 사랑의 공동체에서 서로를 구하고 찾고 서로에게 자신을 내어주는 삶을 살게 된다.[169] 제자들은 이러한 영적 사귐을 통해 그리스도를 체험하고, 그리스도 안에서 타자와의 사귐을 경험하게 된다.

우주적 화해는 피조세계가 하나님의 창조의 질서대로 그리스도 중심의 세계로 회복됨을 의미한다. 그리스도의 제자 공동체는 그리스도의 뜻을 실현시킬 책임을 위임 받은 것이다. 첫째, 철저한 복종의 신앙으로 우주를 변혁하는 능력을 위임 받는다. 제자들은 우주의 변혁 주체이신 그리스도의 소유가 되어야 한다. 신앙이란 하나님의 통치를 용납하는 것이며,[170] 제자들은 그리스도의 뜻대로 행동해야 한다.[171] 교회 공동체는 신앙을 지켜내기 위해 박해를 받아 왔고, 모든 것을 상실하기도 했으며, 목숨을 희생당하기도 했다. 오늘의 교회는 희생을 감수하고 그리스도께 복종하여 신앙으로 우주를 변혁시키는 능력을 가져야 한다.

둘째, 화해를 위한 하나님의 선교에 충성하는 공동체이다. 예수 그리스도는 십자가의 희생과 부활로 하나님과 피조세계와의 화해를 성취하였다. 그리스도는 제자들에게 선교를 명령하셨고, 선교는 지상 명령이 되었다.[172] 화해의 주체이신 그리스도는 제자 공동체에 의해 땅끝까지 복음이 전파되면 재림하셔서 화해의 세계를 완성하

---

168) "오직 성령이 너희에게 임하시면 너희가 권능을 받고 예루살렘과 온 유대와 사마리아와 땅 끝까지 이르러 내 증인이 되리라 하시니라." (사도행전 1:8)
169) 디트리히 본회퍼, 『성도의 교제』, 249.
170) 위의 책, 146.
171) 디트리히 본회퍼, 『행위와 존재』, 정지련, 김재진 역, (서울: 대한기독교서회, 2010), 107.
172) 디트리히 본회퍼, 『나를 따르라』, 235.

실 것이다. 그러므로 제자 공동체는 화해의 명령을 전파해야 하며 그리스도의 도래를 선취하는 역할을 감당해야 한다.

셋째, 말씀으로 변화되어 세워진 공동체이다. 교회는 말씀에 따라 세상을 변화시키는 주도 세력이 되어야 한다. 교회가 세상에서 우주적인 변화를 주도할 수 있는 힘은 말씀에서 나온다. 그러므로 오늘의 교회는 변화의 주체인 말씀 공동체가 되어, 말씀을 가지고 말씀을 거부하는 세상에서 말씀 공동체를 형성해야 한다. 이것이 말씀을 통해 성숙한 세계를 형성해 가는 하나님의 뜻이다.

3. 로널드 J. 사이더의 '성육신적 하나님 나라로서의 기독교'

(1) 사회 정치적인 현실과 경제적인 현실로서의 가난

사이더가 "성육신적 하나님 나라로서의 기독교"에서 제시하는 사회문제 중 하나는 '가난'이다. 사이더가 이해하고 있는 가난의 문제를 사회 정치적인 현실과 경제적 현실의 관점에서 규명하려고 한다. 사이더가 이해한 '가난'의 의미를 규명하기 위해서 구스타보 구티에레즈의 '가난' 이해를 먼저 고찰해야 한다. 왜냐하면, '가난'의 의미를 맨 처음 밝힌 해방신학자는 구티에레즈였기 때문이다. 그는 『해방신학』이란 저서에서 가난의 뜻을 잘 밝히고 있다. '가난'이란 우선적으로 '물질적 가난'을 의미한다. 구티에레즈는 가난을 "사람이란 이름에 걸맞은 사람다운 삶을 위해서 필요한 경제적 재화의 모자람"이라고 했다.173) 더 나아가서, 가난은 단순히 물질의 가난에만 머물러 있는 것이 아니라 사회, 정치의 맥락까지 관계함을 강조한다. 물질로 가난한 사람들은 저절로 사회에서 따돌림 받거나 문화의 혜택을 누리지 못하거나 정치에서 밀려나게 된다.

사이더는 구티에레즈의 영향을 크게 받았다. 그는 구티에레즈의 가난의 개념을 수용하면서 더 나아가 사회 정치적 현실에 주목한다. 사이더는 가난의 문제는 어느 한 개인의 문제만이 아닌, 집단적 현실 가운데 있다고 생각했기 때문이다. 오늘날 세계는 환경적인 문제와 불공정한 사회구조로 인하여 가난의 문제가 초래되고 있다. 사이더는 사회 정치적인 현실에 대하여 다음과 같이 말한다.

첫째, 사회적인 현실에 대해서는 의식주, 보건위생, 인구성장 그리고 경작지 감소를 언급한다. 사이더에 의하면 의식주 결핍자의 수요 판단이 불가능하며, 매년의 곡물 수확량, 자연재해 및 전쟁 등에 따라 변동되고 있다고 본다. 부분적으로 해결되기도 하지만 전반적으로 여전히 비극적이다. 전 세계 인류의 10억 이상이 절대적인 빈곤 속에 있고, 또 다른 인류의 20억은 실제로 가난하다.174) 사이더에 의하면 기근은 부자들이 아니라 가난한 자들에게만 영향을 끼치고 있다고 보고 있다. 그 이유는 식량의 부족으로 곡물가가 폭등하게 되어 저소득층, 개발도상국의 중·상류층도 소량의 식량을 구입할 수밖에 없기 때문이다. 그 결과 가난한 자들은 영양부족과 면역결핍 등의 사각지대에 놓이게 된다. 영양실조가 주원인인 유아사망률은 저소득 국가가 고소득 국가보다 9배 이상 높게 나타난다.

---

173) 구티에레즈 구스타보, 『해방신학 : 역사와 정치와 구원』, 성염 역, (서울: 분도출판사, 1987), 364.

174) 로널드 J. 사이더, 『가난한 시대를 사는 부유한 그리스도인』, 한화룡 역,(서울 : IVP, 2009), 25.

둘째, 정치적인 현실은 권력의 남용으로 불평등한 사회구조를 초래한다. BFWI(Bread for the World Institute)는 "굶주림은 근본적으로 정치적 문제이고, 굶주린 사람들은 굶주림을 종식시킬 권력이 없다"[175]고 말한다. 소수의 권력 집중자들이 대다수의 무권력자들을 방치 또는 학대함으로써 굶주리고 가난하다. 소수의 권력 집중자들은 불평등한 권력을 이용해서 타인을 억압하고 유익을 챙기는 구조를 형성하고 있다.[176]

중세 가톨릭은 눈에 보이는 교회와 하나님 나라를 동일시했다. 현대 사회운동가들은 하나님의 나라가 정치를 통해 창조되는 실재라고 보았다.[177] 사이더의 하나님의 나라 개념은 예수의 새로운 공동체로서 무한하게 용서받고 용서하는 공동체이다. 즉 예수, 하나님 나라, 그리고 용서받은 공동체는 서로 분리될 수 없다.[178]

사이더에 의하면 부유한 사람들은 세계 빈곤의 원인 제공자가 아니라 할지라도 여전히 궁핍한 사람들을 도와주어야 할 책임이 있다고 말한다. 누가복음 16장 19-31절에서 나사로가 가난한 것은 부자의 어떠한 억압이나 권력이 아니다. 부자는 단순히 돕는 일을 하지 않았을 뿐이지만, 태만의 죄를 범하였고 결과적으로 지옥으로 갔다고 말한다. 고소득 국가들은 굶주림과 기아의 상태에 있는 일부 나라의 경제적 구조 형성에 악영향을 끼쳐왔다.[179] 한 예로 프랑스는

---

175) BFWI, Hunger, 1995, 22.
176) 사이더, 『가난한 시대를 사는 부유한 그리스도인』, 221.
177) 로널드 J. 사이더, 『복음 전도와 사회 운동』, 이상원, 박현국 역,(서울: CLC, 2013), 73. 사회적, 경제적, 정치적 실재로 하나님의 나라를 보고 있다. 곧 사회 복음 운동 안에서의 민주주의적 정치 또는 해방신학에서의 마르크스주의 혁명을 말한다.
178) 위의 책, 85-87.
179) 사이더, 『가난한 시대를 사는 부유한 그리스도인』, 235.

가봉에 철도를 건설했다. 그 이유는 프랑스가 원하는 원료를 찾고 그것을 수출하기 위함이었다. 이 철도는 고소득 국가들이 원하는 필요를 고소득 국가들에게 제공할 뿐, 결코 저소득 국가에게 도움을 주기 위해 한 일이 아니었다. 이러한 식민주의자들의 행태는 지금도 제3세계 경제를 짓누르고 있으며, 그들은 저개발이라는 운명을 가져다 준 유산을 물려받았다고 국제연합의 두 키뉴는 말한다.

오늘날 세계 경제는 시장경제에 따라 빈익빈 부익부 현상이 심화되고 있으며, 이에 따라 경제적으로 부강한 나라의 도움이 절실히 필요한 현실이다. 시장경제에 대한 첫째 결론은 시장경제가 경제성장을 이룩하는데 있어 다른 대안보다 뛰어나다. 저개발 국가의 생활수준을 향상시키는 방법은 시장경제에 의한 자립이다. 사이더는 우리가 사는 세계에서 4명 중 1명은 땅도 없고, 돈도 없고, 교육도 받지 못하는 현실이라고 말한다.[180] 국제연합개발계획(UNDP)은 세계 통합이 빈곤을 줄이는 강력한 힘이지만, 20억의 사람이 세계 경제의 주변부에 처할 위험이 있기 때문에 무엇인가 해야 한다[181]고 말한다. 둘째 결론은 적어도 단기적으로 각 나라가 시장경제로 이동할 때에 가장 가난한 사람들이 고통(적어도 사회의 나머지 사람들에 비해 이익을 얻지 못하는)을 받는다. 경제성장이 국민소득을 향상시킬 때에 빈부 간 불평등 심화 현상이 가장 먼저 나타난다.[182]

사이더에 의하면 성서적인 관점에서 볼 때, 부자들은 때로 가난한 자들을 억압하면서 재물을 얻기 때문이고, 많은 재산을 가졌음에도

---

180) 위의 책, 241.

181) United Nations Development Programme, *Human Development Report 2002,* (New York : UNDP, 2002), 2.

182) 사이더, 『가난한 시대를 사는 부유한 그리스도인』, 242.

가난한 자들을 돌보지 않았기 때문에 하나님이 진노하신다고 한다.[183] 하나님은 우리가 얼마나 정당하게 재산을 모았는지는 관심이 없고, 가난한 사람들을 향하여 관대하게 베풀 것을 요구하신다.[184]

사이더는 가난한 자들을 돌보는 것은 하나님을 돕는 것과 다름이 없다고 말한다. 사이더는 계속해서 부자들이 가난한 자들을 위해 책임 있게 행동하며 돌볼 것을 요구한다. 아울러 부유한 것 그 자체가 악한 것이 아니며, 다만 가난한 사람들에 대해 무관심하고 도움의 손길을 내밀지 않은 것을 악한 것으로 규정하고 있다.

(2) 가난의 성서적 관점

위에서 구티에레즈와 사이더가 제출한 가난의 이해에 대하여 현실적인 문제를 살펴보았다. 이러한 이해를 바탕으로 그 해결책을 성서에서 찾고자 한다. 가난의 해결책은 북한의 체제폭력과 과거청산 문제 해결 방안에 대한 중요한 근거가 될 것이다. 연구자는 가난의 성서적 해결책의 원리와 적용 방안을 사이더가 이해한 가난에 대한 성서적 관점에서 찾고자 한다.

첫째, 사이더는 성서의 가르침이 순종하는 자들에게 하나님이 물질적으로 넘치게 보상하신다는 것을 말한다. 그러나 그러한 축복의 약속 뒤에는 저주에 관한 경고가 뒤따르고 있다.[185] 하나님께서 자신의 백성에게 자주 명령하신 것은 굶주린 자, 억눌린 자, 가난한 자들을 위해 정의를 실현하는 것이었고, 이 명령을 무시한 이스라엘

---

183) 로널드 J. 사이더, 『이것이 진정한 기독교다』, 김선일 역, (서울: IVP, 1997), 156.
184) 위의 책, 157.
185) 신명기 6:14-15, 8:11-20, 28:15-68.

백성들은 계속해서 하나님의 저주를 경험했다. 아모스와 이사야 시대에 많은 부자들은 하나님의 복을 받은 결과로 부유했던 것이 아니라, 가난한 자들을 억압함으로써 부유하게 된 것이다. 그 결과 하나님이 이스라엘 백성들을 멸하시게 되었다고 사이더는 말한다.

둘째, "하나님은 단순한 자선행위를 넘어 정의구현으로써 하나님의 백성들 사이의 가난 문제를 제거하기 위해 노력해야 하며, 동시에 하나님의 백성들은 경제적 정의 구현을 위해 성서로부터 모든 가정이 생활을 꾸리는데 필요한 최소한의 재산을 가질 수 있는 효과적인 구조를 찾아야 한다."186)고 사이더는 말한다.

하나님은 항상 가난한 사람들과 억눌린 사람들의 해방을 위해 역사에서 전능하신 행위를 직접 나타내셨다. 하나님은 억눌린 이스라엘 백성들을 자유롭게 하기 위하여 권능으로 모세를 부르셨다. "내가 애굽에 있는 내 백성의 고통을 분명히 보고 그들이 그들의 감독자로 말미암아 부르짖음을 듣고 그 근심을 알고 내가 내려가서 그들을 애굽인의 손에서 건져내고"(출 3:7-8)라는 말씀을 근거로 하여, 사이더는 하나님이 고통과 불의를 모두 없애시려는 의도를 갖고 계셨다고 말한다.187)

셋째, 사이더는 하나님께서 이스라엘을 출애굽 시킨 후, 언약 체결을 통해 정의와 평화를 실천하도록 율법을 주셨다고 한다. 그러나 하나님께서는 이스라엘 백성들이 율법에 불순종함으로 인해 이스라엘을 멸망시키셨고 백성들을 포로로 잡히게 하셨다. 여기서 율법의 불순종이란 이스라엘이 가난한 자를 학대한 것이다(암 6:4-7).188)

---

186) 사이더, 『이것이 진정한 기독교다』, 118.

187) 위의 책, 71.

188) 위의 책, 74.

사이더는 애굽인들이 이스라엘 백성을 대한 것처럼 고아와 과부, 나그네를 대우하지 말 것을 명령하셨음을 상기시키면서[189] 하나님이 출애굽 과정에서 가난한 사람들을 돌보셨던 것처럼 이스라엘 백성들이 서로 가난한 사람들을 돌보는 것의 중요성을 강조한다.[190] 이와 같은 빈부격차의 해소가 신학적으로 중요한 이유는 하나님이 모든 소유의 주인임을 강조하고 있는 것이다.

사이더는 하나님의 토지법으로 가난의 해결책을 제시하고 있다. 레위기 25장과 신명기 15장은 성서에서 하나님이 기회의 균등을 얼마나 중요하게 생각하셨는지를 보여준다. 레위기에서 희년제도는 50년마다 땅을 원래 소유주에게 돌려주고, 신명기 15장에서는 빚을 7년마다 탕감해 주어야 한다고 한다(레 25:10-24). 이것은 바로 여호와가 모든 만물의 주인이며, 토지의 주인이심을 기억하도록 하는 신학적 기초라고 말한다. 레위기 25:23에서 모든 토지는 하나님의 것이며, 하나님은 그들의 백성에게 그 땅에 살며, 경작하고, 먹고, 아름다움을 즐기도록 허락하셨고, 그 백성들을 청지기로 살도록 하셨다.

사이더는 희년과 안식년의 채무탕감 제도는, 소수의 부유층과 다수의 가난한 사람들 사이의 빈부격차를 방지하기 위한 제도적 장치라고 말한다.[191] 성서는 하나님께서 이스라엘 백성들을 바벨론 포로로 유배를 보낸 중요한 이유들 중 하나를 이 법에 불순종한 결과

---

189) "너는 이방 나그네를 압제하지 말며 그들을 학대하지 말라. 너희도 애굽 땅에서 나그네였음이라. 너는 과부나 고아를 해롭게 하지 말라. 네가 만일 그들을 해롭게 하므로 그들이 내게 부르짖으면 내가 반드시 그 부르짖음을 들으리라. 나의 노가 맹렬하므로 내가 칼로 너희를 죽이리니 너희의 아내는 과부가 되고 너희 자녀는 고아가 되리라." (출애굽기 22:21-24)

190) 위의 책, 158.

191) 사이더, 『이것이 진정한 기독교다』, 114.

로 보았다(예레미야 26:34-36; 역대하 36:20-21). 빈부격차 해소의 제도적 장치는 하나님의 백성을 향한 하나님의 중요한 의지이다.192)

넷째, 누가복음 4:18-19의 말씀을 인용하면, 예수께서는 억눌린 자를 자유롭게 하고, 눈먼 자를 치유하는 선교적인 삶을 사셨다고 말한다. 예수께서는 복음을 받고 깨달은 사람들이 굶주린 사람들을 먹이고, 감옥에 갇힌 사람들을 돌보며, 헐벗은 사람들을 입히지 않으면 영원히 저주를 받게 될 것이라고 강력하게 경고하셨다.193)

예수는 부자 청년을 사랑과 나눔의 공동체로 초대하며 "와서 나를 좇으라."고 말하기 전에 자신의 재산을 팔아서 가난한 사람들에게 줄 것을 요청하셨다(마 19:21). 이 공동체에서는 각자의 재산이 개인의 안전한 생활을 보장하는 수단이 아니라, 새로운 공동체의 상호 간 사랑의 돌봄이 개인의 안전한 생활을 보장하는 도구가 되는 것이다. 예수는 부자 청년에게 이러한 새로운 성육신적 하나님의 나라에 참여하도록 권유하신 것이다.194) 즉 사이더는 예수가 새로운 공동체, 새로운 사회질서, 서로 유무상통하는 성육신적 하나님 나라를 시작하셨다고 말한다.195)

다섯째, 사이더는 정의의 회복을 위한 지침을 사도 바울의 관점에서 찾고 있다. 하나는, 일반적인 지침이다. "매주 첫날에 너희 각 사람이 수입에 따라 모아 두어서 내가 갈 때에 연보를 하지 않게 하라"(고전 16:2). 이것은 자신이 줄 수 있는 것을 주라는 지침이다. 그리고 자발적으로 베푸는 지침이다(고후 8:3). 바울은 고린도인들에

---

192) 위의 책, 115.
193) 사이더, 『가난한 시대를 사는 부유한 그리스도인』, 77. 마태복음 25:31-46.
194) 위의 책, 120.
195) 사이더, 『가난한 시대를 사는 부유한 그리스도인』, 121.

게 명령하는 것이 아님을 스스로 언급했다. "내가 명령으로 하는 말이 아니요 오직 다른 이들의 간절함을 가지고 너희의 사랑의 진실함을 증명하고자 함이노라"(고후 8:8). 또 다른 하나는 나눔을 통한 평등생활의 지침이다.[196] 결국 하나님은 정의의 회복을 요구하고 강조하신다.

여섯째, 사이더는 성서가 경제적 정의의 본질에 대하여 두 가지를 전제하고 있다고 한다. 먼저, "하나님은 모든 백성들이 공동체의 존귀한 구성원으로서 생계유지를 할 수 있도록 생산 자원들의 공유를 원하신다."는 것이다. 누가복음 16장 19절에서는 부유한 사람들이 가난한 사람들과 재물을 나누지 않는 것은 부당한 축재나 착취행위와 동일하게 취급한다. 또한 누가복음 16장 21절에서는 가난한 나사로에 대한 부자의 무관심함을 지적하고 있다. 가난한 사람들에 대한 무관심은 하나님의 격노를 유발시킨다고 한다. 가난한 나사로는 죽어서 아브라함 품에 안겨 하나님의 위로를 받았지만 부자는 죽어서 고통 속에 있었는데, 나사로의 이름이 '하나님이 돕는 사람'이라는 의미는 그것을 증거한다. 하나님은 가난한 사람들을 도우셔서 위로하시지만 가난한 사람들을 돌보지 않은 부자들은 지옥에 보낸다.[197]

또 하나는 "하나님이 일을 할 수 없는 사람들에게 나눔을 제공하기를 원하신다."는 것이다.[198] 야고보서 5장 1절을 근거로 하나님이 부유하고 힘이 있는 사람들을 다음의 경우에 멸하신다고 경고한다. 즉, 하나는 가난한 자들을 억압하여 부유하게 되는 경우이며, 또 하

---

196) 위의 책, 132.
197) 위의 책, 89.
198) 위의 책, 136.

나는 부유하게 된 사람들이 가난한 사람들과 나누지 않는 경우이다.[199] 하나님은 가난한 사람들을 억압하거나 소홀히 대하는 것을 미워하시고 벌함으로써 가난한 자들을 위로한다.[200] 사이더는 가난의 문제를 해결하기 위해서는 개인에게서 우러나오는 회개, 하나님께 돌아가며 그에 합당한 행동을 행하여야 할 것을 해결책과 결론으로 제시하고 있다.[201]

일곱째, 사이더는 염려하지 않는 삶을 살아야 함을 제안하면서 두 가지 방법을 제시한다. 하나는, 많은 사람들이 불확실한 미래에 대한 염려로 인하여 자신의 재물을 나누지 못하는 태도는 결국 하나님을 불신하는 것이라고 지적한다. 예수가 선포한 우주를 창조하시고 보존하시는 전능하신 하나님이 우리의 아버지임을 믿는다면, 우리는 재물에 대한 염려를 떨쳐버릴 수 있는 것이다. 다른 하나는, 먼저 하나님의 나라를 진정으로 구해야 하는 것이다. 예수가 우리에게 하나님과 재물을 겸하여 같이 섬길 수 없다고 말씀하셨다(마 6:24). 즉 사이더는 사람들의 미래가 하나님의 손에 달려 있는 것이지 재물과 소유물에 있는 것이 아니라고 말한다. 하나님을 무조건적으로 신뢰하고 그분의 행하심에 순종한다면, 예수가 직접 보여 주셨던 것과 같이 재물과 소유물에 염려하지 않는 삶을 살 수 있다는 것이다.[202]

---

199) 위의 책, 86.
200) 위의 책, 86.
201) 콘라드 뵈르마, 『성서에서 본 빈곤한 자와 부한 자』, 김철영 역, (서울: 기독교문사, 2004), 63.
202) 사이더, 『가난한 시대를 사는 부유한 그리스도인』, 161.

(3) 가난에 대한 교회의 대응들

사이더는 데이비드 보쉬의 말을 빌려, 세계 교회는 개인주의적 복음 전도, 급진적 재세례파, 주류 교회 일치 운동, 그리고 세속적 기독교라는 네 가지 특징으로 구분할 수 있다고 주장했다. 그런데 가난에 대한 교회의 대응들은 개인과 사회의 문제를 분파주의적으로 대처하였고, 가난의 문제를 근본적으로 해결할 수 있는 단초를 제공하지 못했다. 가난 대응에 대한 교회의 네 가지 양상에 대해 각각 살펴보면 첫째, 개인주의적 복음 전도 양상이다. 복음 전도에 있어서 가장 기본적인 것은 개인의 영혼구원이다. 빌리 그래함은 1974년에 열린 '세계복음화국제대회'에서 복음 전도로 영혼을 구원하는 것은 교회의 생명이자 사명이라고 규정했다.[203] 아서 존 스토트는 교회의 사명은 역사적으로 볼 때 복음 전도였다고 주장했고, 도널드 맥가브란은 복음 전도와 교회 개척이 교회 성장의 주 요인이며, 그중에서도 복음 전도가 핵심 사명임을 주장했다.[204]

그런데 이 양상은 복음과 구원에 있어서 개인주의 경향이 뚜렷하다. 개인에 대한 관심은 많았지만 공동체와 사회에 대한 관심은 전무하다. 가난한 자들과 소외된 자들을 향하여 반응을 보이지 않는다. 이들이 관심을 갖는 것은 오로지 많은 사람들이 예수 그리스도를 믿고 영혼이 구원 받는 것이다. 인간은 개인적인 죄 해결에만 열정을 보일 뿐, 사회적인 죄 문제는 도외시하고 있다.[205] 이러한 개인주의적 복음전도 양상에 대해 사이더는 몇 가지 질문을 던지고 있다. 먼

---

203) 사이더, 『복음 전도와 사회운동』, 45.
204) 위의 책, 45-46.
205) 위의 책, 48-49.

저, 개인주의적 복음전도가들이 생각했던 가난한 자와 소외된 자들에 대한 이해가 얼마나 성경의 가르침에 부합하는가? 아모스와 이사야서에 제기한 정의에 관한 행함이 복음주의 교회에서는 없다는 것이다. 그러면서 60년 동안 복음주의적 성경대회에 참석했으나 결코한 번도 정의에 관한 설교를 들어본 적이 없다는 프랭크 게벨린(Frank Gaebelein)[206]의 말을 인용한다. 또한 성서에 나타난 사회 복음에 대한 복음주의 교회들의 강력한 반발을 또 하나의 이교도와 싸웠다는 피터 쿠즈믹(Peter Kuzmic)[207]의 말로 대변해 주고 있다. 또하나는 회심한 개인들이 강압적인 사회적 구조 틀에 속박되어 있는 사회적 존재라는 사실이다. 그러기에 사이더는 희생적 제자도, 인종차별과 억압에 맞설 것을 요구하는 성경적 가르침 없이는 회심이 사회적 변화를 자동적으로 촉발시키지 않는다고 말하면서 성경적인 요구에 따라 인종차별과 같은 억압에 맞서 싸울 것을 피력한다.

둘째, 급진적 재세례파 양상이다. 이 양상에서 가장 중요한 것은 믿는 자들의 공동체이다. 그들은 복음을 통하여 새롭게 구성된 공동체에서 사는 것이 좋다고 말한다. 이 양상에서도 복음전도는 중요하다. 회심한 한 사람이 타락해 있는 세상 가운데서 새로운 공동체를

---

206) 프랭크 게벨린(Frank Ely Gaebelein) (1899.3.31~1983.1.19)은 뉴욕의 Long Island에 있는 Stony Brook School 의 창립 교장을 지낸 미국 복음주의 교육자, 저술가 및 편집인이다. 그는 20권 이상의 책을 저술했으며, 우리의 희망(영원과 합병됨) 편집자, Christianity Today, Eternity 잡지, New International Version 성경 번역 위원회의 스타일 편집자, 12권 Expositor's Bible Commentary 편집장이었다.

207) 피터 쿠즈믹(Peter Kuzmic)은 동유럽에서 가장 복음적인 학자이며 포스트 공산주의 상황에서 기독교 사역뿐만 아니라 마르크스주의에 대한 기독교 반응의 주제에 대한 국제적으로 인정받는 권위자이다. 쿠즈믹은 고든콘웰 신학교(Gordon-Conwell Theological Seminary)의 세계 선교 및 유럽 연구 선교사인 에바(Eva B.)와 폴 E. 토마스(Paul E. Tomas)의 저명한 교수이자 크로아티아 선교사이기도 하다. 쿠즈믹은 세계 복음주의 신학 위원회의 신학 위원회 위원장, 로잔 세계 복음화 위원회 위원, 그리고 AD 2000 및 그 이후의 국제 이사회 회원이다.

형성하는 것이 세상을 새롭게 하는 유일무이한 길이라고 믿는다.[208] 세상에 수많은 가난한 자들에 대한 관심보다는 구원받은 사람들끼리의 공동체가 소중하다. 이는 곧 세상의 사람들에 대한 관심보다는 자신들끼리의 관계와 사회구조를 주장하는 양상이다. 급진적 재세례파 교회들이 너무 배타적이고, 자기중심적인 공동체를 구조화하고 있다고 사이더는 비판한다. 그러면서 그는 정치적 참여로 인해 예수의 윤리를 희생시켜서는 안된다는 급진적 재세례파 교회들의 주장에 대해, "회심한 자들은 더 이상 세상의 더 크고 다양한 구조들을 변화시킬 책임이 전혀 없단 말인가?"라고 반문한다.

셋째, 주류 교회 일치 운동 양상이다. 이 양상은 개인 구원뿐만 아니라 사회구조까지 변혁시켜야 한다는 것이다. 개인 구원과 더불어 사회 구원의 필요성을 주장한다. 세계교회협의회의 『선교와 전도』에 의하면, 개인은 물론 사회구조도 복음 전도의 대상이라고 말한다. 개인의 회심도 중요하지만 사회구조도 동일하게 변혁해야 한다고 주장한다.[209] 이 양상을 제대로 파악하기 위해 그 안에 있는 자유주의 유형 그리고 보수주의와 로마 가톨릭 유형에 대해 살펴보고자 한다.

먼저, 자유주의 유형이다. 리처드 쇼울(Richard Shaull)[210]은 구원을 제국주의적 자본주의를 타도하는 혁명 그 자체로 보았다. 에마뉘엘 메스텐(Emmanuel Mesthene)은 산업혁명에 기인한 물질적 축복

---

208) 사이더, 『복음 전도와 사회운동』, 52.

209) 위의 책, 54.

210) 그는 콜롬비아 선교사로 봉사했고 1980년에 은퇴할 때까지 프린스턴 신학교에서 에큐메니칼을 가르쳤으며 세계 학생 기독교 연맹(World Student Christian Federation)과 함께 봉사했다.

들을 세계 각처의 가난한 자들과 함께 공유하게 하는 기술적 진보를 구원의 현장으로 보았다. 사이더는 이들에게 구원의 현장은 교회나 내세가 아니라 지금 현재의 지구촌의 삶이라고 말하면서 이 자유주의 유형은 복음 전도보다는, 사회 정치적인 관심과 참여에 비중을 두는 WCC의 지속적인 성향을 따르고 있다고 말한다. 구스타보 구티에레즈(Gustavo Gutierrez)에 따르면, 역사 속의 하나님은 "오직 사역과 행위로써만 선포될 수 있다. 곧 가난한 자들과의 결속을 실천함에서"[211] 계시된다. 교회와 세계의 구분 없이 구원의 영역은 지금, 여기에서의 경제적인 자유이다.

또 하나는, 보수주의 유형이다. 리처드 마우(Richard Mouw)는 『정치적 전도』에서, 예수는 "죄의 오염된 권력으로부터 모든 창조 질서를" 구원하러 오셨다고 말한다.[212] 리처드 마우는 그리스도의 구속 사역 자체가 보편적인 의미를 내포하기 때문에 정치적 행위 그 자체가 복음 전도의 일부라고 말한다. 비나이 사무엘(Vinay Samuel)은 그리스도를 구주로 고백할 때와 사회 가운데 정의가 확장될 때, 하나님 나라의 왕국이 도래하며 구원이 성취된다고 말한다. 한마디로 창조와 구속의 연속성을 주장한다. "하나님이 세상에서 사역하는 곳마다, 그 사역은 십자가상에서 죄와 악에 대하여 성취하신 그리스도의 승리에 근거하고 있다."[213] 그렇다고 사회정의를 경험하는 사람이 그리스도와 함께 영생을 누리게 될 것이라고 주장하는 것은

---

211) Gustavo Gutierrez, *The Power of the Poor in History : selected writings*, trans. Robert R. Barr (London :SCM Press Ltd., 1983), 16-17. Gutierrez는 그 단어 자체에도 위상이 있기는 하지만, "기본적으로 염두에 두는 것은 행위이다"라고 말한다.

212) Mouw J. Richard, *Political Evangelism,* (Grand Rapids : Eerdmans, 1973), 13.

213) Samuel and Sugden, "God's Intention for the World", in Samuel and Sugden, eds., *The Church in Response to Human Need,* (Wipf & Stock Publishers, 2003), 142.

아니다. 이어서 사회정의로 인해 불신자가 누리게 되는 구원의 경험과 예수 그리스도를 믿음으로 얻는 구원의 체험 사이를 구분하고 있다.[214)

마지막으로, 로마 가톨릭의 유형이다. 이는 보수주의 유형과 맥을 같이하고 있으며, 죄를 개인적이며 사회적인 것으로 바라본다. 하나님 나라는 복음의 핵심이며, 교회와 사회에서 동시에 실현된다고 주장한다.

사이더는 "자유주의, 보수주의 그리고 로마 가톨릭과 같은 주류 교회 일치 운동 양상이 민중을 향해 가지는 주요 관심사는 무엇일까?"라고 질문하면서 이들은 평화와 정의, 창조의 통일성을 위해 관심을 갖고 사역해야 하는 것이 기독교인의 사명이라고 보았다. 즉, 가난한 자, 소외된 자들과의 연대가 선교의 중요한 영역이라고 갈파하고 있다.[215)

넷째, 세속적 기독교 양상[216)이다. 전도는 정치적인 행위 그 자체이고, 구원은 사회적인 정의가 실현되는 것이라고 규정한다. 죄를 하나님에 대한 불순종의 개념으로 여기기보다 이웃에 대한 가해행위로 여긴다. 호세 미란다는 "여호와를 아는 것은 가난한 자들을 위하여 정의를 성취하는 것이다"라고 말한다.[217) 서구 세속주의자인 아렌드 반 르우벤(Arend Van Leeuwen)은 기독교인들이 평화, 정의, 그리고 인간복지에 초점을 두고 신앙의 본질로 포용해야 한다고 주

---

214) 사이더, 『복음 전도와 사회운동』, 59-60.

215) 위의 책, 60-62.

216) 사이더, 『복음 전도와 사회운동』, 64. 그리스도의 유일성을 포기하고 심지어 하나님에 대한 신앙도 포기해버린다. 수평적 관심이 수직적 관심을 철저하게 덮어버리는 양상이다.

217) 사이더, 『복음 전도와 사회운동』, 64-66.

장한다. 또한 윌리엄 호킹(William Hocking)은 그리스도의 유일성
을 부인하였다. 그리고 존 힉(John Hick), 폴 니터(Paul Knitter), 그
리고 마리안 보헨(Marian Bohen)은 동일하게 범신론을 주창함으로
써 세속적 기독교 양상의 한 갈래로 합류했다. 이 양상에 대해 사이
더는 "예수 그리스도의 유일성을 포기하면서까지 기독교 신앙의 본
질을 유지할 수 있을까?"라고 반문한다. 그러면서 복음, 구원, 회심,
사회적 관심에 대한 성경적 토대를 바탕으로 성육신적 하나님 나라
로서의 기독교를 제시하고 있다.[218)]

　이처럼 네 가지 양상으로 가난에 대한 세계 교회의 대응들을 정
리할 수 있다. 가난에 대해서 우리는 개인적인 관심과 사회구조적인
관심 모두를 가지고 있어야 한다. 그리스도의 복음을 전하고 세상을
이롭게 해야 할 교회가 자신의 역할을 다하지 못함으로 인해 가난
의 문제 또한 해결되지 않는 것이다.

　세계의 현실적인 문제에 대하여 하나님의 빛을 전해야 하는 교회
가 분파주의로 인하여 일치하지 못한 모습을 보여주고 있다. 예수는
정치적, 종교적 리더십에 도전하였고 하나님이 창조하신 선한 문명
과 문화를 위해 싸우셨다. 이러한 현실적인 문제에 대하여 교회가
해결할 수 있는 방안을 세워야 하고, 세계 교회가 가난한 자들을 향
해 눈을 돌리지 않는다면, 교회는 하나님의 심판으로부터 자유롭지
못할 것이다.

　사이더의 신학적 토대 위에서 미국 사회가 새로운 정치적 패러다
임을 가져왔듯이, 한국교회도 통일 이후 북한의 체제폭력과 과거청

---

218) 위의 책, 64-67.

산을 위해 구약성경의 토지법인 희년 제도를 적극 검토하여 실현함으로써 책임성 있게 응답해야 할 것이다.

(4) 성육신적 하나님 나라로서의 사랑과 정의: 복음전도운동, 사회운동, 성령 운동

사이더가 '가난'에 대한 제(諸) 교회들의 입장을 분석하고 비판한 것을 토대로 북한의 체제폭력과 과거청산을 실천하는 성육신적 하나님 나라로서의 기독교는 '기독교 사회윤리적 가치'를 담고 있다고 사료된다. 사이더는 하나님의 나라를 위해 일하는 세 가지 그룹에 대해 다음과 같이 이야기한다. 아직 복음을 듣지 못한 이웃에게 좋은 소식을 전파해야 한다는 복음전도 운동가, 가난한 자, 눈먼 자 등의 육체적이고 사회적인 요구와 만나야만 한다는 것을 입증하려는 사회운동가, 표적과 기사를 중시하는 성령 운동가로 대별하고 있다.[219] 그들은 자신이 해석하고 싶은 대로 누가복음 4장 18절을 인용하면서 하나님의 나라에 대해 서로 다른 견해를 말하고 있다.

복음을 전하는 것은 하나님의 사랑을 전하는 것이다. 성육신적 하나님 나라를 이루기 위한 첫 가치는 '사랑'이다. 사이더가 사랑의 실천으로서의 복음전도운동에 대해 설명하고 복음을 전해야 하는 이유를 다음과 같이 제시한다. 첫째, 복음을 전해야 하는 이유는 하나님은 세상을 향한 사랑이기 때문이다. 성서를 근거로 복음을 전파해야 하는 가장 중요한 이유는 하나님의 사랑이다. 선교의 본질은 하나님 사랑이고 하나님께서 사랑을 나누고자 선교하시는 것이다.

---

219) 사이더, 『복음 전도와 사회운동』, 73.

우리는 수동적으로 따를 뿐이다. 예레미야는 하나님께서 한 사람이라도 더 자기에게로 이끌어가고자 열망하시며, 간절해 하신다고 전하고 있다(렘 31:20-21). 십자가에서는 아버지께 버림받아 고통을 겪는 아들을 보고 아파하시는 성부 하나님을 바라본다(롬 5:8). 성서는 예수가 하나님의 최종적인 계시이며, 구원에 이르는 유일한 길이라고 가르친다.220) 로마 가톨릭과 복음주의자들은 "유일한 구원자이신 예수 그리스도의 절대적 유일함"을 공통적인 신앙으로 고백한다.221) 수 세기 동안 교회가 고백해 온 예수 그리스도를 믿는다면 복음전도운동을 할 수 밖에 없을 것이다. 따라서 세상을 지극히 사랑하시는(벧후 3:9) 하나님의 사랑에 선교로 동참해야 한다.222)

둘째, 복음을 전해야 하는 이유는 이웃사랑 때문이다. 그리스도는 모든 사람의 갈망을 채워주신다. 즉, 의미, 소망, 기쁨, 그리고 온전함은 하나님과 맺는 새 생명의 관계로부터 출발한다. 하나님의 창조체계가 그리스도 안에서 온전하게 된 것을 사람들이 알게 될 때, 그리스도는 그 삶의 의미와 목적을 가져다주신다. 십자가에 달리신 예수 그리스도를 믿을 때 그리스도는 용서와 죄책으로부터 해방과 자유를 주시고, 그리스도를 믿는 자들을 전인적 인격체로 변화시켜 주신다. 그리스도는 사회적, 경제적 연약함을 극복하려는 믿는 자들에

---

220) 참조. Paul F. Knitter, No Other Name? A Critical Survey of Christian Attitudes toward Other Regions, (Maryknoll: Orbis, 1985) 『오직 예수 이름으로만?』 (한국신학연구소); Clark H. Pinnock, A Wideness in God's Mercy: The Finality of Jesus Christ in a World of Religions (Grand Rapids: Zondervan Publishing Company, 1992); Michael Green, Evangelism through the Local Church (London: Holder and Stoughton, 1990), 『현대 전도학』 (서울: CLC).

221) Meeking Basil and Stott R. W. John, The Evangelical-Roman Catholic Dialogue on Mission, 1977-1984, (W.B. Eerdmans, 1986), 44.

222) 사이더, 『복음 전도와 사회운동』, 193.

게 사랑과 회복된 믿음의 공동체를 선물해 주신다. 그리스도는 사회 정의를 추구하는 공동체를 허락하신다. 그리스도는 두려움의 원천인 죽음 자체에 대해 해답을 가져다주신다. 그리스도는 사회적 정의가 실패한 현장에서도 소망의 능력을 가져다주신다. 이러한 예수 그리스도를 알고 믿는 것은 생애 최고의 축복인 것이다. 이웃을 사랑한다면 기쁨과 축복의 근원이신 예수 그리스도를 전하지 않을 수 없을 것이다. 이것이 바로 이웃에게 복음을 전해야 하는 이유라고 사이더는 말한다.[223]

셋째, 복음을 전해야 하는 이유는 인류의 종말론적 소망이기 때문이다. 예수 그리스도의 부활은 하나님의 나라가 마침내 온 우주 가운데 펼쳐지게 될 것이라는 소망을 품게 한다. 이 세상은 결국 하나님의 사랑이 실천되는 하나님의 나라가 될 것이다(계 11:15). 그리스도께서 재림하실 때 인간 문명, 심지어 신음하는 피조세계들까지 모두 하나님의 우주적인 구원으로 회복될 것이다. 하나님은 그 나라로 이 세상을 움직이기 위해 전도의 어리석음을 사용하고 계신다.[224] 하나님의 놀라운 계획은 하나님 나라의 복음이 전 세계에 전파되기 전까지는 성취되지 않을 것이기 때문에 복음을 전해야 하는 이유가 여기에 있는 것이다(마24:14).

성육신적 하나님 나라의 두 번째 가치는 '정의'이다. 이 정의는 사회운동으로 실현된다. 사이더의 사회운동의 내용이 '정의'이기에 이를 설명하고자 한다. 사이더는 스스로를 복음주의 사회운동가로 하나님이 부르셨다고 확신하면서 복음전도운동 못지않게 사회운동

---

223) 위의 책, 198-199.
224) 위의 책, 210-211.

도 병행해야 한다고 강조한다.[225]

사이더는 복음전도운동과 사회운동이 동일하지 않지만,[226] 복음전도운동과 사회운동이 구분될 수 없음을 설명한다.[227] 첫째, 성서적인 복음전도는 사람들에게 자신의 죄를 회개하라고 촉구한다. 복음을 믿는 삶은 주일 성수뿐만 아니라, 자신의 삶을 모든 영역에서 주님께 순종하는 것이다. 성서적인 복음전도는 전도 대상자의 모든 상황에 적용되는 성육신적인 전도를 말한다.[228]

둘째, 성서적 복음전도를 하다 보면 사회운동의 필요성을 절감하게 되며, 궁극적으로 사회악의 구조변화에까지 도전하게 되고, 세계의 모든 문제들에 초점을 맞추며, 그것을 변화시키기 위한 더 나은 창조 행위를 하게 된다. 그러므로 기독교인들이 복음의 사회적 변화에 대해 도전하지 않으면, 더 이상 그들은 사회에 영향을 끼치지 못하게 된다.[229] 성서적 복음전도는 결과적으로 세상을 통치하시는 하나님의 이름으로 억압의 사회구조들을 타파하고 정의를 성취하는 일에 도전하는 새 사람의 형상으로 기독교인들을 재창조한다. 결국 사회운동은 복음전도로 귀결된다.[230]

셋째, 교회의 일상생활은 정의로운 사회를 형성하게 된다. 마이클

---

225) 사이더, 『복음 전도와 사회운동』, 218. 사이더는 사회적 관심의 세 가지 유형으로 구제, 개발, 그리고 구조적 변화를 이야기한다.

226) 위의 책, 261. 복음 전도와 사회운동을 구분하는 적절한 방법은 목적이다. 복음 전도는 불신자로 하여금 복음을 받아들이고, 예수님은 주님으로 믿게 하고 그를 새로운 구속의 공동체로 이끄는 목적이 있고, 사회운동은 구제, 계발, 그리고 구조적 변화를 통하여 사람의 육체적, 경제적, 정치적 복지를 향상시키는데 주목적이 있다.

227) 위의 책, 276.

228) 위의 책, 277-278.

229) 위의 책, 279.

230) 위의 책, 280.

그린은 초대 교회의 성도 간의 교제와 유무상통의 나눔과 섬김이 당시 사회 가운데 미친 복음전도의 파급효과를 강조했다.[231] 사도 바울은 에베소서 3:6에서 "교회는 복음의 일부다"라고 강조한다. 교회의 사회적 영향력은 교회가 교회이고자 할 때, 교회가 사회를 둘러싸고 있는 장벽을 초월할 때, 새로운 실재의 유형을 보여줄 때 형성될 수 있다. 결국 기독교인이 사람들 속에서 영향력을 발휘하게 되는 것은 믿음이 교회를 넘어 사회에 흘러넘치게 되는 그때이다.[232]

넷째, 사회적 관심을 가질수록 그만큼 복음 전도는 촉진된다. 교회가 가난한 사람들에게 민감하고 그들을 예수의 이름으로 돌보아주는 긍휼한 행동들에 의해 그들은 복음을 향해 마음을 열게 되는 것이다. 가난한 자의 편에 서서 그들을 위협하는 상황들에 대해 함께 싸워줄 때, 그리스도께로 돌아오라는 부르심과 초청을 잘 수용하게 되는 것이다. 여기서 주의할 점은 기독교의 사회적 관심이 회심만을 목적으로 변용되어서는 안 된다는 것이다.[233]

다섯째, 사회운동은 복음전도의 열매들을 보호할 수 있다. 복음전도와 사회운동은 뗄 수 없는 상호 깊은 연관성이 있다. 그것은 스스로 각각 서로를 이끌어주고, 상호 보완하고 지원해 주고 있다. 따라서 서로를 떼어 분리하는 것은 어리석고 무익한 처사이다.[234]

---

231) 이 기독교인들은 고대 사회의 모든 색채, 모든 계급, 그리고 모든 불가촉 천민들을 포용했다...그들은 예수님의 메시지에 귀를 기울였다...기독교인들이 목이 쉴 때까지 예수님의 변화시키는 사랑과 능력에 대해 이야기할 때, 기독교인 회중 안의 교제가 사회의 다른 어느 곳에서 발견될 수 있는 것에 비해 탁월한 것이었다. 참조. Michael Green, "Methods and Sttategy in the Evangelism of the Early Church", in Douglas, ed., Let the Earth Hear His Voice, 169.

232) 사이더, 『복음 전도와 사회운동』, 286.

233) 위의 책, 287.

234) 위의 책, 289.

여기서 사이더는 사회적 관심의 유형을 세 가지로 구분하여 제시한다. 먼저, 구제는 자연재해와 사회적 재난의 희생자를 돕는 것을 의미한다. 당장 생존에 필요한 필수품을 공급하는 것이다. 개발은 개인과 가족을 포함해서 공동체가 자신들의 삶에 필요한 합당한 도구, 기술, 지식을 얻을 수 있도록 돕는 것이다. 구조적 변화는 법률, 정치, 경제적 삶과 같은 다양한 영역에서 근본적인 사회 구조를 바꿀 수 있는 방법들 중 하나이다.[235] '갑'과 '을'의 관계에서 '갑'이 구조적 변화의 대상이며, '을'은 구제, 개발의 대상이 된다. 이를 위해 사회운동가 스스로가 중심이 되어야 한다.

사이더는 구제, 개발, 그리고 구조적 변화를 초래하는 사회적 관심을 성서에서 찾고 있으며, 그 성서적 근거를 6가지로 설명한다.[236] 첫째, 하나님이 가난한 자, 약한 자 그리고 빈곤한 자들에게 특별한 관심을 가지고 계심을 이야기한다. 둘째, 하나님의 형상으로 창조된 사람은 세상에 대한 청지기권을 위임 받았다는 사실이다. 셋째, 인간은 삼위일체 하나님의 형상을 따라 창조되었고 인간이 살아가기 위해 가족, 공동체, 사회가 필요하다는 것이다. 넷째, 인간의 육체뿐만 아니라 정신적, 영적인 총체적 존재가 타락했다는 것이다. 다섯째, 예수는 말씀의 선포뿐만 아니라 육체적인 필요를 채우시고 고치시며 돌봄을 중요하게 여기셨다는 것이다. 여섯째, 인간의 구원은 부활하신 통치자 예수의 이름으로 타락한 현재의 상황에 맞서는 회복된 공동체를 포함한다.

현대 세계는 복음전도운동과 사회운동을 필요로 하며 더 나아가

---

235) 위의 책, 218-220.
236) 위의 책, 220-231.

성령 운동237)을 간절하게 요구할 뿐만 아니라 이에 따른 전략 수립을 요구한다. 성령운동은 복음전도운동과 사회운동에 힘을 더해주는 것이다. 즉, '사랑'과 '정의'가 실현되어질 때 그것은 결국 '평화'로 이어지게 되는 것이다. 이를 통해 헌신된 기독교인들이 교회를 세우는 동시에 사회를 변혁시키는 역할을 하기 때문이다. 따라서 복음전도와 사회운동을 하기 위해서는 성육신적 하나님 나라의 헌신된 제자들이 요청된다고 사이더는 말한다.238)

복음전도운동에 헌신한 기독교인들과 사회운동에 참여한 기독교인들 그리고 성령의 권능 안에서 갱신 운동에 관심을 가진 기독교인들이 연합할 때 올바르고 건강한 하나님 나라 운동이 일어날 수 있다. 사이더는 이러한 연합 모임을 '평화회복운동'이라고 부른다.239) 이 세 가지가 함께 가야 하는 것이 바로 성육신적인 하나님 나라로서의 기독교이다.240) 이와 같이 성령이 함께하는 복음전도운동과 사회운동은 성육신적인 하나님 나라로 균형을 유지하게 된다. 복음전도를 하면서 동시에 누군가의 건강을 보살피고, 일자리를 마련해 주는 것은 사회에 소망을 불어 넣어주는 행동이다. 성육신적 하나님 나라 운동은 복음전도와 사회적 관심이 예수의 이름과 능력 안에서 함께하시는 성령으로 전개될 때 최선의 사역으로 표출된다.241)

성령운동은 단순히 표적과 기사들을 행하는 차원이 아니라 평화

---

237) 사이더, 『복음 전도와 사회운동』, 304.성령의 갱신, 현존, 능력이다.

238) 위의 책, 304.

239) 위의 책, 305. 평화라는 구약의 용어는 모든 면에서의 온전함 곧 하나님, 이웃, 땅과의 바른 관계를 뜻한다.

240) 위의 책, 304-305.

241) 위의 책, 293-294.

를 목표로 하는 운동이다. 또한 세속주의적인 세상 가운데서 복음전
도운동과 사회운동을 힘 있게 할 수 있도록 돕는다. 세속주의는 반
기독교적인 구조로 사회를 바꾸어 놓았다. 기독교인들이 언행일치
의 삶을 살지 못한 것도 한 이유였다. 수많은 지성인들은 이러한 기
독교인들을 위선적이라 여기며 거부하였다. 많은 사람들이 기독교
로 돌아오지 않는 이유를 기독교가 기아, 인종차별, 경제 불평등, 생
태계 파괴 등의 문제를 해결해 주는 대안이 될 수 없다고 생각하기
때문이다. 결국 이들에게 필요한 것은 성육신적인 하나님 나라로서
의 기독교인 것이다.242)

　사이더는 성령운동이 이러한 세속주의적인 세상에 대한 해결책이
된다고 말한다. 그 이유는 인성적으로 기독교인들이 해결하지 못하
는 영역은 성령의 권능으로 함께할 수 있기 때문이다. 이런 맥락에
서 헌신적인 기독교인들이 성서적인 근거로 하는 정치 참여를 하게
될 때, 건전한 사회구조는 형성될 수 있다. 일반적인 정치 참여의
한계성을 하나님만이 변화시켜주시는 은총을 통해 새로운 인간과
사회구조를 창조하실 수 있는 것이다.243)

　오늘의 현실은 명목상 그리스도인들이 전 세계 부의 2/3를 장악
하고 있으며, 이들이 가난한 국가 문제와 국민들의 삶을 지원하고
있다. 사이더는 명목상 그리스도인들로 부를 독차지하고 있는 부유
한 나라들이 희생하고 섬겨야 한다고 말한다. 사이더는 복음전도운
동과 더불어 사회운동에 동참하는 그리스도인들이 성령의 강력한
역사와 함께 어우러질 때 그들의 그룹을 '총체적인 회중'이라고 표

---

242) 사이더, 『복음 전도와 사회운동』, 308.
243) 위의 책, 309.

현하고 있다. 이들이 이 세상 가운데 더 많아지고 부흥해서 총체적인 회중으로 이루어진 교회가 이 세상에 가득 차게 해야 할 것이다. 그리고 총체적인 회중으로 하여금 가난한 사람들을 먹이는 역할을 하게 하고, 사람들을 영생의 길로 인도할 뿐 아니라, 하나님의 임재 가운데 회복된 피조세계에서 함께 춤을 추게 해야 할 것이다.[244]

4. 요약 및 평가

필자는 졸저의 논지를 전개하기 위해 몰트만에게 나타난 화해를 목표로 삼은 정의에 대한 개념과 이에 따른 신학의 이론적 토대를 분석했다. 본회퍼의 윤리관은 하나님께로부터 분리된 인간이 예수 그리스도에 의해 성취된 하나님의 정의에 책임 윤리적인 삶으로 응답하는 것임을 고찰한다. 또한 위임 받은 교회 공동체가 책임적 삶을 사는 공동체가 되어야 함을 인식하는 책임 공동체로서의 교회상을 확립할 수 있었다. 사이더는 교회 공동체를 중심으로 한 사랑의 실천으로서의 복음전도운동, 정의의 성취로서의 사회운동, 평화의 목표로서의 성령운동을 실천하는 구체적인 방안을 밝혔다. 나아가 그는 사회구조 개혁을 위해 법률, 정치, 경제적 삶과 같은 높은 수준에서 일어나는 근본적인 사회구조의 혁신적 방안까지 모색했다.

세 명의 신학자 모두 사변적 신학이 아닌, 정의와 화해라는 실천적 신학을 주장했다. 교회 공동체가 교회 안에 칩거하는 것이 아니라, 세상 가운데 침투하여 세상을 일깨우고, 연합시키며, 연대하여 나아가

---

244) 위의 책, 309-312.

는 방향을 제시했다. 역사의 책임에 대해서 함께해야 함을 설득할 수 있는 사회과학적이고도 신학적인 공감대 확장의 근거가 된다.

몰트만의 정의 이해의 두 기둥은 칭의와 하나님 나라에 대한 이해이다. 몰트만의 정의의 개념은 가해자와 피해자를 구분하면서 생태학적 영역에 이르기까지 신학의 범위를 확장하고 있다. 몰트만의 십자가에 근거한 칭의론은 모든 사람을 보편적인 가해자로 규정한다. 정의의 목표를 화해에 두고 이 땅에서의 정의구현을 하나님 나라의 선취 개념으로 이해한다. 정의의 완전한 실현으로의 하나님 나라 완성에 대해 삼위일체 하나님의 페리코레시스와 쉐키나가 완전히 실현되는 것이다. 몰트만에게서 정의의 목표로서의 화해는 보수나 진보의 이념을 초월하여 그리스도인으로서 살아가야 할 삶의 기본적인 지침이다. 신학이 결코 현대사회에서 현실적이지 못한 공허한 이론이 아니라 실현 가능한 능력을 소유한 것이라는 몰트만의 정의론에서 정의의 목표로서의 화해가 선포되어지고 있음이 발견된다.

본회퍼에 의하면, 하나님의 피조세계는 본래 거룩하였는데 인간이 하나님 앞에서 범죄하여 하나님으로부터 자신들을 소외시킨 것이다.[245] 이렇게 소외된 처지에서 예수 그리스도가 하나님의 창조현실과 피조의 현실을 하나로 회복시키신 것이다.[246] 그 결과 인간이 책임 회복적 정의로운 삶을 살 수 있게 되었다.[247] 이와 같이 예수 그리스도에 의해 칭의를 얻은 성도들이 교회 공동체를 이루었고, 이를 통하여 하나님의 정의를 실현하는 길이 열렸다. 본회퍼의 교회

---

245) 디트리히 본회퍼, 『창조와 타락』, 161.
246) 디트리히 본회퍼, 『윤리학』, 63.
247) 위의 책, 48.

론은 교회의 존재 형태가 공동체여야 한다는 것이다. 교회 공동체는 그리스도 중심적이어야 하고, 책임적인 사귐을 하며, 부름에 응답하고 세움을 받아 파송된 제자들의 공동체이다. 반면에 오늘날 한국교회를 관류하는 기초 신앙은 고난을 저주로 여기고, 부유하고 영화로운 생활을 복이라고 여기는 기복신앙으로 변질되는 경향성을 보여주고 있다. 이처럼 올바르지 못한 구원관 때문에 십자가의 희생과 고난을 기피하게 되었다. 한국교회는 그리스도와 함께 그리스도를 위해 고난의 십자가를 짊어지고, 타자가 받는 고난에 동참하며, 고난 받는 공동체의 일원이 되는 것을 기쁨으로 추구해야 한다.

오늘의 한국교회는 하나님의 화해와는 상관없이, 사람들을 화해에 초청하는 것과는 무관한 교회만의 선교를 하고 있다. 화해된 세상에 계신 그리스도가 내재하며 화해를 하실 수 있도록 잘못된 교회의 선교관을 바꾸어야 한다. 이를 위해 고정관념에서 벗어나 교회 자신만을 위한 선교 방법을 버리고 그리스도의 부르심에 응답함으로써 십자가를 지는 순종의 삶을 살아야 한다.

사이더는 가난이 인간다운 삶을 위해 필요한 경제적 재화의 결핍이라는 구티에레즈의 개념을 수용하면서 한걸음 더 나아가 사회 정치적 현실에 주목했다. 사이더는 이러한 가난의 이해를 바탕으로 그 해결책을 성서적 관점에서 찾았다. 먼저, 사이더는 데이비드 보쉬의 말을 인용하여 세계교회가 개인주의적 복음 전도, 급진적 재세례파, 주류 교회 일치 운동 그리고 세속적 기독교라는 네 가지 양상으로 나타남을 보았다. 이러한 세계교회는 개인과 사회의 문제를 분파적으로 대처했다. 가난의 문제에 대한 세계교회의 대응 역시 성서적 관점을 도외시한 채 시대적 흐름에 지나치게 민감했고 현상적인 방법을 제시하는 것에만 급급했다. 가난에 대한 교회의 대응들을 네 가지 양상에서 살펴보았듯이 세계교회가 가난에 대한 적절한 해결책을 제시하지 못했다.

사이더는 하나님 나라를 설명하면서 세 그룹인 복음전도운동, 사회운동 그리고 성령운동에 관심을 가진 기독교인들의 연합 모임을 '평화 회복 운동'이라 불렀다. 그러면서 이 세 가지가 함께 가야 하는 당위성을 성육신적인 하나님 나라의 관점에서 사랑과 정의 그리고 평화가 한 몸이기 때문이라고 실천적으로 제기했다.

필자는 사이더가 주장하는 사회운동에서 구조적 변화의 한계성이 있음을 파악하였다. 사이더는 '평화 회복 운동'이라고 불리는 기독교인들의 연합 모임의 장을 교회 공동체라는 범주 안에 두기 때문에 구조적 변화를 위한 전문성과 일관성의 결여가 촉발될 수 있다. 반면, 이러한 점에서 사이더가 제시하는 성육신적 하나님 나라로서의 기독교 운동의 순수성은 보장된다고 본다. 왜냐하면, 어떤 이념이나 정치적 기득권에 편승하지 않고 가난의 문제를 성서적 틀 안에서 자생적으로 해결해 나갈 수 있기 때문이다. 이상으로 세 신학자들의 신학의 공통적인 관점을 일곱 가지 측면에서 정리해 보고자 한다.

첫째, 하나님 나라 이해가 관념적이나 미래적이지 않고 선취적 개념으로서 오늘의 실천을 강조하는데 공통점이 있다. 몰트만은 선취적 개념을 신학적 준거의 틀로 제시하고 있고, 본회퍼는 보이는 교회인 타자를 향해 공동체 속에서 하나님 나라의 정의와 화해에 대해 주장하였으며, 사이더는 복음전도운동, 사회운동, 성령운동을 통하여 성육신적 하나님 나라가 이 땅에 도래함을 이야기한다. 이러한 신학적 주장들은 북한의 체제폭력에 의해 혼돈과 공허에 처한 현실에서 하나님 나라를 선취할 수 있음을 제시하고 있다.

둘째, 구원의 개념 범위에 대한 이해가 있다. 몰트만은 영혼구원을 넘어 생태 피조물을 아우르는 우주 회복까지를 구원의 개념 범위로서 규정하고 있다. 본회퍼는 그리스도 중심의 교회 공동체를 통해 개인적 차원을 넘어 역사 속에서 타자를 위한 책임적 삶을 사는 역할로서 그 범위를 정의하고 있으며, 사이더는 영·혼·육의 총체적인 구원의 개념 범위를 설명하고 있다. 이는 한국교회로 하여금 선교 사역의 범위를 북한의 체제폭력과 과거청산을 위해 책임져야 하는 데에까지 넓혀야 할 것이며, 선교 공동체가 되어야 함을 일깨워 주고 있다.

셋째, 타자를 위한 삶과 이에 따른 화해를 도모하는 사회 윤리적 관점을 제시했다. 몰트만은 가해자, 피해자 그리고 생태 피조물까지 화해해야 함을 주창하고 있다. 본회퍼는 타자를 위한 책임 회복적 삶을 강조하고 있다. 이에 따라 한국교회로 하여금 분단으로 인한 보복적 감정을 거두어 내고, 북한의 인권과 생태계까지 회복시켜 나가는 정의와 화해의 삶을 살도록 촉구하고 있다.

넷째, 그리스도 중심적인 성육신적 신학을 제시했다. 가난한 자, 약한 자, 빈곤한 자를 섬김의 대상으로 한 이러한 돌봄의 사역에 대하여 몰트만은 삼위일체 하나님과 교제 가운데 살아가는 피조물들은 삼위일체적 운명 공동체로 존재한다고 설명한다. 본회퍼는 그리스도 중심적 삼위일체 안에서, 사이더는 삼위일체 하나님의 형상에 따라 창조된 인간들 중에서 가난한 자, 약한 자, 빈곤한 자들에게 특별한 관심을 가지고 계심을 강조한다. 이것은 한국교회가 가난한 자로 북한 체제폭력 현실에 처한 주민들과 피조 현실에 대해 특별한 관심을 가지게 하며 한민족 운명 공동체로서 교회 공동체가 성육신적 공동체로 참여해야 함을 주지시킨다.

다섯째, 교회 공동체를 중심으로, 세상 속에서 선취된 하나님 나라를 제시했다. 본회퍼는 그리스도의 제자 공동체로서의 교회 공동체를 통해 역사 속에서 하나님의 나라를 선취하고자 했다. 이에 반해 사이더는 교회를 구심점으로 한 복음전도운동, 사회운동, 성령운동을 통해 성육신적인 하나님 나라로서의 사랑과 정의 그리고 평화를 주장했다. 한국교회는 두 신학자에 의해 제시된 교회 공동체 중심으로 북한 체제폭력의 과거청산을 요구하는 역사적 부름에 능동적으로 대처해야 할 것이다.

여섯째, 삼위일체적이면서 동시에 세상적이고 우주적인 틀 안에서 교회의 선교를 제시했다. 몰트만, 본회퍼 그리고 사이더 세 학자가 공통적으로 교회의 정의와 화해라는 신학적 실천 원리를 제시하고 있다. 이러한 실천적 신학의 원리는 한국교회로 하여금 한국교회가 '자기 폐쇄적'이고 실천이 결여된 선교가 아닌 세상과 현실을 지향하고 우주적인 틀 안에서 북한의 체제폭력과 과거청산에 대한 공공 신학적 참여의 원칙으로서 제시 되고 있다.

일곱째, 메시아적 정의의 정점인 '원수사랑'을 제시했다. 몰트만은 원수사랑이야말로 화해로 가는 길이며, 인류사회에서 영구 지속적인 평화를 여는 정점이라고 했다. 본회퍼는 하나님께서 원수된 인간을 위해 화해의 짐을 지셨기 때문에 인간이 책임적 삶을 사는 것은 원수를 사랑하는 것이라고 했다.

필자는 세 명의 신학자의 상호보완적 요소를 다음과 같이 정리했다. 몰트만이 제시한 생태 신학적 정의실현은 범신론적 개념 확장으로, 삼위일체론은 진화론이라고 비판을 받을 위험성이 있다. 하지만 필자는 이를 생태 목회와 통일 목회 비전으로서 각각의 범위를 한정 짓고 신학적 정의 실현을 위한 단초로 삼고자 한다. 본회퍼의 교회론은 전통적 교회 공동체성을 훼손한 사회화로 오해할 수 있겠지만 북한의 인권 개선을 위한 한국교회의 책임적 통일 신학으로서 수용하고자 한다. 사이더의 주장은 보수 신학의 한계를 넘어 진보 신학의 방법론을 포용함으로써 교회 공동체가 성육신적 하나님 나라로서의 사랑과 정의 그리고 평화에 대한 실제적인 대안이 될 수 있다.

이 졸저는 북한의 체제폭력이 북한 사회 전 영역에 광범위하게 망라되어 자행되었기 때문에, 청산 과제와 청산 범위를 북한의 인권 침해, 생태계 파괴, 경제난으로 한정하여 북한의 체제폭력 청산을 위한 한국교회의 역할을 정의와 화해의 관점에서 고찰하고 대안을 모색하고 있다. 이러한 작업을 위해 지금까지, 북한의 체제폭력 청산을 위한 '윤리 신학적 근거'를 제시했다. 그러면 이제, 북한의 체제폭력과 그 피해에 대해서 구체적으로 고찰해 보고자 한다.

제3장

북한의 체제폭력과 그 피해

이 장에서는 통일 이후 북한의 체제폭력으로 야기된 제(諸) 문제, 즉 인권침해, 생태계 파괴, 그리고 경제난의 실태와 범위에 대한 규명이 아닌, 북한의 체제폭력이 초래된 근본 원인을 규명하고자 한다. 이러한 체제폭력의 원천이 오늘의 체제폭력 현실을 가져왔기 때문에 체제폭력의 근간이 된 초기 자료를 제시하고자 한다.

통일 이후 북한의 체제폭력 청산이 제대로 이루어지기 위해서는 먼저 북한의 체제폭력과 그 피해를 제대로 규명해야 할 것이다. 필자는 정치범 수용소의 반인도적 범죄들, 생태계에 미친 북한의 체제폭력, 북한의 경제체제로 인한 경제난에 대해서도 논구하고자 한다. 국가폭력은 그동안 인문·사회과학 분야에서 이론적, 실천적으로 다루어졌다. 그러나 여기서는 국가와 국가폭력의 기원, 유형, 국가폭력범죄 피해 특성, 북한의 체제폭력에 따른 반인도적 범죄를 규명하고 체제폭력 연구의 최근 경향을 보다 실천적인 차원에서 고찰해 보겠다.

1. 폭력 주체로서 국가 체제폭력

(1) 폭력의 기원과 유형

수세기 동안 폭력은 적극적인 인식 대상에서 제외되어 왔다. 따라서 폭력의 구조, 폭력적 제도, 조직, 폭력의 유형 그리고 폭력 주체와 그 대상 역시 제대로 분석되지 못했다. 그런 가운데 마르크스주의는 폭력을 사회에 나타나는 현실이나 사회변화의 과정으로 인식할 수 있는 이론적 단초를 제공했다. 경제적 잉여가치의 착취로 요약되는 지배계급의 폭력성을 규명함으로써 폭력과 자본주의가 서로 유착되어 있음이 폭로되었다.

폭력에 대한 적극적 논의는 1·2차 세계대전과 구소련의 국가 사회주의 체제가 자행한 홀로코스트에 대한 자책과 이에 따른 문제 제기로부터 나왔다. 이렇게 대량학살을 자행한 국가폭력은 '폭력이란 무엇이며 국가폭력에 대해 어떠한 견해를 가져야 하는가?'에 대한 근본적이며 보다 세분화되고 유형화된 폭력을 제기하게 했다.

갈퉁[1]과 부르디외는 폭력에 대해 연구한 후, 폭력의 유형을 정밀하게 세분해 주었다. 갈퉁은 직접적 폭력(언어적으로, 육체적으로 가시적인 실행되는 폭력)[2]과 문화적 폭력·구조적 폭력(비가시적으

---

1) 요한 갈퉁은 1930년 노르웨이 오슬로에서 출생했으며, 세계적인 평화학자이자 평화 운동가로서, 그를 현대 평화학 또는 평화 연구의 창시자로 부르기도 한다. 1959년(29세) 오슬로에 세계평화연구소(IPRI: The International Peace Research Institute)를 설립하였고, 5년 뒤에는 세계적인 평화연구 잡지 「The Journal of Peace Research」를 창간하였다. 같은 해 세계평화학회 (IPRA: The International Peace Research Association)를 발족하였으며, 1970년대 이후에는 남북한을 수십 회 방문하여 유럽 내 한반도 전문가로 부각되기도 하였다. 그의 60여 권의 평화학에 관한 저서 중 국내에는 『평화를 위한 선택 Choose Peace』과 『평화적 수단에 의한 평화 Peace by Peaceful Means』가 번역, 출판되었다.

2) 요한 갈퉁, 『평화적 수단에 의한 평화』, 강종일 외 공역,(파주: 들녘, 2000), 15, 88. 생태학과 생태 위기는 일반적으로 전쟁에서와 같이 자연에 반하는 직접적인 폭력이다. 그것들은 산업과

로 실행되는 폭력)을 구분했다. 그중에서 갈퉁이 특별히 주장한 것은 구조적인 폭력3)이다. '구조적인 폭력'은 인간의 무한한 가능성을 억압하는 모든 구조적 상황과 또한 구조적으로 직접적인 폭력이 되고 있는 문화적 정당화의 폭력4)까지를 의미한다. 갈퉁은 가시적 폭력에 대한 대중의 무기력을 대중문화로 대표되는 물질주의 문화에서 찾았다. 그는 이에 대한 대처방안으로서 비폭력 평화전략을 제안하는데, 공감, 비폭력, 그리고 창조성으로 갈등은 해결될 수 있고 이러한 요소들을 중심으로 평화전략을 구축하고 배양해야 함을 주장했다.

반면 부르디외는 권력 재생산을 위한 상징자본과 상징폭력5)이 추구하는 목적에 대해 문화 체계를 생성하고 재생산으로 이어지는 권력의 연결 고리로서 정치적 성격을 띠고 있다고 규명했다. '상징자본'이란 문화적 현실을 호도하여 대중들로 하여금 믿게 만드는 상징적인 위계와 질서 그리고 서열을 뜻한다. 이때 상징권력을 점유

농업의 구조적 폭력이며, 문화적 패턴들은 이것을 합법화 시킨다.

3) 요한 갈퉁, 위의 책, 19, 89. 가부장제는 남성이 위에 존재하고, 여성을 내려다보는 구조주의적인 폭력이다. 그 자체는 여성에 대한 무수한 형태의 폭력으로 나타난다. 또한 그것은 특정한 문화적 형식 때문에 발생하는 것이므로, 그 자체가 평화에 대한 반대로 이해되어야 한다.

4) 요한 갈퉁, 위의 책, 412. 예로 별, 십자가, 초승달, 국기, 국가, 군사 퍼레이드, 어디나 걸려 있는 지도자의 초상화, 선동적인 연설과 포스터 등을 연상해 볼 수 있다.

5) 상징폭력의 특징 가운데 하나가 그것이 일시적으로 이루어지는 것이 아니라 오랜 시간 피해자의 오인에 기반한 복잡한 내면화 과정을 거쳐 작동한다는 것에 있다. 따라서 상징폭력의 피해는 지속적인 기간 동안 전체주의적인 통제하에 종속된 과거력 혹은 성생활과 가정생활의 전체주의적인 체계에 종속된 이들에게서 나타나듯이 일종의 트라우마(복합성 외상 후 스트레스 장애)의 형태로 드러나는데(주디스 허먼, 2007: 6장) 이러한 트라우마의 양상은 다음과 같다. 1. 정서 조절의 변화(지속적인 침울, 만성적 자살, 자해 등) 2. 의식의 변화(일시적 해리성 삽화, 이인증/비현실감 등) 3. 자기지각의 변화(무력감 혹은 주도성의 마비, 수치심, 죄책감, 자기비난 등) 4. 가해자 지각의 변화(가해자와의 관계에 대한 몰두, 이상화 혹은 모순적인 감사 등) 5. 다른 사람과의 관계 변화(고립과 회피, 친밀 관계의 장애 등) 6. 의미 체계의 변화(신념의 상실, 무망감과 절망감) 실제로, 한국여성인권진흥원의 보고에 따르면 성매매 피해 청소년 가운데 80%가 이러한 트라우마 증상에 시달리고 있음을 확인할 수 있다(한겨레 21, 2012).

한 지배세력은 정당성을 부여 받는 상징폭력의 다양한 체제를 독점하면서 동의와 상식의 힘에 기초하여 폭력적 지배 관계를 재생산한다. '상징폭력'이란 상징 자본의 한 구성요소로서 세계 문화와 체제를 의미화하고 자신의 권위의 발판이 되는 권력관계를 은폐하여 그 의미체계에 정당성을 부여한다.

(2) 국가폭력 범죄피해의 특성

우선적으로, 국가폭력 범죄피해의 특성은 피해범위의 광범위성에 있다. 즉, 국가폭력 범죄는 정치권력의 민주화 정도에 따라 그 피해의 범위가 광범위해진다는 특징이 있다. 독재적이거나 비민주적인 국가체제에서는 국가폭력 범죄발생의 빈도수가 자주 발생함으로 모든 국민이 희생자라고 할 수 있다.[6] 직접적으로는 당사자나 가족 그리고 목격자[7] 등이 있다. 또한 국가폭력에 의해 겪는 육체적 고통, 정신적, 경제적, 대인관계에서의 고통 등, 피해의 범위가 삶의 환경 전체에 이르는 광범위한 피해를 입는 것이다.

둘째로, 국가폭력 범죄피해의 특징으로 피해의 다양성을 거명할 수 있다. 즉, 국가폭력 범죄는 폭력의 피해가 다양하고 복잡해서 피해자 개인의 육체적, 정신적, 재산적 피해를 입힌다. 뿐만 아니라 피

---

6) 독재정치하에서 국가폭력이 상존하게 되면 국민들은 스스로 그런 대우나 피해를 볼 만한 이유가 자신들에게 있다는 숙명론자들이 된다. 그 결과 자신을 비하시켜서 자신이나 대중들이 문제가 있음으로 독재가 필요한 것은 당연하다고 생각하는 것이다. 비근한 예로 '우리 나라 사람들은 이래서 어쩔 수 없어'라고 자위하는 것이다.

7) 국가 체제폭력에 대한 치료 대상자들은 '참여외상'의 충격을 받는다. 이것은 치료자들이 국가 체제폭력 피해자와의 공감관계 현상으로 인해 잔혹한 인간상을 목격한 후 위세에 압도당하여 스스로와 타인에 대한 관념의 혼돈이 발생된다고 한다. 참조. 강용주, "아시아는 지금: 과거청산과 국가폭력 치유 센터", 『아시아저널』 20 (2010), 128.

해자 가족에게까지 정신적으로, 육체적으로 그리고 재산에까지 피해의 악영향을 끼친다. 이러한 피해가 대를 이어서까지 장기간 계속되기도 한다. 또 피해의 내용도 전쟁에 의한 민간인 집단 희생과 고문, 정치적 박해로 인한 억울한 수감 생활 등, 국가폭력 범죄의 유형에 따라 그 피해의 종류도 다양하다.[8]

셋째로, 국가폭력 범죄피해의 특징은 피해의 불분명성에 있다. 즉, 국가폭력 범죄에 의해 발생한 피해는 광범위하고 장기간 지속됨으로 피해원인이 개인적인 것인지 국가가 원인인지를 규명하기가 어렵다. 그러므로 국가를 상대로 하는 피해배상 신청에 많은 어려움이 있어 이로 인해 보상이 아니라 오히려 소외감만을 증폭시켜 이중 피해가 발생하기도 한다.[9]

넷째로, 국가폭력 범죄피해의 특성은 피해가 장기간 지속된다는 점이다. 즉, 국가폭력에 의해 초래된 피해는 육체적 고통을 넘어 정신적 고통과 후유증에 시달려 장기간 지속된다.[10] 이는 거대한 국가폭력이라는 난폭한 힘이 피해자들에게 복합적으로 두려움과 충격을 주기 때문이다.[11] 이러한 '외상 후 스트레스 장애'는 피해 당사자만이 아니라 가족 전체에게까지 영향을 미친다.[12]

---

8) 전남대학교 산학 협력단, "조사의 신뢰성 제고와 치료 및 재활 측면의 화해 방안 모색을 위한 심리적 피해현황 조사보고서", (광주 트라우마 센터, 2007), 1-2.

9) 최정기, "국가폭력과 트라우마의 발생기제",『경제와 사회』77 (2008), 59.

10) 외상 후 스트레스 장애는 피해유형마다 겪는 빈도가 다르지만 40~70%의 피해자가 이러한 장애를 가지고 있음을 파악할 수 있다. '진실·화해를 위한 과거사 정리 위원회'의 보도자료, 2007. 8. 21. 참조.

11) 이상에 살펴본 바와 같은 광범위하게 고통들이 겹쳐서 5·18 민주화운동 과정에서 당한 부상환자들과 후유증으로 치료 중에 사망한 사람 가운데 약 10%가 자살에 의한 것이다. 강용주, "과거청산과 국가폭력 치유센터", 130.

12) 전남대학교 산학협력단, 위의 보고서, 13.

마지막으로, 국가폭력 범죄피해의 특징은 피해의 은닉성에 있다. 즉, 국가폭력 범죄에 의한 피해자는 생존을 위해 충격을 완화시키려고 한편으로 미루어두고자 하는 심리적인 잠재의식과 본성이 있다. 언젠가는 피해자들이 경험한 충격을 심리적인 내재 상태로부터 표출하여 치료해야 하는데 충격에 대한 공포심으로 인해 거부되어 이를 점점 더 깊이 숨기고 살아간다.13) 이러한 국가폭력에 의한 상처는 계속 피해자들 속에 은닉하여 괴롭혀 온 기재가 되어 이상 성격을 유발하는 원인이 되기도 한다.14)

(3) 체제폭력 연구의 최근 경향

사회과학 분야에서 국가 체제폭력에 대한 연구가 광범위하게 이루어졌다. 대략 주제별로 분류해 보면, 폭력(및 전쟁)의 기원과 역사, 폭력 이론 일반(폭력과 비폭력 등), 폭력의 (사회)심리적 연원, 파시즘과 국가폭력(폭력의 일상성과 공포의 문화 등) 등으로 나뉜다.15) 국가 체제폭력에 대한 국내 연구 활동은 번역을 통한 연구 형태로 1990년대 이전까지 주류를 이루었다. 이 시기에는 국가 체제폭력 연구의 필요성을 주로 다루었으며 동향 소개 위주로 연구가 진행되었으며, 국가 체제폭력에 대한 연구는 1990년대 이후에 와서 본격적으로 연구가 시작되었다. 국가 체제폭력 연구에 대한 국내에서의 대표적인 연구 성과는 이삼성의 연구 업적으로서 '폭력의 성격'에 대한

---

13) 데이비드 A. 시멘즈, 『상한 감정의 치유』, 송현복 역, (서울: 두란노서원, 1986), 66.

14) '치유의 필요성과 과정' 부분에 대해서는 브레드쇼 존, 『상처받은 내면 아이 치유』, 오제은 역, (서울: 학지사, 2004), 111.

15) 이삼성, 『20세기의 문명과 야만: 전장과 평화, 인간의 비극에 관한 정치적 상황』, (서울: 한길사, 1998), 참조.

주제였다. 국가 체제폭력에 대한 국내의 연구의 흐름은 크게 두 갈래이다. 첫째, 파시즘에 대한 연구로, 임지현의 저서가 1999년에 출판되었고 이어서 오태양 · 박노자의 공저가 2002에 출판되었다. 그리고 문부식의 저서가 2002년에 출판되었으며, 그의「당대 비평」활동이 파시즘 연구를 중심으로 진행되었다. 둘째, 파시즘이 한국 사회에서 국가 체제폭력과 민주주의 투쟁과 희생 현상에 대한 상관성의 총체적 보고를 통한 연구가 조희연 편 등을 중심으로 전개되었다. 특히 두 번째의 연구 업적은 공조 기획을 통해 사회학을 전공한 연구자와 정치학을 전공한 연구자들이 한국 사회에서 나타난 국가 체제폭력에 대한 총체적 접근의 최초 연구 작업으로서 큰 의미가 있다. 다른 측면에서 보면, 사회 문화인류학 분야에서의 국가 체제폭력에 대한 연구는 1980년대 중반 이후에 본격적으로 시작이 되어 타 사회과학 분야와 비교하면 늦은 감이 있었다.[16]

인류학자들의 국가 체제폭력의 연구 경향은 국가 체제 구조와 제도 가운데 지역 문화가 소속되어 있음을 인정하면서도 국가 자체의 폭력 성격에 대한 이론의 체계화는 탐구하지 않았다. 현실에서 보면 국가 체제폭력(공권력인 군사력, 경찰력, 사법권력을 통한 지배 행위)은 대중들의 저항을 초래한다. 국가폭력은 대의 절차를 통한 법

---

16) 우선, 인류학의 방법과 이론이 현지에서 수개월 또는 수년 동안 체류하면서 얻은 것이고, 최근까지도 인류학의 연구 대상은 국가로부터 비교적 독립된 상태에 있는 비교적 소규모의 자급자족이고 단순한 사회인 경우가 많았다는 사실을 들 수 있다. 두 번째로는 오랜 기간 동안 폭력 사태가 전개되고 있는 현지에서 조사 활동을 한다는 것이 상당히 위험하다는 점을 들 수 있다(실제 슬루카는 국가폭력을 연구하기 위해 현지 조사를 수행하던 인류학자들 중 네 명이 살해당한 사례를 제시하고 있다(Sluka ed 2000, 24)). 세 번째로는 문화상대주의적 전통이 비교적 강한 인류학 분야에서 현실 참여와 개입, 가치 평가 등이 필요한 국가폭력이라는 주제를 연구하는 것은 상당한 학문적 결단과 선택이 필요하다는 점을 들고 있다. 이러한 어려움 속에서도 최근 인류학자들은 (국가)폭력의 생생한 경험과 저항에 대한 민족지 작업을 이전보다 더 많이 수행하고 있다.

의 제정, 정치권으로부터 독립성이 보장되는 집행에 의해서만 인정될 수 있다. 그러나 현실적 상황에서 국가는 집권세력과 기득권의 옹호를 위해 부당한 국가 체제폭력을 행사하거나 사적인 폭력 행위를 조장하기도 하였다.

국가 체제폭력 범죄에 대한 분석 접근은 다양하다. 국가 체제폭력을 내용별, 폭력 주체별, 폭력 시기별, 폭력의 피해자별, 폭력의 피해 규모별, 폭력의 영역별 등으로 구분할 수 있다. 국가 체제폭력의 피해 및 피해자에 대한 구제는 국가 체제폭력 가해를 전제로 하여 시행하는 것이므로 국가 체제폭력 가해에 대한 분명한 규명이 없으면 국가 체제폭력 피해에 대한 구제도 어렵다. 국가 체제폭력의 가해 여부와 가해 내용을 명확하게 조사한 후 적법하게 단죄를 할 때, 비로소 국가 체제폭력 가해에 대한 올바른 용서[17]와 피해에 대한 구제도 가능할 수 있다.

2. 북한의 체제폭력: 정치범 수용소의 반인도적 범죄들

(1) 국제 형사법이 규정하고 있는 반인도적 범죄 유형

북한인권 침해 사건을 시기별로 살펴보면 1960년대까지는 김일성 체제 확립 시기로서 연좌제, 형사범, 정치범이 비슷하게 나타났

---

17) 국가 체제폭력으로 인한 국가 체제폭력 피해자와 유가족들은 '진심 어린 공개적 사과'를 할 경우 용서가 가능해 질 수 있다고 주장하고 있다. '진실화해를위한과거사정리위원회' 보도 자료, 2007. 8. 21.

다. 1970-80년대는 김정일 후계 구도 때문에 연좌제가 1순위, 정치범이 2순위로 나타났다. 이는 성분 재조사를 통한 대대적인 정치적 숙청 결과에 따른 것이다. 경제난에 의한 식량부족 상황을 반영하듯 1990년대는 형사범이 1순위, 국경 범죄가 2순위로 떠올랐다. 2000년대에는 국경관리 범죄가 단연 1순위로 노출된 것은 대규모 탈북자의 발생과 강제북송 때문이다. 2010년 이후에도 국경관리 범죄와 형사범이 1, 2순위를 차지한다.[18]

국제형사재판소 로마 규정의 제7조(2)(a)는 '민간인 주민을 향한 공격'을 설명하고 있다. 즉 민간인을 향한 다양한 범죄 행위들(살인, 노예로 만들기, 강제이주, 강제구금 또는 중대한 신체 자유를 박탈, 강간, 고문 및 성폭력, 각종 박해, 강제적 실종, 인종의 차별과 기타 비인도적인 행위들)을 하면 '인도에 반한 죄'로 규정하고 있는 것이다.[19] 북한의 반인도적 범죄는 '광범위하고', '체계적으로' 행해지고 있다는 점에서 심각한 문제성이 노출되고 있으며 국제법상으로 반인도적 범죄로 다루어져야 할 처지에 있다. 북한의 체제폭력적인 인권 범죄자들의 공격 목표는 정치범 수용소에 수감 중인 민간인들이다. 북한 체제의 정권 담당자들은 북한 체제 정권에 반대하는 인사들에게 국제법적으로도 용납이 안 되는 반인도적 범죄인 사형, 살인, 고문 행위 등을 저지르고 있다.

북한의 정치범 수용소에서 정치범들이 반인도적 범죄로 희생당하거

---

18) 북한인권정보센터 부설 북한인권기록보존소 편, 『북한인권백서. 2017』, (서울: 북한인권정보센터 부설 북한인권기록보존소, 2017), 63-64.

19) 로마 규정 7조 2항 (a)은 "민간인 주민에 대한 공격이라 함은 그러한 공격을 행하려는 국가나 조직의 정책에 따르거나 이를 조장하기 위하여 민간인 주민에 대하여 제1항에 규정된 행위를 다수 범하는 것에 관련된 일련의 행위를 말한다."라고 규정하고 있다.

나 열악한 수용소 생태계로 엄청난 수의 수감자들이 사망했으며 지금도 이러한 범죄 행위가 지속적으로 자행되고 있는 것이 확인되고 있다. 북한 정치범 수용소에서는 상당한 재정을 투자하며 군사 자원과 다른 자원들을 총동원하여 민간인들을 반복적이고 지속적으로 광범위하며 체계적인 폭력을 통해 반인도적 범죄의 희생양으로 삼고 있다.[20]

(2) 북한의 정치범 수용소의 인권침해 상황

북한의 정치범 수용소는 인간에게 있어 생명권, 생존권, 자유권 등이 일상적으로 침해되고 있는 현대판 '인권침해의 백화점'으로 표현될 정도로 모든 종류의 인권피해 사건이 종합적이고 일상적으로 발생하고 있다.[21] 그 한 예를 정치범 수용소의 '관리소 10대 법과 규정'[22]에서 살펴볼 수 있다. 관리소 전체 수용자들은 관리소 10대 법과 규정을 철저히 엄수하여 자신들의 지난날 과오를 청산하는데 성실한 노동과 규율로 이바지해야 한다.[23]

북한인권보존소가 15년간 68,940건의 사건을 조사하여 보관하고 있는데 이는 대단히 많은 사건 규모이다. 참고로, 서독의 잘츠기터 중앙기록보존소[24]가 30년간 집계한 인권침해 사건이 41,390건이다. 북한에서 자행된 인권침해를 유형별로 보면 개인의 존엄성 및 자유권(60.4%), 이주 및 주거권(13.6%), 생명권(10.6%)의 비율이 84.6%

---

20) IT-95-10, 구 유고 형사재판소 판결, 1999년 12월 14일, 53항
21) 북한인권정보센터 부설 북한인권기록보존소 편, 『북한인권백서. 2017』, 45-47.
22) 신동혁, 『세상 밖으로 나오다 : 북한 정치범 수용소 완전 통제구역』, (서울: 북한인권정보센터, 2007), 59.
23) 위의 책, 59-62.
24) 공식 명칭은 '잘츠기터 소재 법무부 소속 중앙기록보존소'이다.

를 차지한다. 한마디로 북한 당국의 기본적 인권 경시풍조의 심각성을 반영하고 있다.[25)

사형은 인류사회에서 형법의 위반에 대한 가장 무거운 형벌제도이다. 그런데 북한의 사형제도는 합리적인 사법절차를 밟지 않고 사형이 집행될 정도의 심각한 문제를 갖고 있다. 인민들에게 의도된 공포심 조장과 범죄 예방 차원에서 정당한 재판절차 없이 동원된 대중들 앞에서 공개적으로 사형집행을 하기도 한다. 공개처형이 국가의 정당한 사법절차에 의하지 않은 채 집행되는 것은 국제형법상 '반인도적 범죄'인 것이다.[26)

북한 정치범 수용소에서 자행되고 있는 공개처형은 집행절차에서부터 중요한 문제가 발생된다. 첫째, 대부분 처형은 공정한 재판에 의해 집행되지 않고, 수용소의 자체규정에 준하여 처분되고 있다. 둘째, 국제법상 사형이 집행되어야 할 정도로 중대한 범죄가 성립되지 않는다. 셋째, 사형집행이 사법기관의 감독없이 집행되고 있다. 넷째, 공정한 재판을 받을 권리를 박탈한 채 권력자의 자의로 집행하는 것이다. 더 중대한 범죄는 정치범 수용소 내에서 '비밀처형'을 하고 있는 것이다. 북한인권기록소가 수집한 증언들에 의하면 비밀처형 대상은 말로 반역을 한 자, 보위원들이나 경비원들과의 성관계를 통해 임신을 당한 여성, 잦은 도주 시도자, 정치적 판단에 의한 숙청 대상자 등이었다.[27)

고문은 권력자의 구금상태에 있거나 통제하고 있는 자를 향해 고

---

25) 북한인권정보센터 부설 북한인권기록보존소 편, 『북한인권백서. 2017』, 45-47.
26) 국제형사재판소 로마 규정 제7(1)a조, 범죄의 구성요소 참조.
27) 북한인권정보센터 부설 북한인권기록보존소 편, 『북한인권백서. 2017』, 501.

의성을 가지고 신체나 또는 정신을 향해 고통과 괴로움을 행하는 행동이라고 규정하였다.[28] 북한의 구치소나 정치범 수용소 등에서 가해지고 있는 고문은 체계적이며 대규모적이다. 다음의 예는 자행되어 왔던 고문의 비인륜성을 폭로한다. "나는 북한에서 학생시절에 옷이 발가벗겨진 채로 거꾸로 매달려서 빨간 숯불에 나의 허리가 닿도록 하는 고문을 받은 적이 있다. 내가 몸을 심하게 요동을 하니까 보위원은 숯불 통을 이러 저리 흔들면서 나의 허리에 숯불 통이 닿도록 하였다. 너무 고통스러워 몸을 계속 요동치니까, 보위원은 끝이 뾰족한 갈고리를 가지고 나의 배꼽 아래 부분(사타구니)을 잔인하게 찍어 관통을 시키기도 했다. 보위부원은 내가 더 이상 요동치지 못하도록 쇠로된 갈고리로 나의 몸을 고정시킨 것이다. 그렇게 잔인한 고문을 당하고 나서 나는 독방에 던져진 채 약 20일 정도 있었던 것이다."(신동혁, 14호 관리소, 1882-2005년에 수감생활을 한 자)[29]

북한의 정치범 수용소 내에서 수감자들에게 가해지는 고문이 몸이 약한 상태에 있는 수감자들에게 가해질 때 사망할 가능성은 매우 높다. 설상가상으로, 정치범 수용소를 관장하는 보위원들은 여성 수감자들을 자연스럽게 성폭행하고 성적 노리개로 삼고 있다. 세계 기독연대가 발간한 북한인권실태 보고서에 나타난 강간 및 성폭력은 상식을 뛰어 넘는 심각한 상황이다: "새터민들의 증언에 따르면 정치범 수용소에서 강간과 성적 학대가 무제한적으로 발생하고 있다. 놀라운 사실은 사람 신체를 삽입하거나, 금속 막대기나 나무 막대기 그리고

28) 국제형사재판소에 관한 로마 규정 7(2)e.
29) 신동혁, 『세상 밖으로 나오다: 북한 정치범 수용소 완전 통제구역』, 170-176.

집게나 전기봉과 같은 도구를 삽입시키거나, 구강성교 같은 강간 사례 등을 묘사하고 있는 것이다. 심지어는 강제로 동물과 성적 관계를 맺게 하고, 성고문을 하는 방법으로 채찍을 사용하기도 한다. 과거의 중국 남성들과의 성행위를 재현하게 하거나, 굴욕적인 성행위 체위를 시행하거나, 타인의 성고문을 지켜보거나, 옷을 발가벗기거나, 모욕적으로 비하하는 언사를 참아내야 하는 것 등이 있다."[30]

(3) 강제이주 조치 및 강제실종

북한정권은 적대계급이라고 분류되는 주민들을 불편과 고통이 심한 지역으로 강제이주시켰다. 북한은 거주이전의 자유를 인정하지 않고 있다. 2012년에 발행된 북한인권백서는 이러한 강제이주 조치에 대한 자세한 통계를 싣고 있다. 북한에서의 국내추방은 정치적 숙청과 처벌에 의한 지방 강제이주를 뜻한다. 북한인권정보센터에 보고되어 있는 국내추방(강제 이주) 건은 1,470건으로 통계되고 있다. 세계기독연대 보고서에서는 북한 주민들에 대한 강제이주가 사법 적부심사 없이 정치범 수용소로 보내지거나 무기한 구금되고 있음으로 국제협약 14조항에 명시되어 있는 국제 공정재판 기준을 위반하고 있다고 보고하고 있다.[31]

강제실종이란 "장기간 동안 법의 보호를 갈취하고자 국가체제나 정치적인 공인, 지원, 묵인하에서 특정 사람들에 대해 체포, 구금,

---

30) 북한인권기록보존소, 위의 책, 89.

31) 국제연합 인권이사회(Human Rights Committee), 일반의견(General Comment)13: 법정 앞의 평등 (Equality before the courtsand the right to afairand public hearing by an independent courtestablished by law) 14조,1984년 4월 13일. 그리고 법에 의해 세워진 독립적인 법정에서 공평하고 공개적인 심문을 받을 권리

납치하여서 그러한 상황을 인정하지 않고 그러한 사람들의 생사 여부와 소재 등에 대한 정보제시를 거부하는 행위"를 의미한다.[32] 북한은 정치적인 적대 세력들을 체포하고, 구금하거나 법적인 절차를 거치지 않고 정치범 수용소에 구금하지만 이들에 대한 생사 문제와 소재 정보에 대하여 가족을 포함한 누구에게도 알리지 않고 있다. 증언에 의하면 '흔적도 없이 사라졌다'거나 또는 당국에 문의를 했더니 '(배신자에 대해) 더 이상 물어보지 말라'는 통보만 받았다는 것이다. 북한이 그동안 수없이 자행한 국제적 납치도 있었다. 북한은 오랫동안 외국인들을 의도적으로 납치하여 왔었다. 이것은 국제 사회에 많은 문제를 초래했고 북한을 외교적으로 궁지에 몰아넣기도 했다. 북한은 외국인들의 납치에 대해 부인하여 왔지만 2002년 9월 17일 북한의 국방위원장인 김정일과 일본 총리 고이즈미가 정상회담을 하면서 일본인 납치 사실을 처음으로 시인하였다.

북한이 납치한 대다수의 사람들은 대한민국 국민들이었다. 북한의 납치는 선박나포, 항공기 납치, 육상에서의 납치 등 다양했다. 휴전 이후에 납북된 대한민국 사람은 총 3,835명이다. 이들 중 상당수는 교육수준, 신체건강 등 북한 측의 활용도를 고려하여 억류하여 왔다.[33] 납북자 가운데 3,310명(86.5%)은 납북 당한지 6개월이 경과되거나 1년 정도에 귀환을 하였고, 북한 탈출을 통하여 최근에 귀환한 8명을 제외한 현재 총 517명이 북한에 억류되어 있다.[34]

일본 정부는 17명의 일본인이 북한에 의해 피랍되었다고 발표하

---

32) 국제형사재판소 로마 규정,7(2)(i).
33) 통일연구원, 『2011 북한인권백서』, (서울: 통일연구원, 2011), 362.
34) 위의 책, 362.

였다.[35] 대표적인 일본인 납치인은 요코다 메구미였다. 북한은 1977년 11월 당시 13세였던 메구미를 납치한 후 메구미가 사망했다며 돌려보낸 유해는 다른 사람의 것이었다.[36]

(4) 종교적 박해 및 기타 인권침해

북한의 종교인 박해는 매우 심각하다. 북한 정권의 종교 박해로 김일성 집권 당시 상당수를 차지했던 개신교, 천주교 신자들은 전멸한 상태다.[37] 북한 당국은 불이 붙은 십자가에 기독교인을 매달거나 도로포장용 스팀롤러로 깔아뭉개고 한꺼번에 다리 아래로 추락시켰다. 3대까지 적대적인 씨를 제거하고자 아동들을 포함한 가족 모두를 박해하고 출산을 금지하는 정치범 수용소에 수감하였다.[38]

기독교인들은 정치범 수용소에 수감을 당하거나 비밀 또는 공개 처형을 당한다. 북한은 외국의 방문자, 종교인, 관광객의 서비스, 정치적인 목적의 대외 선전용으로 개신교회, 천주교 성당, 불교 사찰을 활용하고 있다. 북한에서는 보수적인 남한 종교인들, 특히 기독교인들과 연계되거나 접촉한 북송된 새터민들에 대해서는 최고 강한 처벌을 하고 있다.[39] 상당수 증언을 보면 기독교인들이 수용소

---

35) 마사요시 하마타 일본 외무성 차관은 2007년 2월 6일 "최소한 17명의 일본 국민이 북한에 의한 납치의 희생자인 것으로 확인되었다."고 발표하였다. (http://www.mofa.go.jp/region/asia-paci/n_korea/abucation/state0702.html).(검색일: 2013.2.4.)

36) 북한과 관련되어 실종된 것으로 보이는 일본인들에 관한 조사위원회(The Investigation Commissionon Missing Japanese Probably Related to North Korea:COMJAN)는 35명의 일본인이 북한에 납치되었을 가능성을 두고 조사하고 있다. 2005년 이후에도 5명에 대해 같은 조사를 진행 중이다.그러나 북한이 이들의 실종에 관여했다는 증거는 아직 밝혀지지 않았다.

37) 유엔총회결의안, 북한인권 상황, A/RES/61/174/. 2006년 12월 19일, 1항(b)(iii), 통일연구원, '2017년 인권백서', 284-285.

38) 북한인권기록보존소, 위의 책, 92.

39) 통일연구원, 위의 책, 238-249.

내에서 믿음을 부정하기를 거절하여, 경비원들과 폭행할 것을 강요
받은 동료 수감자들에 의해 짓밟혀 죽기까지 한다.[40]

북한은 '중국이나 제3국으로부터 강제로 송환한 사람', '정치범',
'종교인'들의 기본권을 박탈하고 있다. 위에서 열거한 공개 또는 비
공개 처형, 비인간적 고문, 종신 강제노동, 비인간적 처우, 강제적인
실종, 불법적이며 임의적인 구금 등은 시민으로서의 인간의 기본 권
리, 정치적 권리, 생명에 대한 권리, 공정한 재판을 받을 권리 등에
대한 심각한 위반인 것이다.[41]

새터민에 대한 인권침해의 실태는 매우 심각하다. 미 국무부의
통계에 의하면 2005년 2월 새터민의 규모가 1998년~1999년에 최
고조에 이르렀으며 2000년에는 약 75,000명~125,000명 정도로 추
정하고 있다.[42] 2009년에는 탈북에 대한 처벌을 강화하였고 가족들
의 강제추방도 국경지역에서 자주 집행되고 있다. 특히 임신한 여성
새터민들에 대한 인권침해는 너무나 심각하다. 2011년 발행된 북한
인권백서에 의하면 북한형사소송법 106조에 "출산 전 3개월부터 산
후 7개월까지 구류구속처분을 할 수 없다."고 규정되었음에도 구류
상태로 취조하고 있으며 강제 낙태조치들이 발생하고 있음을 밝히
고 있다.[43] 중국에서 임신한 이후 강제 송환된 여성들의 낙태를 강
요하고 출산하는 경우, 영아를 방치함으로 사망케 하는 비인륜적 범

---

40) 유엔은 북한의 기독교 박해에 대해 유감을 표명한 바 있다. 유엔총회 결의안, 북한의 인권
   상황, A/RES/61/174, 2006년 12월 19일, 1항(b)(iii); 유엔총회에 제출된 북한의 인권 상황에
   대한 특별 보고관의 보고서, 유엔문서 A/61/349, 2006년 9월 15일, 30항.
41) 구 유고슬라비아 국제형사재판소 재판부 판결, IT-98-30/1, 2001년 11월 2일, 186항.
42) US. State Department((2005), The Status of Vorth Korea Asylum Seeker sand the U.S.
   Government Policy Toward Them, The Bureau of Population, Refugee sand Migration.
43) 위의 책, 401.

죄를 국제사회가 비난하자 북한은 지정된 지역에서 출산하게 한 후 아이를 중국 남성 가족에게 인계하였다고 한다. 2004년 이후에도 지속적인 낙태 유도와 영아 방치 사망사례가 지속적으로 파악되고 있다.[44] 새터민에 대한 처벌의 수위는 지역에 따라 다르다. 2008년 2월 20일에는 함경북도 온성군 주원구에서는 새터민과 도강 알선자 15명(남자 2명, 여성 13명)을 공개 처형하였다.[45]

3. 북한의 체제폭력과 생태계의 위기

(1) 생태계의 위기를 초래한 북한의 체제폭력의 내재적 요인: 구조적 비생태성과 정책의 실패

북한의 생태계 정책의 구조적 비생태성[46]을 다음과 같이 정리할 수 있다. 첫째, 북한 주민들은 오염과 생태계 파괴에 대해 개인적 책임의식이 없다. 개인의 소유권이 없는 체제 속에서 이루어진 모든 생산 과정은 주인 의식의 결여로 인해 생태계 자체에 대한 책임의식이 전무하다.[47]

둘째, 중앙집권적 계획경제체제에서 최우선 과제는 계획된 목표량의 달성이므로 반생태계적인 부분은 숨겨지게 된다. 그러한 왜곡

---

44) 위의 책, 402.

45) 좋은 벗들, 오늘의 북한 소식, 114호, 2008, 참조.

46) 이 논문에서 널리 쓰고 있는 '사회주의' 용어는 사회주의 국가 일반 또는 이념으로서의 사회주의를 말하기보단 현재 북한이 보여주고 있는 독특한 체제나 시스템으로서 '북한식 사회주의'를 비판적으로 말하기 위해 쓰이고 있음을 밝힌다.

47) 이민부 외, 『북한의 환경 변화와 자연재해』, (파주: 한울, 2006), 68.

된 축적과 축적 과정에 숨겨지는 누적들은 생태계 복구를 더욱 어렵게 한다.48)

셋째, 계획경제체제라는 구조는 정상적인 시장 기능이 사장되고 과업 달성에만 혈안이 되어 무분별한 자원을 사용하게 된다. 수급 조절의 실패는 결국 생태계 파괴로 귀결된다.49)

넷째, 국제적인 교류 없이 오직 자력갱생이란 폐쇄적 경제체제는 생태계에 관한 관심과 정보에도 무지할 수밖에 없다. 북한의 경제체제는 공해 집약적 산업구조이기 때문에 공해문제 해결을 위해 심혈을 기울여야 함에도 불구하고 경제난으로 인해 손을 놓고 있다.50) 그렇다고 인접 국가와 협력을 통해 해결하려는 의지도 전무하다.

다섯째, 주체사상에 기초한 경제체제는 경영이나 관리에 있어서도 비과학적이며 비생태적이다. 김일성 교시에 따라 무리한 다락밭 개간, 조생목 중심의 산림 정책, 생태계에 대한 동반 의식 함몰 등으로 생태계를 교란했다.51)

여섯째, 거듭된 경제난은 재투자에 대한 여력을 상실케 했고 이로 인해 낙후된 시설은 그 노후화로 생태계 오염을 가중시켰다. 여의치 않은 경제 상황으로 생태계 복원에 재원을 투자하여 기술을 개발하거나 예방조치를 취할 수 없었다.52)

일곱째, 선군정치라는 주체이념에 따라 국가체제의 목적을 오직 군사강국에 두었다. 김일성 부자 우상화 정책의 일환으로 곳곳에 상

---

48) 김연철, 『북한의 산업화와 경제정책』, (서울: 역사비평사, 2002), 278-281.
49) 손기웅, 『북한의 환경 정책과 실태』, (서울: 통일부 통일교육원 연구개발팀, 2007), 34-35.
50) 이민부 외, 『북한의 환경 변화와 자연재해』, 70-71.
51) 위의 책, 80-81.
52) 위의 책, 83.

징물을 세우면서 생태계를 훼손시켰다. 뿐만 아니라 남한과의 대치관계에서 군사적 우위를 점하기 위한 수단으로서 전 국토의 요새화를 추진하였다. 이로 인한 과도한 군사비용이 지출되었으며 생태계는 마구잡이로 훼손되고 파괴되었다.[53]

여덟째, 위대한 사회주의 체제의 국가건설을 위해 생태계는 지배되고 종속될 뿐이었다. 김일성 부자를 위한 주체사상에 수장된 이념과 정치체제는 생태계까지도 이를 치장하고 부각시키는데 이용될 뿐, 이를 보호하고 관리한다는 것은 한낱 사치에 불과할 뿐이었다. 남한과의 경쟁에서 비교우위를 점하기 위해 지상낙원으로 북한체제를 선전하고 날조한 구조적 비생태적 폭력이다.[54]

북한 경제체제는 전형적인 사회주의 산업구조의 틀을 형성하고 있지만 지나치게 중공업에 편중되어 있다. 그 결과 구소련과 동구 사회주의 국가들보다 더 많은 산업 폐기물과 폐기 가스와 폐수를 방출하여 생태계 파괴를 초래하였다.[55] 또한 치수관련 시설인 서해 갑문 등의 건설 사업 역시 비생태적이다. 북한식 사회주의 건설을 추구하는 폐쇄적인 자력갱생 노선도 반생태계적 구조이다. 북한이 1970년대 후반 건설한 다락밭은 그 대표적인 정책 실패 사례로 압록강과 두만강을 황폐화시키게 되어 인접국인 중국까지 생태계 피해를 끼치고 있다. 또한 1980년대에 추진한 무분별한 간척지 개간과 화학 비료 사용, 농약의 남용 등도 생태계 파괴를 초래했다.

김일성이 "경제림 조성사업에서 중요한 것은 조생종으로써 경제

53) 손기웅, 위의 책, 35.
54) 이민부 외, 위의 책, 64-65.
55) 손기웅, "북한의 환경 문제와 남북한 교류협력 전망", 『통일경제』15 (1996), 49-61.

적 가치가 큰 식수를 하는 것입니다. 산림을 망탕 찍거나 산을 개간하여 산림을 해치는 현상이 없도록 철저한 통제가 필요합니다."[56) 라고 언급하였듯이, 초기에는 친생태학적 철학이 있는 것처럼 보였지만, 결국은 사회주의 국가건설을 위한 전략전술을 최우선으로 했다. 경제적 관점에서 조림을 강조하면서 동시에 다락밭 개간 사업을 추진한 것은 과학적인 생태계 이념의 부재 내지는 무분별한 사회주의 건설에 그 목적이 있음을 간과할 수 없다.

김일성은 현지 지도과정에서 자주 공해나 오염방지에 대해 강조하였다. 그러나 현지 공장과 기업소들은 아랑곳 하지 않고 유독성 물질을 방류하고 있는 현실이다. 북한의 사회주의 체제와 정치제도에 의해 수출 목적의 남벌 행위와 무차별적인 자연 채취의 지시 행위는, 결국 북한의 체제 자체가 생태계 보존과는 거리가 먼 '반-생태적' 정책을 수행하고 있는 것을 입증하고 있다.[57)

(2) 북한의 체제폭력에 의한 새로운 생태계 문제의 대두

북한의 생태계 문제의 실태는 구체적인 자료가 미흡하므로, 이 졸저의 논지에 따라 초기 자료를 제시하고자 한다.[58) 북한의 1991년 1월 노동당이 저술한 「근로자」의 논설에서는 공업발전을 위해 생태계 오염은 필연적으로 동반된다며 생태계 보호를 위해 신설하

---

56) 김일성, 『자연보호 사업을 강화할 데 대하여』, (평양: 조선로동당출판사, 1993), 24, 135-136, 287.

57) 손기웅, "북한의 환경 문제와 남북한 교류 협력 전망", 49-61.

58) 이 절에서 대기오염 등 분야별 오염에 관한 자세한 자료들은 인터넷 사이트 "북한생태계정보", 양명식의 생태계 정보넷』, http://enn21.com/; "생태계정보", 『생태계운동연합』, http://www.kfem.or.kr/에서 인용함.

는 공장에 '가스잡이' '먼지잡이' 장치와 오폐수를 정화하는 시설을 갖추고 공장과 기업소를 향한 감독과 법적인 통제의 강화가 요청된 다고 역설하고 있다.[59] 하지만 북한의 산업구조는 오염과 각종 공해를 유발하는 비생태적 경제체제이다. 더구나 기술력 부족과 예산 부족으로 인한 생태계 파괴는 더욱 가중되어가고 있다. 경제 우선주의 정책으로 인한 느슨한 관리 감독으로 말미암아 주민들의 오염물과 생활 쓰레기의 무단방류와 투기행위가 기승을 부리고 있다. 그 결과 대기의 오염, 하천 수질의 오염, 해양의 오염, 농작물의 오염, 생태계의 파괴, 공해병 등이 만연되어 있다.[60]

이러한 북한의 생태계 폭력에는 세 가지의 축이 존재한다. 첫째, 산업구조가 오염 다배출 구조로 형성되었으나 오염 물질을 처리하는 최소한의 기초 시설이 턱없이 미흡하고 보유한 시설마저 노화되었다. 그로 인해 대도시 주변 공업단지의 국지적 오염 문제가 심각하다. 또한 광산에서 채굴 생산성만 중요시 여기느라 처리되지 않은 오염 물질의 무분별한 투기로 토양을 중금속으로 오염시켰다. 그 결과 수질 오염과 지하수 오염이 증가되고 있다.

둘째, 1990년대 들어 경제상황의 악화로 생태계 분야에 대한 지원 체계는 정상적인 작동이 멈추어, 재정적·기술적 투자가 원천적으로 불가능해졌다. 국가 주도하의 외화벌이 수단으로 외국으로부터 산업 폐자재와 핵폐기물을 수입하고 수출을 목적으로 벌목, 개간, 채취를 강조한 나머지 산림이나 생태계가 체제폭력에 의해 황폐해진 것이다.

---

59) 내외통신, 799호, 1992년 6월 11일자.
60) 이민부 외, 『북한의 환경변화와 자연재해』, 70-71.

셋째, 배급제의 기능 상실로 주민들이 생존을 위해 생태계를 착취, 수탈의 대상으로 삼고 있다. 북한의 생태계 문제는 경제난과 체제폭력이 얽힌 악순환 구조로 형성된 것이다.61)

대기오염은 화석연료 사용으로 야기된다. 북한은 중화학 공업체계로 에너지를 많이 소비한다. 저급 갈탄 위주의 에너지 공급 구조, 산업시설의 노후화로 대기오염은 심각한 상황이다. 경제 봉쇄 정책으로 '주탄 종유' 정책을 고수할 수밖에 없었고, 환경기술의 낙후도 대기오염을 가중시켰다. 대기오염이 심각한 지역은 대부분의 공업단지이며 종업원의 탈치아, 유산, 기형아 출산, 지역 주민들의 피부병, 간 질환 발생 증가와 농작물의 고사 현상이 빈번해지고 있다.62) 현재 북한은 에너지 고갈 및 경제난으로 공장 가동률이 현격하게 저하되어 있다. 지금 같은 경제체제에서 경제가 회생하여 모든 공장들이 가동될 경우 대기오염은 극에 달할 것이다.63)

북한 지형은 장마철에 강우량이 집중되고 심한 경사도로 인해 유속이 매우 빠르다. 땔감용 벌목 작업으로 인한 산림의 훼손은 장마철 산사태의 발생과 이로 인한 토양 유실로 토지 황폐화가 초래되었다. 무분별한 경작에 의한 과도한 화학비료 남용은 농경지가 산성화되는 토양 파괴로 이어지고 있다.64) 여기에 도시 지역의 고체형 쓰레기 배출과 불완전한 하수처리와 투기는 토양에 2차 오염을 촉발시킨다.

---

61) 이수훈, "북한 문제의 에너지적 차원", 『현대북한연구』6 (2003), 169-197.

62) 이민부 외, 위의 책, 71-73.

63) 손기웅, 『북한의 환경정책과 실태』, 40.

64) UNEP 보고서 47쪽에 나오는 평양시 근교 농경지의 산성화 정도를 보면 pH 4 이하가 3.7%, 4~5.5가 76%, 5.5~6.5가 14.8%, 6.5~7.5가 66.90% 그리고 pH 7.5 이상이 7% 정도를 차지하고 있다.

또한 김일성 스스로 잘못을 자인한 다락밭 건설은 중앙정부 차원에서 자행된 생태계 파괴 현장이다.[65] 다락밭과 뙈기밭 개간, 남벌로 인한 산림 불량화는 호우 때 토사유출로 상습적인 수해 발생의 원인이 되고 있다. 산림 난벌로 방치된 나대지는 토양 영양염류의 유출량 증가로 삼림 복원의 가능성을 불투명하게 하고 있다. 옥수수 경작 또한 토양의 척박화를 가속시켰다.[66]

군사적 목적의 생태계를 향한 체제폭력은 각종 군사시설의 지하화와 땅굴 건설, 갱도화로 인한 생태계 훼손을 초래하여 각종 재해 발생 빈도를 높이고 있다. 북한 지역의 여러 재해와 과다한 토양 유실은 경작지 유실과 하천 생태계의 심각한 왜곡을 초래하였다. 북한의 가장 큰 수질 오염원은 공업폐수이다. 다음은 하수처리 시설과 하수 종말처리장 등의 부족으로 하천이 오염되고 있다. 다락밭 건설은 토사 축적에 의해 유속이 감소되어 수질 정화 능력 저하로 수질을 악화시켰다. 두만강 상류 지역인 남평의 오염은 '무산 철광산'의 폐수에 의한 것이다.[67] 압록강은 3급수로 전락해 식수로 사용할 수 없다. 이는 북한과 중국 대도시 산업 폐수와 생활 오수의 유입 때문이다. 대동강, 청천강, 성천강의 수질오염이 심각해 수질개선 사업이 요구되는 실정이다.[68]

산림 파괴는 북한 주민들의 산림에 대한 주인의식 결여와 정부 정책의 실패에 의해 초래되었다. 다락밭 건설, 연료용 땔감, 자재난,

---

65) 1995년에도 북한이 당 기관지 『로동신문』과 정부 기관지 『민주조선』을 통해 대대적으로 나무 심기를 독려하였다는 사실은 북한 산림 훼손의 실태를 반증해 주는 하나의 예가 될 것이다.

66) 이민부 외, 『북한의 환경변화와 자연재해』, 80-81.

67) 무산 철광산에서는 연간 1천만에서 1천 5백만 톤 사이의 부유성 고체 물질인 광석 가루가 배출되는 것으로 보고되고 있다.

68) 이민부 외, 위의 책, 76-77.

식량부족으로 인한 뙈기밭 만들기로 산림은 훼손되었다. 북한 주민에게 연료를 공급하지 못한 정책의 실패와 모든 자원에 대한 협동화와 국유화로 인한 주인 의식 실종이 만들어낸 결과이다.[69) 북한의 산림 파괴는 휴전선 지역과 개발이 많이 된 곳으로 알려져 있다. 연료 취득, 땅굴 건설, 지하 대피시설, 김일성 부자의 찬양 글귀 등이 산림 훼손을 가중시키고 있다.[70)

북한은 경제난과 외화 부족으로 인해 외국으로부터 생활 쓰레기와 산업폐기물을 대량으로 반입하여 함경북도 산간오지에 방치, 투기함으로써 한반도에까지 심각한 환경오염의 악영향을 끼치고 있다. 또한, 공학적 기술이나 설비, 수송 선박과 핵폐기물 처리 기술, 매립지와 관련된 객관적인 조사와 검증 작업이 선결되지 않아 안정성에도 문제가 있다. 폐광으로 핵폐기물 매립이 이루어질 경우, 지하수 유입에 따른 수계 전체로의 확산과 한반도 전체의 생태계까지 위협하게 된다. 특히 방사능 물질이 서해로 노출될 경우, 특정 해역에 집중적으로 방사능이 누적되어 생태계 전체가 피폐화 될 것이다.[71)

---

69) 손기웅, 『북한의 환경정책과 실태』, 44-46.
70) 이민부 외, 『북한의 환경 변화와 자연재해』, 80.
71) 이민부 외, 위의 책, 81.

4. 북한의 경제난

(1) 북한 경제체제: 사회주의 계획경제, 과도한 자립적 민족주의, 불균형적 성장정책

1990년대 북한 경제난의 주된 원인은 북한 경제체제의 구조적 문제점이다. 세계화라는 국제사회의 급격한 변화 시도와 농업 생산력의 저조가 맞물려 산업 간의 불균형이 가속화되어 경제위기를 자초했다. 북한 경제체제는 중앙집권적 계획경제체제로서 중앙계획 당국에 의해 전체 인민경제에 필요한 물자의 생산과 소비, 수요와 공급이 결정된다. 북한에서 "계획경제란 국가계획의 유일적 원칙에 따라 계획적이며, 균형적인 발전을 추구하는 사회주의 경제"라고 정의한다.[72] 북한은 사회주의 국가들의 일반적인 특성인 과도한 중앙 집중적인 경제관리, 이념을 우선하는 경제관리, 사회주의 기업들의 손익에 대한 무관심, 노동에 대한 인센티브를 무시하여 초래되는 생산성 저하 등으로 파생되는 경제성장 방식의 장애를 겪었다.

북한은 이러한 구조적 모순을 극복하기 위해 경제개혁을 추진하였다. 그러나 북한의 경제체제 개혁은 구소련과 헝가리 등이 추진했던 내용과 유사한 것으로서 중국의 경제개혁과는 근본적으로 달랐다. 당시 노동당 정권이 북한 경제체제를 김정일을 중심으로 경제개혁을 추진하는 데는 분명한 한계점이 있었다. 우선 중국 공산당에 비해 김정일 정권의 정통성이 취약하였다. 제대로 된 경제개혁을 하려면 의사결정의 분권화가 필수적인데, 이를 추진하다 보면 중앙정

---

72) 통일교육원, 『북한 이해』, (서울: 양동문화사, 2003), 136.

권의 약화로 인한 정치적 불안정성이 증폭될 가능성이 있었기 때문이다. 결국 북한 경제체제의 경제개혁은 김정일 정권의 안정추구라는 전제조건 속에서 추진되어야 함으로 성과 있는 경제개혁이 어려웠다.[73]

북한 경제체제는 자립적 민족경제를 추진하였다.[74] 북한 경제체제는 해외시장과의 경쟁 성장방식이 아닌 자력갱생을 채택하였기 때문에 구소련, 구 공산권에만 지나치게 의존하는 대외경제 협력 체제를 구축할 수밖에 없었다. 그 결과 해외 경쟁력이 상실된 경제구조를 만들었다. 북한 경제체제는 이처럼 국내 자원만을 활용하는 자립형 기술에 의한 산업발전을 추구한 결과, 기술발전의 낙후와 산업설비 노후화를 초래했으며, 자립적 민족경제 건설을 추구한 결과, 북한 경제체제는 폐쇄적 경제형 체제가 되었다.

1990년대의 북한 경제체제가 경제난 극복이 어려웠던 원인은 지나친 자립경제 노선을 추구한 결과 국제 분업체계를 무시하였고 세계 기술발전 추세에 역행하는 산업체계가 되어 신속한 국제경제 환경 변화에 적응력을 상실했기 때문이다. 북한 경제체제는 경제성장에 미치는 대외관계의 긍정적 영향 및 국제 분업에 의한 이익을 배제하여 경제난이 가중되었다.

북한 경제체제는 1960년대부터 과도한 군수산업이 주도하는 중공업 중심의 성장 전략을 추진하여 산업 간 극심한 불균형을 초래했다. 본래 군수산업은 과도한 자본축적을 요구하면서 국민소득 증가와는 무관한 산업 부문이다. 따라서 중공업 위주의 산업발전을 추

---

73) 통일교육원, 『북한 이해』, (서울: 양동문화사, 1998), 157.
74) 통일교육원, 『북한 이해』, 2003, 131.

구한 결과 산업 전반의 생산성을 저하시키는 산업 간 불균형을 초래했다. 북한의 주요한 경제체제인 "사회주의 공업화의 핵심은 중공업을 선차적으로 발전시키는 데 있다. 기계를 제작하는 공업에 역점을 두는 강력한 중공업 육성으로 자립적인 공업의 체계 확립이 가능하며 인민경제를 위한 전면적인 기술의 재건을 실현할 수 있다."[75] 다시 말하면, 북한의 경제체제는 중공업 우선주의를 추진하였다. 북한은 예산의 70% 이상을 중공업 부문에 우선하여 편중해왔다. 그 결과 북한 경제체제의 산업구조가 급속하게 중공업 위주의 산업구조로 편성되어 1950년대 후반~1960년대 초반에는 단기적으로 경제성장률을 높였었다.[76] 그러나 북한 경제체제가 장기적으로는 경공업과 농업의 연계성 부족, 생산요소의 투입방식에 대한 불합리성에 의해 그 모순이 극대화되어 표출되었다.

과거 사회주의 국가들이 구소련, 중국 등을 중심으로 자본주의와의 체제 경쟁에서 우위를 점하기 위해 군수산업 육성과 사회주의 경제건설을 동반 추진하는 경제정책을 추진하였다. 이러한 흐름에 따라 북한 경제체제도 지금까지 군사·경제 병진노선을 유지해오고 있다. 그 결과, 북한 경제체제는 국방예산의 점유율이 급격한 증가를 이루고 산업은 '군산 복합형'으로 발전되었다. 이에, 북한 경제체제는 경제성장에 커다란 제약이 되고 있으며 오늘날 북한 경제난의 근원이 되고 있다.

북한 경제체제는 자립적 공업체계 건설을 추진하였다. 구소련과 중국, 그리고 일본 등으로부터 원유, 공업용 원자재, 생산설비 등을

---

75) 사회과학원 주체경제학연구소, 『경제사전 제1권』, (평양: 사회과학출판사, 1985), 715-716.
76) 통일교육원, 위의 책, 133.

지원 받거나 수입을 하였다. 하지만 비효율적 경제체제로 인한 만성적 원료부족 현상과 기술낙후의 현실에서 벗어나지 못했다. 외국으로부터의 산업기술과 원자재의 수입 가능 여부는 북한 경제성장의 관건이 되었다. 이로 인해 북한 경제성장의 관건은 외국으로부터 산업기술 유치와 원자재 수입 여부에 좌지우지될 수밖에 없었다.

북한 경제체제는 이렇게 자립적 공업건설 정책을 추진한 결과 산업을 특화하고 기술을 개발하여 비교우위를 이루는 개발에 실패했으며, 그 결과 상품 수출 능력의 결여와 무역 전략의 낙후성을 초래했다. 북한은, 페레스트로이카 이전에는 구소련의 지원과 바터 무역에 의한 생산 원자재 및 생산 설비를 확보했으며 그 이후에는 중국을 대상으로 지원성 수출과[77] 바터 형식의 변경 무역을 통해 주요 물자를 확보하였다. 그러나 최근 중국이 시장 지향적 개혁 정책을 시행함으로 인해 북한을 향한 지원성 교역을 유지하기가 힘들어졌다. 그 결과 북한은 필수적 상품인 원유와 곡물 수입을 위해 북한 경제체제를 유지하기 위한 자체 수요에도 부족한 생산재인 석탄과 철강 등을 수출해야 하는 무역 구조의 비효율적 상황이 극대화 되고 있다.

(2) 1990년대 경제난의 실태: 식량, 에너지, 생필품, 외환

북한 경제체제가 무너져 급격하게 경제난으로 돌입하였던 1990년대의 가난의 현실을 네 가지의 실태를 중심으로 살펴보겠다. 사회주의권의 붕괴로 인해 사회주의 국가들로부터 오던 북한에 대한 경

---

77) 오승렬, 최수영, 박순성, 『북한의 경제 개혁과 남북 경협』, (서울: 민족통일연구원, 1995), 31.

제지원의 단절, 농업관련 물자들과 기술협력에 대한 중단, 비료를 비롯한 농업 원자재에 대한 생산 감소로 식량이 400만 톤 이하로 생산이 격감하게 되었다. 또한 북한의 곡물 육종 수준이 세계적으로 우수함에도 생산량이 낮은 것은 개인 영농체제가 아니라 집단 영농체제가 원인이다. 북한의 현 토지법이 인정하고 있는 텃밭의 생산량이 집단농장의 생산량보다 5배나 더 높다. 그 이유는 개인의 텃밭의 재배를 위해 집단농장의 비료, 농약 등을 가로채 텃밭 경작에 총력을 기울인 결과인 것이다.[78]

북한 경제체제가 장려한 주체 농법으로 인근 산들을 다락밭으로 개발하였다. 다락밭에 의해 경작지에 토사가 유입되었고 이로 인한 심각한 작물 피해가 발생하였으며 경작지 관리와 보수를 위해 많은 노동력이 요청되고 있는 실정이다. 북한은 이러한 현실을 간과하고 '주체 농업', '주체 농법'만을 고집하고 있다. 북한은 1995년도 이후 3년에 걸친 연속 자연재해로 인해 농업 기반이 붕괴했고 심각한 식량난이 구조적으로 계속 진행되고 있다. 결국 북한의 식량난의 원인은 자연재해에 따른 일시적인 상황과 구조적인 상황이 혼재되어 초래된 결과이다.[79] 북한의 1990년대 이후 매년 식량 부족량이 150만 톤~ 200만 톤 정도이다. 1999년도부터 국제농업기구와 남한의 지원으로 북한의 식량난이 약간 완화되어가고 있다.[80] 하지만 근본적인 해결을 위해 무엇보다 구조적인 농업개혁이 요청되는 상황이다.

북한 경제체제는 에너지의 자립정책을 추진하며 '주탄종유'(主炭

---

78) 김태영, "북한 경제난의 분석 : 1990년대를 중심으로" (석사학위 논문 청주대학교 대학원, 2004), 18.

79) 공우석,『북한의 자연 생태계』, (파주: 집문당, 2006), 351.

80) 통일교육원,『북한 이해』, 2003, 151-152.

從油)의 에너지 수급구조를 형성했다.[81] 그러나 1980년대 북한의 수입 총예산에서 에너지 예산 비중은 30%에 달했다. 그리고 상당한 에너지 유관 산업시설의 건설과 에너지 공급이 구소련과 중국의 경협과 지원에 의존하여왔다. 그 결과 북한 경제체제의 에너지 자립 정책은 전무한 상태였다.[82]

1990년대에 소련의 해체로 에너지 원조가 중단되었고 중국은 경화 결제를 요청하자, 북한 경제체제는 대응력이 부재하였고 심각한 에너지난에 처하게 되었다. 북한 경제체제의 공업구조는 중화학공업 중심의 에너지 다소비형으로 구성되어 있어 에너지 공급의 급격한 감소는 산업 생산력 저하를 가져왔다.[83] 1990년대 초 소련과 사회주의 진영의 몰락은 곧바로 북한의 생필품난을 초래했다. 대외무역 경제 구조가 구소련을 비롯한 사회주의 국가와 연대되어 있었기 때문에 직격탄을 맞았다.[84]

북한 경제체제에서 경공업의 낙후 원인은 사회주의의 계획경제의 단점인 비효율성과 그에 의한 자본과 노동 생산성이 저하된 것이다. 더구나 북한 경제체제는 중공업 우선정책으로써, 중공업에 공업 부문 투자 재원의 80% 이상이 집중되었기 때문에 경공업 부문이 상대적으로 낙후될 수밖에 없다.

생필품 부족상황 또한 매우 심각하여 1970년대 말까지만 해도 자유로운 구입이 가능했던 학생용품과 일용품 그리고 부식물마저

81) 최수영, 『북한의 에너지수급 실태 연구』, (서울: 민족통일연구원, 1993), 1-12.
82) 정우진, 『북한의 에너지 산업』, (서울: 공보처, 1996), 13-17.
83) 통일교육원, 『북한 이해』, 2003, 155-156.
84) 이태섭, "북한의 생필품난", 『北韓 經濟의 오늘과 내일』, (서울: 현대경제사회연구원, 1996), 71-75.

1990년대에는 배급표를 가지고 지극히 적은 양만 구입할 수 있었다. 그 결과 제한된 생필품들이지만 장마당에서 고가로 구입하고 있는 실정이다. 그 가격대는 국정 가격의 5~10배 이상이 된다.[85]

북한 경제체제는 자립경제 달성을 주장하지만 해방 직후부터 경제발전 추진을 위해 해외자본을 활용하고 있었다. 북한은 해방 이후 1970년대 중반까지 외자를 유치해 경제의 복구, 군사력의 증강, 사회주의적인 경제개발 등에 투자했었다. 1960년대 이전에 구소련을 비롯한 사회주의 국가들로부터 유무상 외자가 43%인 20.4억 달러이며, 1970년대 초반 서방국가들의 외자 유치가 12.4억 달러였다.[86] 그러던 차에 구소련과 사회주의권 국가들의 원조가 중단되었고, 중국도 경화 결제를 요구하기에 이르자 외화난에 허덕이게 되었다. 계속된 무역적자 확대와 핵무기 개발에 따른 범세계적인 경제 제재 조치, 그리고 조총련의 송금 감소 등이 극심한 외화난을 부채질하고 있는 실정이다.

북한 경제체제는 1980년대부터 사회주의 경제의 모순에 의한 경제 침체를 겪어왔다. 1990년대의 북한 경제체제는 지속적인 장기 마이너스 경제성장을 겪고 있다. 그 이유는 식량을 중심으로 소비재와 생산 원자재의 부족 현상, 투자 재원과 기술력의 저하 현상과 인적자원의 부족 등 경제 전반의 결핍 현상이다. 또한 동유럽을 중심으로 한 사회주의 정권의 붕괴였으며, 농업생산력의 부진, 구조적인 농업 부문의 문제점과 1996년~1997년의 대홍수·가뭄과 태풍 등에 의한 자연재해였다. 그리고 소비재 공급부족으로 나타난 인플레

---

85) 허문영, 『북한의 경제정책 변화와 남북 경협 활성화 방안』, (서울: 민족통일연구원, 1996), 14.
86) 통일부, 『북한 개요. 2000』, (서울: 통일부, 2000), 385.

제3장 북한의 체제폭력과 그 피해   **129**

이션 현상에 따른 암거래 행위의 만연과 에너지의 부족 등, 북한 경제체제의 구조적인 문제점이 원인이었다.

북한 경제체제의 경제난을 구조적인 면에서 보면 첫째, 사회주의 계획경제체제가 가지고 있는 구조적 모순과 자립적 민족경제 건설 노선의 고수로 인한 해외 경쟁력 상실과 해외 경제협력 체제의 부재이다. 둘째, 군사력·경제개발 병진노선으로 인해 과도한 국방비 지출과 군수산업을 우선시하는 중공업 우선 정책에 의한 산업구조의 불균형 때문이다.

북한 경제체제는 이와 같은 경제난을 해결하기 위해 대외 경제 개방정책을 추진하여 1991년 12월에 나진·선봉 지역의 경제특구 지정 정책을 시행하였으나 대내적 정치 불안과 대외적 핵 문제, 그리고 남북한 관계의 마찰 등에 의해 큰 성과가 없었다. 그러나 경제특구 정책은 북한 경제체제의 대외 경제 개방정책의 중요한 전환점이 되었다. 북한 경제체제의 식량난 타결을 위한 다양한 노력은 성과가 없었으나 국제사회로부터 식량지원을 받게 되었다. 에너지난의 극복 정책은 외화 부족, 자본 부족, 기술 축적의 부재로 인해 실패하였다. 생필품난의 극복 정책은 외자유치 실패, 내부자원의 고갈, 중공업우선 정책 수정불가로 인해 역시 실패하였다.

북한 경제체제의 만성적인 경제난을 해결하기 위해서는 사회주의 경제체제 고수에 의해 발생하는 인플레이션을 해소하고, 시장경제 지향적인 개혁 조치들로 전환이 요청되며, 외국자본 유치가 가능하도록 투자 여건 개선이 전제되어야 한다.[87] 결국 북한 경제체제는

---

87) 김태영, "북한 경제난의 분석 : 1990년대를 중심으로", 33.

북·미 간의 북핵 문제 해결을 통한 국제적 경제 여건 조성이 핵심 과제이다.

5. 요약 및 평가

폭력에 대한 본격적인 논의는 제1,2차 세계대전 과정에서 구소련의 국가사회주의체제가 자행한 홀로코스트에 대한 자책과 해결을 위한 문제 제기로부터 시작되었다. 국가는 국민의 행복한 삶을 위해 질서 유지와 생활환경을 조성하기 위해 법적인 제재를 사용해야 하는데, 집권자들이 사익과 권력유지를 위해 국가폭력을 오용하면서 국가폭력이 발생해 왔다. 국제사회와 개인은 불의하게 발생한 국가폭력에 대한 과거청산의 당위성과 의무를 가지게 된다. 국가폭력의 범위는 광범위하게 발생하고 있지만 국가폭력 해결과정에서는 실정법상 범죄가 성립되는 사건으로 한정하게 된다.

국가폭력 범죄는 정치가 시행되는 현장에서 언제나 상존하게 되는 특징이 있다. 또한 광범위한 영역에서 다양성 있게 집행되고 있으며, 그 피해는 심각한 후유증을 초래한다. 국가폭력은 사회질서 유지와 국가의 기강 확립 측면에서 볼 때, 당위성이 있지만 동시에 절제해야 하는 양면성을 가진다. 국가폭력 범죄의 피해의 영향은 피해 당사자와 가족 그리고 목격자들의 삶 전체 환경에까지 미치며 피해자 가족이 겪은 상처는 대를 이어 지속되기도 한다. 국가폭력 행위는 전쟁과 강제수용소에 부당하게 수감되는 것 등의 형태로 자행되어 왔는데, 폭력집행이 개인적인지 국가가 가해한 것인지 구분하기 어려우며 피해의 상처가 육체적, 정신적, 영적으로 총망라되어 남아 있으며, 장기간 지속된다는데 심각한 문제가 있다.

국가폭력의 피해자는 생존과 생활환경 등에서의 2차 피해가 두려워 피해 사실을 은폐하려는 경향이 농후하다. 국가폭력 방법은 피해자의 육체와 정신까지 파괴시키는 고문을 하였으며 민주화 운동과 다양한 국가를 향한 시위에 대해 폭력을 행하여 왔다. 생태계 파괴와 경제체제폭력이라는 보이지 않는 손실을 파생시키는 간접적인 피해도 간과해서는 안 될 것이다.

수령 1인 중심의 독재체제인 북한은 주민의 참정권을 억제하고 주민의 다양성을 거부하며 인권을 다방면에서 침해하고 있다.[88] 북한은 국제사회가 인도주의적으로 개입하려는 시도를 거부하고 기본 인권마저 박탈하면서 복합적으로 인권침해를 자행하고 있다. 북한은 주권재민 정치제도인 것처럼 헌법에 기록하고 있으나 수령에게 모든 권한을 귀속시키고 있다.[89] 2018년 6월 오토 미국 프레더릭 웜비어의 사망 사건은 미국과 전 세계인들로 하여금 김정은 체제의 인권 상황에 심각한 우려를 표하는 계기가 되었다. 국제사회가 북한을 향해 인권 우선정책을 촉구하는 목소리가 점증되면서 이제는 북한 주민의 인권개선을 위해 실제적인 점검과 검토를 요청하는 시기가 되었다. 뿐만 아니라 한반도의 생태계를 혼란에 빠뜨린 북한의 체제폭력은 심각한 상황이다. 구조적으로 비생태적인 정책과 그 정책의 실패로 말미암아 생태계 파괴는 더욱 가중되고 있으며, 북한에서 발생한 생태계 파괴의 원인은 북한 사회체제에 다음과 같이 구

---

88) 통일부, 『북한 이해』, (서울: 통일부, 2016), 254.
89) 김민, 한봉서, 『위대한 주체사상 총서 9: 령도체계』, (평양: 사회과학출판사, 1985), 27.

조적으로 내재되어 있다.

첫째, 북한 주민들은 의, 식, 주의 해결에 급급한 나머지 생태계 훼손에 대한 문제의식이 없다. 둘째, 기술적 측면에서 폐쇄적 자립 경제 정책을 추진한 결과, 자원 낭비적, 에너지 비효율적 산업구조를 고착화시켰다. 이러한 산업이 군사 공업을 포함한 중화학공업에 치중되어 생태계 파괴는 가중될 수밖에 없다. 셋째, 생산 할당량 달성이 우선이기 때문에 생태계 보호가 도외시될 수밖에 없다. 넷째, 전군의 무장화, 전 국토의 요새화 등의 군사 노선은 생태계 자원의 소모와 파괴를 함축한다. 다섯째, 김일성 부자의 우상화 작업, 북한식 사회주의를 선전하기 위한 조형물 축조, 바위에 혁명적 구호 새김, 구호 나무의 양산 등도 생태계 훼손에 일조를 하고 있다. 여섯째, 생태 파괴적 행태와 사회구조는 주체사상에 그 뿌리를 두고 있다. 이는 생태계를 지배와 투쟁과 정복의 대상으로서, 인간에 복무하는 물적 존재로만 인식하고 있다.

북한 경제체제는 경제 전반에 걸쳐 결핍된 현상으로 나타나고 있다. 사회주의 계획 경제체제가 가지고 있는 구조적 폐단과 자립적 민족경제 건설 노선의 고수로 인해 갈수록 피폐화되고 있다. 또한 군사력과 경제개발 병진노선으로 인해 발생한 과도한 국방비 지출과 중공업 우선정책에 따른 산업구조의 불균형 성장 전략을 채택함으로써 경제난을 부채질하고 있다. 이러한 모든 것들이 북한의 체제폭력으로 인해 파생된 요인들이며, 통일 이후 북한의 체제폭력 청산 과정에서 함께 극복해야 할 과제이다.

지금까지 북한 체제폭력에 따른 그 피해 상황을 세 가지 범주에서 살펴보았다. 북한의 체제폭력을 객관적으로 규명하고 철저한 과거청산을 도모하기 위해서 다음 장에서는 체제폭력 청산의 구체적인 사례를 고찰하고자 한다. 먼저, 한반도의 남북한처럼, 동족끼리 이데올로기적으로 분단되어 국가 체제의 정당성 확보 수단으로 폭력을 행사한 동독에 대한 과거청산 노력을 살펴볼 것이다. 또한 남아프리카 공화국의 체제폭력 청산을 위해 중요한 원칙으로 삼았던 '정의와 화해'라는 관점의 정당성에 대해서 고찰해 보겠다.

제4장

체제폭력 청산의
국제적 노력:
독일과 남아프리카 공화국

통일 독일은 구 동독 체제폭력 청산 과정을 철저한 법치주의에 근거하였다. 즉 과거청산을 폭력적으로 급진적인 혁명재판을 하거나 과거에 대한 전면적 부정을 택하지 않고 법치주의적, 단계적, 화합적 청산 방법으로 집행한 것이다. 독일 통일의 가장 큰 특징은 동독에서 일어난 시민혁명으로 동독 정부의 유지가 어려운 결과, 정치적 지도자들의 정치적 타협을 통해 성취되었다. 그러한 점에서 남북한 체제와는 다른 면이 많다. 즉, 동독 정권은 폭력적이고 비이성적인 통치를 하였지만 합리적인 노력을 추구한 측면은 북한 체제와는 다른 상이함이라고 말할 수 있다.

　남아공의 체제폭력에 대한 과거청산에 대해서는 그 시대의 에토스와 파토스와 로고스가 있었음을 기억해야 한다. 넬슨 만델라와 데스몬드 투투 주교와 같이 기독교적인 화해의 비전을 제시한 것은 기적의 에토스이다. 분노와 타도 대신, 용서와 포용으로 새로운 남아공의 미래를 향한 비전을 받아들였던 흑인과 백인들은 기적의 파토스이다. TRC의 역할은 과거로 하여금 미래와 통합되고 정의가 화해의 산파가 되는 담론과 비전을 제시함으로써 기적의 로고스가 된 것이라 볼 수 있다.

1. 서독의 통일준비

(1) 국가 체제폭력 중앙기록보존소 설립과 운영 임무 및 기록 내용

1949년 5월에 제2차 세계대전 연합국인 미국, 영국, 프랑스가 독일 영토 서방 측 지역에 '독일연방공화국(서독)'을 수립하였고, 10월에 소련은 '독일민주공화국(동독)'을 수립하였다. 양측은 베를린을 동·서 베를린으로 양분하였으나, 독일 주민들은 자유로이 왕래하였다. 1949년 이후 거주 주민 약 270만 명이 서독 진영으로 이주함으로써 동독은 이주 저지를 위한 특별한 대책을 세웠다.[1] 동독은 1961년 8월 13일 베를린을 동서로 분리하는 장벽을 세워 자유 왕래를 차단하였고, 동독 주민들이 같은 공산권인 체코, 헝가리, 폴란드를 통해 탈출을 방지하기 위하여 동구 국가로의 여행 자유도 제한하였다. 1989년 11월 9일에 동·서독 국경 개방 때까지 28년 동안 사망자는 총 186명에 달하였다. 이들은 동독 측이 사살하거나 지뢰 등에 의해 희생되었다.[2] 그 외에도 인적이 없는 국경과 엘베 강을 건너던 익사자까지 합하면 더욱 많은 희생자를 추측할 수 있다.

동독의 국경 봉쇄에 대해 함부르크 시 에릭 블루멘펠트(Erik Blumenfeld) 의원이 동독의 인권침해 사례의 문서화를 위한 기구 설립을 발의하였다. 서베를린 시장인 빌리 브란트(Wily Brant)가 이를 수용하였다. 그의 제안에 따라 서독 연방 산하 각 주 총리들이 적극

---

1) Sauer, Heiner, Plumeyer, Hans-Otto, 『(서독) 잘쯔기터 : 인권침해 중앙기록보존소』, 이건호 역,(서울: 북한인권정보센터, 2007), 18.
2) 위의 책, 19.

동참하여 기록보존소를 설치하였고, 기록보존에 대하여 공소시효와는 무관하게 동독의 체제폭력에 대한 자료를 수집·보존함으로 추후 형사소추를 가능하게 하였으며, 설치 위치는 니더작센 주에 두게 했고 운영까지 맡겼다.[3]

독일은 중앙법무기록보존소를 니더작센(Niedersachen) 주 잘츠기터(Salzgiter) 시에 설치했다.[4] 중앙기록보존소의 주요 업무는 서베를린 경찰서로부터 제공받은 수사 자료를 중심으로 베를린 장벽을 통한 탈주자 사살과 탈출 시도 과정에 체포된 사람들에 대한 구타, 감금, 고문 사건들을 정리하는 것이었다.[5]

중앙기록보존소는 동·서독이 통일된 이후 예비조사 및 기록업무의 종결까지 다음과 같은 동독의 체제폭력 행위를 기록했다. 첫째, 동독 정권이 체제 유지를 위해 정당한 법적절차 없이 살인, 상해, 인신구속 등의 사건 둘째, 정치적인 문제로 인도주의와 법치의 기본 원칙을 넘어서는 과도한 형 집행 사례 셋째, 동독 수사기관의 수사를 빙자하여 가해진 가혹 행위 등이었다.[6]

---

3) 윤여상, 제성호, "서독의 동독 인권침해 기록 사례와 한국의 원용 방안", 『중앙법학』 8 (2006), 292.

4) 윤여상, 제성호, "서독의 동독 인권침해 기록 사례와 한국의 원용 방안", 293.

5) 위의 논문, 294.

6) 한스 위르겐 그라제만, "독일 통일 후 동·서독 통합 과정에서 제기된 인권문제", (평화재단 제48차 국제 전문가 포럼, 2008), 1-20.

(2) 서독으로 탈출하는 동독 주민에 대한 국가폭력의 증거 수집

동독 정권은 1950년 '국가안보를 위하여 제국주의 세력과 동조자들의 적대행위에 대한 사전 봉쇄 조치를 한다.'는 목적하에 KGB가 주관하여 국가공안부 슈타지[7]를 조직하였다. 이 기구는 해외 정보수집 활동으로 서독과 대 서방 나라들에 대한 정보 수집을 하였다.[8]

동독이 국경 지역에서 설치한 철조망 울타리, 콘크리트 장벽, 감시탑, 참호 등의 시설 길이가 1,378km에 달했다.[9] 또한 베를린 장벽은 총 길이 46km이었으며, 베를린 장벽을 설치한 1961년 8월부터 1989년 말까지 총 23만 5,000명이 탈 동독을 하였다. 그 가운데 4만여 명은 목숨 건 월경을 감행한 '동독 탈출자(Sperbrecher)'였다.[10]

동독 국경 수비대가 동독 주민들의 서독으로의 탈출 저지 방안을 살펴보면 첫째, 사계(射界)를 확보하였다. 둘째, 약 12만 개의 지뢰를 매설했다. 셋째, 금속 격자 울타리 (Metalgiterzaun) 철망식 울타리를 세우고 자동발사장치(SM 70: Splitermine Model1970)를 설치했다. 셋째, 철망식 울타리에 파편식 탄두기 발사 시설을 하였다. 동독 정권은 국제적 압력과 서독 은행으로부터 막대한 대출을 위해 1983년 10월에 장벽에 설치된 장치들을 철거했다.[11]

---

7) 슈타지의 Full Name은 'Ministerium feur Statsicherheit(MFA)'이다. '국가안보를 위한 기관' 즉 '국가 안전부'나 '국가 보위부'로 해석할 수 있다. 독일인들은 일반적으로 '슈타지(Stasi)'라고 줄여 불렀다.

8) 법무부, 『통일 독일의 구 동독 체제 불법 청산 개관』, (과천: 법무부, 1995), 195.

9) Sauer, Heiner, Plumeyer, Hans-Otto, 『(서독) 잘쯔기터 : 인권침해 중앙기록보존소』, 42.

10) 위의 책, 43-50.

11) 위의 책, 47.

동독의 국방부 장관 하인즈 호프만(Heinz Hofman)은 1961년 10월 1일 서독으로 탈출 시도자에 대한 사살 명령을 내렸다.[12] 중앙인권기록보존소 기록에 의하면 1989년 말까지 동독 국경 수비대가 서독으로의 탈출 주민을 살해한 혐의 4,415건에 대한 예비조사를 하였으며, 베를린 장벽이 붕괴된 이후 파악된 국경 지역에서 희생된 사람의 수는 총 274명이었다.[13]

(3) 동독의 정치범들에 대한 부당한 판결과 학대에 대한 증거 수집

중앙인권기록보존소에는 동독정권이 1990년 6월 30일까지 총 3만 752건을 이데올로기적인 정치적 판결을 했다고 기록되어 있다. 그 주된 이유는 동독 판사들이 서독과는 달리 법적인 독립성을 보장받지 못했기 때문이며, 동독의 직업 판사들은 파면의 압박 때문에 양심에 의한 독립적인 판결이 거의 불가능하였다.[14]

독일 연방 국경 수비대 상황 보고서(Die Lageberichtedes Bundesgrentz)에는 동·서독 국경 탈출 과정에 자동소총과 매설된 지뢰 피해자들의 피해 상황이 서류로 작성되었고 사진과 현장 그림 등으로 보존되어 있었다.[15]

서독의 언론은 동독 주민에 대한 피해 사례 취재를 직접 하거나 제보를 받아서 기사화했다. 특히 언론은 탈출 과정에서 총격 사살

---

12) 위의 책, 49.
13) 윤여상, 제성호, "서독의 동독 인권침해 기록 사례와 한국의 원용 방안", 29.
14) Sauer, Heiner, Plumeyer, Hans-Otto, 『(서독) 잘쯔기터 : 인권침해 중앙기록보존소』, 105.
15) 위의 책, 35.

당한 사람들의 가족이나 동료들의 인터뷰를 생생하게 보도하였는데, 이것은 중앙기록보존소에 대단히 중요한 기록으로 남아있다.16)

동독 주민들의 직접적인 증언에 의해 동독의 인권침해 상황을 중앙기록보존소에서 녹취하는 것이 통일이 될 때까지는 매우 제한적이었으며, 동독은 동독 주민이 서독의 행정기관이나 중앙기록보존소와의 접촉을 '불법적 연대 결성'이라는 죄목으로 강력히 처벌했다. 그럼에도 불구하고 다양하고 비밀스런 네트워크를 통해 중앙기록보존소는 동독의 체제폭력 사례들을 파악하고 기록하는 성과를 보여주었다.17)

서독은 동독에서 석방된 정치범과 동독 탈주자들의 정착을 지원하기 위해 중앙 연방 긴급 구호소를 만들어서 탈주자들을 보호 수용하였다. 기센 연방 긴급 구호소는 개개인 면담을 통해 개인정보를 상세하게 기록했다. 또한, 탈주자 및 정치범들의 피해 당사자, 소송 관계자, 밀고자, 인권침해를 자행한 동독 교도관과 인권 범죄자들의 인적 사항이 중앙인권기록보존소에 기록으로 남겼다.

서독 정부가 정부의 재정을 들여 석방을 시킨 동독 정치범 3만 4,000명의 진술 기록 4만 2,000건은 중앙기록보존소 업무의 핵심이었으며, 부당한 판결에 연루된 판검사들을 상대로 하여 3만 1,000건의 소송이 개시됐다. 이런 불법적 법률 시행자는 남성 검사 2,291명, 여성 검사 652명, 남성 판사 1,996명, 여성 판사 785명이었다.18)

중앙인권기록보존소 출범은 인력과 재정 면에서 매우 열악하고

---

16) 위의 책, 36.
17) 위의 책, 36.
18) Hans Juergen Graseman, "독일 통일 후 동·서독 통합 과정에서 제기된 인권문제", 8.

임무가 제한적이었지만 영향력은 매우 크고 중요했다. 서독에서 중앙인권기록보존소를 설립하자 동독 정권은 강하게 반대와 방해를 하였고,[19] 동독은 수시로 중앙기록보존소의 존재에 항의하면서 동독 주권에 대한 침해라고 주장했다.[20]

2. 통일 후 서독이 취한 동독의 국가 체제폭력 범죄자 처벌과 과거청산

(1) 과거청산의 한계: 동독 국가 체제폭력 범죄 기록 관리와 유지

구 동독 체제폭력 청산 운동은 통일 직후 서독 정부의 주도로 이루어진 것이 아니었다. 독일의 통일은 서독의 무력과 강압에 의한 흡수 통일이 아닌 동독의 시민혁명에 의한 붕괴였다. 그러므로 동독의 체제폭력 과거청산은 시민혁명을 주도했던 동독 시민들이 시작한 것이다. 실제로 동독 검찰에 의해 호네커가 검거되었으며, 사법 처리가 시작되었고 다수의 SED 정권 고위인사들이 검거되었다. 1990년 3월 18일 동독에서 처음 실시된 자유 총선을 통해 집권한 여러 정치 세력들은 SED 공산 체제의 폭력을 불법으로 규정하고 청산을 추진하였다. 그러나 동독 시민들의 동독 공산정권의 체제폭력 과거청산은 1990년 10월 3일에 이뤄진 동·서독 통일 이후 통일 독일 정부로 이첩되었다. 그러나 통일 독일 연방은 동독의 체제폭력

---

19) 위의 논문, 19.

20) Sauer, Heiner, Plumeyer, Hans-Otto, 『(서독) 잘쯔기터 : 인권침해 중앙기록보존소』, 230.

과거청산 과정에서 많은 난관에 부딪쳤다. 그 이유는 독일 통일이 서독이 주도한 흡수통일이 아닌, 동·서독 정권 담당자들의 정치적 협상에 의한 통일이었기 때문이며, 통일된 독일 정부에서 동독의 체제폭력 과거청산은 제2차 세계대전 이후에 진행되었던 전범 재판과 같은 특별재판이 아니었기 때문에 한계가 있었다.

즉 독일의 특수한 통일 과정으로 인해 독일 연방은 1961년 이후의 동독 체제폭력 범죄자들에 대한 철저한 단죄와 청산이 불가능하였다. 체제폭력 과거청산을 강력하게 요구하는 동독 주민들과, 민족의 내적 통합을 위해 필수조건으로 판단했던 독일 정부가 추진하였지만 결과는 미흡하였으며, 결국 통일 독일은 동독의 체제폭력 과거청산에 대해 단호한 처리를 못하고 법치주의 원칙에 준한 최소한의 사법적 청산을 하였다. 준법의 원칙으로 처리한 결과 동독의 체제폭력의 잔악한 범죄자들에 대한 단죄가 미흡했고, 특별법에 의하지 않고 헌법의 규정인 형법 불소급의 원칙에 의해 동독의 국가 체제폭력 범죄를 처벌하였기 때문에 한계가 있었다. 그 결과 동독 국가 체제폭력 전과자들에 대한 과거청산이 불합리적인 결과를 초래하였다.

독일 통일 후 가장 처리하기가 난처한 것은 슈타지 문서(국가공안부 문서)였다. 이 문서에는 동독 주민에 대한 기록만이 아니라 서독의 유력한 인사들의 기록도 함께 있었다. 그러므로 동·서독의 유력 인사(학자, 언론, 노조, 시민단체, 교회 등)들 모두가 이 문서로부터 자유롭지 못했고, 이 문서의 공개로 인해 파급될 서독 사회의 파괴력을 염려하여 사회 안정을 위해 슈타지 문서를 공개 열람이 불가능한 문서로 처리하자는 주장까지 제기되었으며, 통일 독일은 정보 보호를 형사 체계와 연계시킴으로 슈타지 문서에 대한 접근 제

한을 하였으며 국가 차원의 관리문서로 조치하는 법적 근거를 만들었다.[21]

독일 정부는 연방 대통령 직속으로 국가공안부 문서관리청[22]을 신설하였으며, 통일 독일은 통일 후 개인정보가 담긴 슈타지 문서의 무분별한 이용을 차단하고 체제폭력 과거청산에 적극적인 활용을 위해 법적 규제를 하게 됐다. 국가공안부는 동독의 시민혁명 과정에서 슈타지 문서들에 대한 파기를 시도하였으나 혁명기구인 시민위원회에 의해 좌절되었고,[23] 동·서독 통일 독일 정부의 선결 업무는 동독 정권의 국가폭력 집행자인 슈타지 요원들과 협력자들의 색출이었다. 그러나 동독의 체제폭력 집행자들에 대한 과거청산이 제대로 집행되지 못했으며, 파이낸셜 타임 도이칠란트(FTD)는 국가공안부 소속의 정규 비공식 요원 등 1만 7,000명이 구 동독 지역의 공공 기관들에서 근무하고 있음을 폭로했다.[24]

(2) 국가 체제폭력에 대한 사법적 과거청산

서독의 형법 체계로 인해 국가폭력 집행자들에 대한 사법 처리가 어려웠음을 앞에서 살펴보았다. 통일 독일 정부는 동독 정권의 국가폭력 집행자들을 사법 처리할 권한이 부여된 특별법을 제정하지 못한 채, 동독 정권의 국가폭력 과거청산을 위해 각 주에 특별 수사부

---

21) 김하중, "체제불법 청산방안에 관한 헌법적 고찰 : 구 동독과 북한의 체제불법을 중심으로", (박사학위논문, 고려대학교 대학원, 2008), 289.

22) 이 기관의 공식 명칭은 'Bundesbesuftragtefür Unteragendes Statsicherheitsdienstesder ehemaligen DDR'이다.

23) 김하중, 위의 논문, 239.

24) 시사인. http://sisainlive.com/news/articleView.html?idxno=4920, (검색일: 2010.12.16.)

만을 검찰에 설치했다.

연방 독일 정부는 동독의 국가폭력 집행자에 대한 처벌의 중요성을 인정하지만 피해자들에 대한 보상을 더욱 중요하게 다루었다. 1992년 6월 연방 독일 하원에서 '공산 폭력정권 아래서 희생당한 자들에 대한 명예회복 선언'을 결의했다. 그 결과 피해자들 13만 명이 피해보상과 공민권 회복을 부여 받았다.

과거청산의 진행 과정에서 동독 국가 체제폭력 집행자들에 대해 과거청산이 시작되자, 당사자들은 자신들에 '정치보복'이라며 강력한 반발을 했고, 독일 내에서는 과거청산 대상자들인 동독 정권 지도자, 국가공안부 간부들과 독일 지식인들 가운데에서도 체제폭력 과거청산을 '체제 대결 승리자들의 보복'이라고 비난하기도 했다. 그러나 이러한 국가로부터의 위임 행위라도 반인권적, 반인류적, 반법치 국가적 행위는 처벌해야 한다는 동·서독 주민들의 동의에 의해 청산이 진행됐다.

그러나 동독 공산당 서기장 호네커와 국방위원 5명은 민간인에 대한 사살 명령과 경찰관 살해 혐의로 기소되었으나 병보석과 형집행정지 등으로 풀려나기도 했다. 특히 호네커는 재판 과정에서 사회주의 이념과 동독 체제에 대한 '개인적 신념'을 강하게 피력하면서 체제폭력 과거청산을 '정치 쇼'라고 비판했으며, 그는 부정하게 축재한 재산으로 칠레에서 호화 망명생활 끝에 사망했다.[25]

동독의 집권 세력들인 호네커, 한스 모드로 전 총리, 에리히 밀케 전 슈타지 부장 등에 대한 청산과정에서 통일 독일의 사법적 심판

---

25) 연합뉴스 특집: 統獨3년, (7)舊동독 공산당 간부들의 현재, 2005. http://news.naver.com/main/read.nhn?mode=LSD&mid=sec&sid1=104&oid=01&aid=0367812, (검색일 :2010.12.18.)

이 있었지만 청산은 미흡했고, 국경 개방에 기여했던 에곤 크렌츠 전 서기장은 호네커 재판 과정에서 발포 명령에 서명했음이 밝혀졌으나 사법 처리는 면했다. 동독의 마지막 총리 로타 드 메지에르도는 통독 후 집권 기민당에 소속하였으나 슈타지 연루 파문으로 당직과 의원직을 사임하고 정계를 은퇴했다.

(3) 국가 체제폭력에 대한 정치적 청산

통일 독일 정부는 체제폭력 과거청산에 대해 실무적, 사법적 청산을 넘어 동독 체제 청산을 위한 정치적 결단이 필요했다. 이 가운데 가장 중요한 것은 과거 동독의 체제폭력의 도구였던 슈타지 청산 문제였다. 그러나 정치적 협상에 의한 통일의 결과로 동독 체제 과거청산 특별법도 없는 상황에서 효율적인 청산은 불가능했다. 독일 연방 정부는 악조건 속에서도 동독 체제 과거청산을 위한 기구로 'SED 독재체제잔재청산 특별위원회', '국가공안부 문서관리청'을 설치했다.

독일 연방 하원은 '사회주의 통일당 독재체제잔재청산 특별위원회(Enquete-Kommision Aufarbeitung der Geschichte und der Folgen der SED-Diktatur)' 설치를 의결했으며, 위원회는 연방 의회에 1994년 6월에 1만 5,000여 쪽의 보고서를 제출했다.[26] 이 위원회의 가장 큰 공적은 동독 국가 체제폭력 집행자들이 공직이나 주요 기업의 중직을 맡지 못하도록 연방 정부, 의회, 지방의회, 그리고 모든 기업 등에 통보하여 추방하는데 큰 기여를 했다.

통일 독일은 형 집행에 따른 반법치 국가적 가해자 처벌로 과거

---

26) 참조. 법무부, 『통일 독일의 구동독 체제불법청산 개관』 (과천: 법무부, 1995).

청산을 종결짓지 않았다. 한걸음 더 나아가 구동독 사회주의 통일당의 독재, 독일의 통일을 위한 노력과 결과를 재조명하기 위한 '구동독 독재정권청산재단'을 설립하였다. 이를 토대로 한 역사적 평가의 기록을 국민적 기억으로 남기고자 했다.[27)

3. 남아프리카 공화국의 체제폭력 청산의 노력

(1) 남아공의 '진실과 화해 위원회'에 대한 이해:
활동과 평가

1990년 남아공 국민당의 프레드릭 드 클럭(F. W. de Klerk, 1936-) 대통령이 국회연설에서 악명 높은 인종차별 정책인 아파르트헤이트(apartheid, '분리'라는 의미의 아프리칸스어) 정책의 종식을 공식적으로 선언하고, 흑인 해방운동 지도자 넬슨 만델라(Nelson Mandela, 1918-2013)를 석방하면서 '남아공의 기적'이 시작되었다. 1991년에 새 헌법을 제정하면서 흑인 참정권을 부여하였고, 4월에 선거에서 넬슨 만델라가 대통령에 당선되었다. 만델라 대통령은 반세기 동안 자행한 아파르트헤이트 정부의 체제폭력으로 인한 심각하고 깊은 상처가 주민들에게 남아있음을 잘 알고 있었다.

1948년에 국민당은 아파르트헤이트 정책을 내세우면서 집권 후 철저히 백인을 우월시하고 흑인을 차별하는 사회를 만들었는데, 흑인들이 받은 착취와 차별은 예배당의 좌석 차별, 백인 학교에 입학

---

27) 강병오, "통일 독일의 과거청산 사례 분석과 그것이 한반도에 주는 교훈-북한선교 관점에서", 24-25.

불허, 참정권 박탈 등 이루 헤아릴 수 없었다. 또한 공공 서비스가 갖추어지지 않은 열악한 환경에서 비참한 삶을 살아왔다.[28]

1960년 3월에 수천 명의 사상자를 낸 '샤퍼빌 사건'(the Sharperville Massacre), 1976년 '소웨토 봉기'(Soweto uprising), 그리고 1986년부터 1990년까지 지속된 인민봉기까지 백인 정권의 체제폭력과 인권유린은 극악무도해졌다.[29] 아파르트헤이트 체제폭력의 희생자들은 과거의 고통스러운 트라우마에서 헤어 나오지 못하였다. 넬슨 만델라 대통령 정부가 필수적으로 해결해야 하는 과제는 과거사 청산으로 말미암아 인간이 존중 받는 민주적 시대가 건설되는 발판을 조성하는 일이었다. '진실과 화해 위원회'(the Truth and Reconciliation Commission, 이하 TRC로 약칭함)는 이러한 범국가적인 시대정신의 요구로부터 출발한 것이다.

넬슨 만델라 대통령은 1995년에 TRC의 설립을 '국가 일치와 화해 증진을 위한 법령'(Promotion of National Unity and Reconciliation Act) 제34조에서 규정하였으며, 이 법령에서 TRC의 활동 목적을 다음과 같이 규정하였다.[30] 첫째, 샤퍼빌 학살 사건부터 넬슨 만델

---

28) 2000년대 후반은 아파르트헤이트가 종식된 지 10여 년이 지난 시기였음에도 불구하고 많은 이들로부터 그 시절의 아픔과 절망의 흔적을 발견할 수 있었다. 아파르트헤이트의 종식과 흑인 정부 수립이라는 체제와 정치의 전환에도 불구하고, 많은 흑인들이 처한 비참한 삶의 현실은 크게 바뀌지 않았고, 정서와 기억에 각인된 고통과 상처의 잔재 역시 완전하게 치유되지 않은 채 남아있었다. 연구자의 눈에 후기 아파르트헤이트(post-apartheid) 시대를 사는 남아공 사람들이 겪고 있는 기억의 트라우마는 해방 이후 70여 년이 지난 지금까지 일제 폭압의 역사가 기억을 통해 세대를 이어 전이되어 여전히 분노하고 아파하는 우리의 모습과 닮아 보였다.

29) 아파르트헤이트의 배경과 전개, 그리고 종식에 대한 역사적 개론은, Nancy L. Clark & William H. Worger, *South Africa: The Rise and Fall of Apartheid,* (London, England: Longman, 2004)를 참고하라. 특히 3장과 4장에서 백인 정권의 인권유린 양상과 사례들을 보라.

30) Republic of South Africa, *"The Promotion of National Unity and reconciliation Act"*, 1995. http://www.sahistory.org.za/archive/promoion-national-unity-and-reconciliation-act (2017. 2.14

라 대통령 취임일까지에 자행된 인권유린 사건을 완벽히 파악하고 조사한 후, 청문회를 통해 규명할 것 둘째, 인권유린 전모를 규명하는 대원칙하에 가해자들 중에서 이 법령의 요구에 응한 가해자들을 사면할 것 셋째, 체제폭력의 피해자와 희생자들의 생사확인과 유가족들이 공적 진술 후, 이에 대한 보상으로 인간 존엄성과 시민 존엄성 회복을 도울 것 넷째, 미래에 인권유린의 재발방지를 위한 포괄적인 보고서를 편찬할 것이다.

이 목적 규정은 남아공이 '진실→사면→화해→민주화'의 과정을 통해 새로운 미래지향적 민주국가를 건설하되, TRC는 이러한 민주국가 건설의 성공적인 수행을 위한 사상적, 전략적 틀을 수립해야 했다. 이를 위해 TRC가 구성한 것은 사상적으로는 '회복적 정의'와 '우분투(Ubuntu)의 화해'의 기반으로서 '가해자와 피해자가 동참하는 공적 스토리텔링'이라는 방법론이었다.[31]

TRC가 창의적으로 추진한 '회복적 정의'는 적합한 방안이었다. TRC는 체제폭력의 과거사에 대해 유대인 학살자를 처벌한 뉘른베르크 재판(Nürenberg trials)과 같은 청산은 불가능할 뿐 아니라, 국가 미래를 위해 바람직하지 않다고 보았다.[32] TRC는 이 딜레마를

접속). Chap.2, s3.

31) '회복적 정의'는 사법적/응보적 정의의 처벌 대신 피해자와 가해자와 공동체가 다 같이 참여하여 자발적인 책임과 치유 및 관계 회복을 이루는 대안적 정의 개념이다. '우분투 (Ubuntu)'는 한 사람의 정체성과 존엄성이 공동체에서의 상호성을 통해 형성된다는 아프리카의 전통적 인간성 개념이다. 한편으로 회복적 정의 개념을, 다른 한편으로 우분투 공동체 개념을 내세운 TRC가 이 둘을 연결한 방식은 피해자와 가해자가 모든 공동체 앞에서 '자신들의 이야기'를 진실하게 말하고 그 기억을 국가의 기억으로 통합시켜 다시는 그런 아픈 역사가 반복되지 않게 하는 것이었다. 이 세 가지 전략에 대해 상세한 설명은 이 논문의 후반부에서 제시할 것이다.

32) Desmond N. Tutu, *No Future without Forgiveness,* (London: Random house, 1999), 27-28. TRC 위원장 데스몬드 투투 주교는 TRC가 아파르트헤이트의 범죄 행위에 대한 사법적 실체를 밝히고 관련자를 물색하여 처벌하는 과정이 다음의 지극히 현실적인 어려움들에 직면할

해결할 해법으로 '회복적 정의에 기초한 국가 사면을 통한 진실 규명'을 내놓았다.

TRC는 피해자 가해자 생존자들이 더불어 새로운 화해 공동체 사회를 수립하기 위해서 모두의 '상처'를 중심으로 하여 접근하였다. 데스몬드 투투 대주교(Archbishop Desmond Tutu)가 TRC는 "단절의 치유, 불균형의 시정, 깨어진 관계들의 회복, 희생자와 위법 행위로 손상시킨 공동체로 재통합할 기회를 가져야만 하는 가해자 모두의 갱생"이라고 지적하면서 '회복적 정의'를 추구하려는 의지를 발표하였다.[33]

TRC는 체제폭력 과거사에 대해 가해자로서 진실한 고백을 하면 국가적 사면을 약속하였다. 이는 가해자들로부터 과거의 진실을 얻을 수 있는 최선의 방법이기도 했다. 과거사에 진실한 기억은 '국가의 기억(national memory)'으로 명료화되어 후대에 전하여져야 하며, 이러한 과거 이해가 미래를 향한 화해의 필수적 선결 조건이라는 것이다.[34]

TRC는 과거사 증언 청취를 위해 산하에 인권유린 위원회, 사면 위원회, 배상과 복구 위원회를 두었으며, 1996년 4월 1일에 과거사 청산 작업을 시작하였고, 약 2년 6개월 만에 36,000명의 인권유린 피해 사

것을 예상하였다. 첫째, 합리적 의심을 넘어서는 실체적 진실을 규명할 문서화된 증거 대부분이 인멸되었다는 점. 둘째, 인권유린에 관여한 정부의 고위직 공무원과 경찰 관료, 군 관계자들이 거짓과 허위진술로 일관할 것이라는 점. 셋째, 백인으로 구성된 사법부도 자신들이 공정하게 심판해야 할 자들과 동일한 인식과 편견을 가진 자들이기 때문에 아파르트헤이트 정책에 대한 반대를 반인권적 범죄에 대한 비판과 처벌이 아니라 공산주의 사상에 물든 자들의 모략이라고 치부할 수 있다는 점이다.

33) Desmond N. Tutu, *No Future without Forgiveness*, 54-55.

34) The Truth and Reconciliation Commission, *The Truth and Reconciliation Commission of South Africa Report. vol.1*, (Cape Town: The Truth and Reconciliation Commission, 1998), 53.

례와 2만여 명의 피해자와 생존자들의 진술과 공청회를 통해서 2,400
여 명의 증언과 진술 확보를 하였다. 또한, 7천여 건의 사면 신청에
대해 800여 건의 승인과 5천여 건의 거부가 있었으며, TRC가 추진한
공청회는 매일 국영 TV와 인터넷을 통해 전 세계로 알려졌다. 한편,
TRC가 수집, 청취, 조사한 과거사들은 1998년 10월 넬슨 만델라 대
통령에게 보고된 후 다섯 권으로 최종 보고서가 출판되었다.

　　TRC의 활동에 대해 다양한 반응이 나타났다. 첫째, 아파르트헤
이트 정권의 기득권자들은 무관심 또는 탐탁지 않은 반응이었다. 둘
째, 흑인 대중들은 추악한 과거사 폭로에 대해 카타르시스를 체험했
지만, 경제적 인종적 차별에 대한 개선이 이루어지지 못하자, TRC
의 역할이 일시적이며 피상적이라고 폄하했다. 셋째, TRC의 역할
을 가장 대환영한 부류는 직접적 피해 당사자들인 흑인들과 백인들
이었다. 그러나 TRC의 역할에 대한 진지한 비판들은 세 가지 관점
에서 제기되었다.

　　첫째, TRC가 무엇을 향해 추진하는지에 대한 '장르의 모호함'[35]
과 성과의 미흡함이었다. TRC가 형사처분을 목적으로 하지 않음으
로써, 사법 체계적 접근 방법인 '절차나 결과의 명확성'이 없었다.
즉, 피해자나 그 가족들의 확인과 입증되지 않은 사실의 증언과, 가
해자들이 사면을 기대하며 진실성 없는 형식적 증언들을 보며 의문
을 가지게 되었다. 또한 피해자와 가족들은 피해에 대한 보상의 불
확실성으로 의문을 가지게 되었는데,[36] 이러한 문제 발생은 TRC가

---

35) Wilhelm J. Verwoerd, *"Toward the Truth about the TRC: A Response to Key Moral
　　Criticisms of the South African Truth and Reconciliation Commission"*, Religion &
　　Theology 6/3 (1999), 306-310.

36) 위의 책, 306.

정치적 타협에 의해 긴급 구성됨으로써 TRC의 의도와 가치에 대한 홍보와 사회적 합의 과정이 부족했던 것이다. 남아공에서는 잔혹한 과거에 대한 청산이 불가능하고 바람직하지 않지만 정의실천 없는 화해는 패배주의적 수용이라는 비판이 있었다. 이에, TRC가 이러한 상황에서 중도 노선을 선택한 결과가 남긴 것은 무엇인지 논의가 요청된다.[37]

둘째, '회복적 정의'를 추구한 TRC에 대해 일반 상식과 사회적 통념으로는 수용의 한계가 노출되었다. 아파르트헤이트의 피해자들은 가해자들의 고백만으로 사면 받는다는 사실이 정의에 대한 기대 상실과 뼈아픈 과거의 역사를 재현함에서 오는 트라우마로 통증을 느꼈다. 피해자들 입장에서 '회복적 정의'는 가해자들에 대한 면책과 사면을 위한 '도구적인 정의'라는 의구심을 갖게 했다.[38] 또한 과거 체제폭력을 '고백했다'는 사실에 의한 사면은 형법적 정의를 초월하여 정치적, 사회적 정의로 나아가려던 TRC의 본의를 달성하지 못했다는 비판을 받았다. 즉 '회복적 정의'가 '보응적 정의'의 대체 요건이 되려면 '사회 정치적 구조의 변혁'을 통한 '사회경제 정의의 실현'까지 성취해야 하는데 이에 미치지 못했다는 것이다.[39]

---

37) 김광수, "남아프리카 공화국의 국가 건설 : 진실과 화해 위원회(Truth and Reconciliation Commission : TRC)가 역사 청산, 국민 화합, 그리고 민주화 과정에 기여한 역할을 중심으로", 『Asian Journal of African Studies』15 (2002), 29-80.

38) 당시 TRC의 진실 추구를 지지했던 흑인 언론들도 백인 가해자들에 대한 사면에 대해서는 부정적인 논조를 전했는데, 이는 흑인 대중의 정서를 대변하는 것이기도 했다. 이에 대해서, Mathatha Tsedu, *"Questioning If Guilt Without Punishment Will Lead to Reconciliation: The Black Press Relieves its Own Horrors and Seeks Justice"*, Nieman Reports 52 (1998). http://niemanreports.org/articles/questioning-if-guilt-without-punishment-will-lead-to-reconciliation (2017년 3월 25일 접속).

39) Allan A. Boesak, "... 'The Doing of the Little Righteousness': the Ongoing Search for Justice after the TRC", *in Living Theology: Essays presented to Dirk J. Smit on his Sixtieth Birthday,* eds., Len Hansen, Nico Koopman & Robert Vosloo (Wellington, SA:

셋째, TRC의 '정의 개념'과 '화해 개념'에 대한 의문이었다. TRC의 기조였던 '우분투 정신'이 체제폭력 과거청산 과정에서 '정의의 불충분 조건'에서도 화해를 성취해야 한다는 감정적인 협박이며 국면 전환용 이데올로기라 오해한 것이다. 흑인들은 TRC의 화해 개념을 사회적 목적을 위한 자신들의 권리 희생 강요로 느꼈던 것이었고, 우분투의 이상적 감성으로는 구조적인 불의로 뒤틀려진 체제폭력의 관계성 교정에 역부족일 것이라는 시각이 TRC의 화해 추구를 비관적으로 보게 했다.[40] 사실, 남아공은 TRC의 과거청산을 시행한 지 20여 년이 지난 지금도 인종차별과 사회경제적 착취와 억압이라는 적폐와 투쟁 중이며, 미래에 다시 규명해야 할 적폐를 축적해가고 있는 현실이다.[41] 그러나 필자는 TRC의 유산이 기독교적 정의와 화해 담론을 현실에 구체적으로 적용한 중요한 사례라고 본다.

Bible Media, 2011), 576-581.

40) Sampie J. Terreblanche, "Dealing with Systematic Economic Injustice", *in Looking Back Reaching Forward*, eds. C. Villa-Vicencio & W. Verwoerd (Cape Town: UCT Press, 2000), 268; Christoph Marx, "Ubu and Ubuntu: On the Dialectics of Apartheid and Nation Building", *Politkon: South African Journal of Political Studies* 29/1 (2002): 49-69; Mogobe B. Ramose, "I Conquer therefore I am the Sovereign: Reflections upon Sovereignty, Constitutionalism, and Democracy in Zimbabwe and South Africa", *in African Philosophy Reader*, eds. P. H. Coetzee and A. P. J. Roux (London: Routledge, 2002).

41) 김영수, "남아공 시민사회와 진실 화해 위원회", 『역사비평』109 (2014), 113.

(2) TRC의 핵심 개념으로 본 북한의 체제폭력과 과거청산을 위한 담론

TRC가 추구했던 핵심 가치들은 필자가 2장에서 살펴 본 몰트만과 본회퍼 그리고 사이더의 사회 윤리적 제시와 그 맥락이 일치함을 볼 수 있다. 특히 가장 결정적인 이유는 TRC 프로젝트를 시행한 사람들이 기독교 신앙인들이었다는 점이다. TRC를 이끌었던 구성원들을 보면 '역사상 전례가 없는 화해 드라마'의 추동력이 기독교적 가치와 비전으로부터 도출되었음을 보여준다.[42] TRC의 리더십의 중심에는 성공회의 데스몬드 투투 대주교(Archbishop Desmond Tutu, 1931-), 감리교 목사 알렉스 보레인(Alex Boraine), 정치, 사법, 정부, 인권단체, 학계, 종교계 등의 영역에서 남아공의 대표성과 공정성을 담보할 수 있는 기독교인들로 구성되었던 것이다.[43] TRC는 핵심 개념으로서 '회복적 정의', '우분투 사상', '스토리텔링을 통한

---

42) 기독교는 아파르트헤이트 체제를 붕괴시킨 중요한 작용이었다. 인종차별 정책으로 인해 남아공은 영연방에서 탈퇴당하고 국제연합에서 축출되었으며 UN총회의 제재 결의로 국제적으로 고립되었다. 이런 외부적 압력보다 아파르트헤이트 정권이 더 두려워했던 것은 백인 사회 내부의 비판이었다. 특히 성직자들과 신학자들과 교회가 기독교 국가인 남아공에서 미치는 정신적이고 사회적 영향이 상당했기 때문에, 국민당 정권은 이들의 비판적인 목소리를 차단하기 위해 회유, 위협뿐만 아니라 살인과 테러도 서슴지 않았다. 결국 정권의 우려대로 그리스도인들의 회개와 참여와 촉구는 아파르트헤이트 체제의 악을 물리치는 데 결정적 역할을 한다. 그 사실을 단적으로 보여주는 예는 1982년에 남아공 연합개혁교회(URCSA)에 의해 작성되어 1986년에 남아공 화란개혁교회(DRCSA)에서 채택된 벨하 선언(Belhar Confession)이다. 남아공 백인 언어인 아프리칸스어로 쓰인 이 신앙고백은 연합(unity)이 교회를 향한 하나님의 선물이자 교회가 감당해야 할 책무이며, 교회가 하나님이 맡기신 화해의 메시지를 전하는 피스 메이커로 섬기기 위해 모든 고통 받는 자와 약자들의 편에 서서 하나님의 정의를 실현해야 한다고 선언한다. 벨하 선언은 모든 종류의 인종적 사회적 분리가 죄이며 아파르트헤이트가 복음 진리를 위태롭게 하는 이단(heresy)이라고 선언하였고, 벨하 선언 이후 5년 만에 아파르트헤이트 체제는 붕괴된다. 벨하 선언의 영문 버전은, https://www.crcna.org/welcome/beliefs/ ecumenical-faith-declaration/confession-belhar을 참고하라.

43) Elna Mouton and Dirk Smit, *"Shared Stories for the Future?: Theological Reflections on Truth and Reconciliation in South Africa"*, Journal of Reformed Theology 2, no. 1 (2008), 50-51.

국가의 기억으로 통합'을 기독교적 정의와 화해 담론을 추진하는
방법으로 삼았다.

4. 남아프리카 공화국의 체제폭력 청산의 노력 속에 내재된 기독교적 담론

(1) TRC가 추구한 '회복적 정의'와 하나님의 '공감적 정의'에 대한 이해

TRC의 정의 구현 개념은 사회 일반에서 추구하는 '응보적 정의'(retributive justice)가 아닌, 성경을 기초로 하는 '회복적 정의'(restorative justice)이다.[44] TRC가 회복적 정의를 위해 진실의 개념을 '사법적 진실(factual or forensic truth)', '인격적 혹은 서사적 진실(personal or narrative truth)', '사회적 혹은 대화적 진실(social or dialogical truth)', '치유적 혹은 회복적 진실(healing or restorative

---

44) '회복적 정의(restorativejustice)'에 대한 합의된 정의는 따로 있지 않다. 소위 '회복적 정의 운동'이 언제 누구에 의해서 시작되고 발전했는지에 대한 통일된 견해도 없다. 다만, 정의의 요구가 범죄로 인해 고통 받는 피해자와 가해자와 공동체의 치유를 포함한다는 것과 그러한 정의 수립의 과정에 세 당사자들이 역동적으로 참여할 기회가 제공되어야 한다는 공유된 인식이 다방면에서 있어왔다. '회복적'이란 용어가 사용되기 이전에도 응보적 사법/교정 제도의 대안에 대한 논의와 실험이 시도되었다가, 최근 치안, 교정행정, 법정, 청소년 지도, 학교교육, 가정교육 등의 영역에서 '운동'(movement)의 차원으로 이론과 실천이 확대되고 있다. 회복적 정의에 대해서는, Jim Consedine, Restorative Justice: Healing the Effects of Crime (Lyttelton: Plough shares, 1995); Herman Bianchi, Justice as Sanctuary: Toward a System of Crime Control (Bloomington: Indiana University Press, 1994)을 참고하라. 회복적 정의 운동의 아버지로 불리는 메노나이트 사회학자 하워드 제어(Howard Zehr)나 크리스토퍼 마샬(Christoper Marshall)은 이 분야의 대표적인 기독교계의 목소리이다. Howard Zehr, Changing Lenses: A New Focus for Crime and Justice, 『회복적 정의란 무엇인가』, 손진 역,(서울: KAP, 2010)를 참고하라. 회복적 정의의 공통적인 토대에 관한 개관적 소개는, Daniel W. Van Ness and Gerry Johnstone, "The Meaning of Restorative Justice", in Handbook of Restorative Justice, eds., Gerry Johnstone and Daniel W. Van Ness (Cullompton and Portland: Willan Publishing, 2007), 5-23을 참고하라.

truth)'의 네 가지 범주로 설정하고, 사법적 진실을 넘어선 후자의 세 가지 개념에 입각한 회복적 정의를 추구하고 있다고 선언한다.[45] 회복적 정의의 관점에서 진실은 사법적 진실, 검증된 성문화된 실체적 진실, 청문을 통한 사회적 진실이 아니라, 체제폭력 희생자와 가해를 위한 부역자들이 토로하는 '이야기들'로 형성된 "상처 입은 기억들의 진실"[46]로서의 서사적인 진실이라고 하겠다.

TRC는 회복적 정의의 개념 안에서 희생자의 상처 치유와, 공동체와 국가의 구조 변혁, 그리고 가해자와 피해자와 공동체 모두가 더불어 비판과 재건의 공동책임의 가능성을 추구하고자 하였다. TRC가 추구한 회복적 정의에는 하나님의 '공감적 정의'(compassionate justice)라는 기독교 신념을 반영하고 있다. 기독교에서 정의란 몰트만이 언급한 예수 그리스도의 성육신에 의한 삶과 십자가를 통해서 구현된 하나님의 신적 정의로서, 삼위일체 하나님은 '공감적 정의 (compassionate justice)'의 하나님이신 것이다.[47] 하나님의 정의는 구원하시는 칭의의 정의이고 자비롭게 돌보시는 '다시 태어남'의 정의이며, 하나님은 낮은 자들과 고통 속에서 억압당하는 자들을 보호하시고 해방시키며 위로하시는 분이시다. 하나님은 죄인을 용서하시고 용납하셔서 칭의로 인해 거룩하게 인도하시는 구원의 하나님이시다. 또한, 가난과 억압 가운데 소외된 자들을 돌보시며 모든 형태의 폭력과 철저하게 배제 당함을 향해 희생과 저항의 삶을 사

---

45) The Truth and Reconciliation Commission, *The Truth and Reconciliation Commission of South Africa Report*. vol.1, 110-114.

46) Tutu, 위의 책, 33.

47) Dirk J. Smit, *"Compassionate Justice?"*, in *Essays on Being Reformed*, ed. Robert Vosloo (Cape Town: SUN MeDIA, 2009), 377-380.

셨던 그리스도의 사역에서 하나님의 성품을 드러내고 있다.[48) 성경에서 정의(justice)는 회심, 용서, 치유, 회복, 구속, 갱신을 추구하는 구원의 의(righteousness)이다.[49]

그러므로 그리스도인들이 세워가는 사회는 기독교적 정의와 화해 비전이라는 신학적 토대 위에 가능하다.[50] TRC의 회복적 정의는 앞에서 논구한 기독교적 정의의 비전 안에서 비로소 용납될 수 있으며, TRC가 남아공의 정죄, 비난, 징벌의 논리가 강할 수밖에 없는 상황에서 '회복적 정의'를 추구할 수 있었던 것은 그리스도의 성육신에 의한 십자가 희생을 통해 정죄와 형벌 대신 용서와 치유와 회복을 제공하시는 하나님의 자비하심에 대한 확실한 신앙 때문이었다.

(2) 아프리카의 전통 사상인 우분투 사상과 기독교의 샬롬의 비전

TRC는 '회복적 정의'를 지향하였고, 이를 실현하기 위한 비전은 아프리카의 인간성의 개념인 '우분투(Ubuntu) 사상'으로 추진하였다. TRC는 복무 지침의 근거를 '국가 일치와 화해 증진을 위한 법령'(Promotion of National Unity and Reconciliation Act)의 서문에서 파악할 수 있다. 여기에서 "헌법은 복수(vengeance)가 아니라 이해(understanding)의 필요성을, 보복 (retaliation)이 아닌 보상(reparation)

---

48) 이태호, "예수와 사회 정의: 마가복음 11:15-17", 『성경과 신학』 61 (2012), 241-273. 이태호는 성전 정화사건을 통해서 예수가 보여준 선지자적 정의를 밝힌다.

49) 성경에서 정의와 관련된 용어(mishpat, tsedeqah, dikaioshune, etc)는 1000여 차례 이상 나온다. 성경적 관점에서 본 정의 개념에 대해서는, Chris Marshall, The Little Book of Biblical Justice: A Fresh Approach to the Bible's Teachings on Justice (Intercourse, PA: Good books, 2005)를 참고하라.

50) 에마뉘엘 카통골레, 크리스 라이스, 『화해의 제자도』, 안종희 역, (서울: IVP, 2013), 27-47.

의 필요성을, 희생(victimization)이 아닌 우분투(ubuntu)의 필요성을
명시하고" 있음을 볼 수 있다.[51] '우분투(Ubuntu)'[52]는 아프리카
고유의 사고방식으로서 인간이나 집단이 서로 동정, 자비, 유대, 공
유, 헌신하는 상호성 속에서 형성된다는 집단의 정체성과 존엄성을
공동체적 관계 속에서 찾는 것이다. 아프리카 격언인 '아이 하나를
키우는 데 마을 전체가 필요하다'는 말은 우분투의 공동체적 형제
애 사상을 나타내고 있다. 이것은 남아프리카에서 인간됨과 형제애
그리고 공존을 위한 연합의 사상적 토대임을 볼 수 있다.

　투투 주교는 우분투 사상을 인간됨의 정수로서 공동체적 화해를
성취하기 위한 가장 적절한 비전으로 바라보았다.[53] 투투 주교가
설명한 우분투의 핵심은 다음과 같다. 첫째, 나와 너의 인간성이 얽
혀 있는 불가분리적 관계이다. 즉, 인간은 큰 덩어리 중에 속한 존
재이다. 둘째, 한 인간은 어딘가에 속해 있고 참여하며 공유하고 있
음으로 사람이 된다. 즉, 타인을 통해 비로소 온전한 사람이 된다는
것이다. 결국 우분투에서 사람은 타인을 긍정하고 있기 때문에 언제
나 여유가 있고 열려있는 것이다. 인간은 타인들이 희망적이고 번성
하는 것에 대해 위기감을 느끼지 않는다. 그 이유는 인간은 더 큰
전체에 속한 존재이기 때문이다. 또한 우분투의 인간은 타인이 굴
욕, 위축, 고통, 억압, 비인간 취급을 당할 때 공감하며 그 자신도
위축된다.[54]

---

51) Republic of South Africa, *"The Promotion of National Unity and reconciliation Act"*, 1995.

52) 'Ubuntu'는 남아공의 코사족(Xhosa)이 사용하는 반투어의 격언인 'Umuntu ngumuntu
ngabantu' (a person is a person through their relationship to others)의 줄임말이다.

53) 투투의 우분투 신학에 대해서는 Michael J. Battle, Reconciliation: *The Ubuntu Theology of
Desmond Tutu*, (Cleveland, OH: Pilgrim, 1997)을 참고하라.

54) Desmond N. Tutu, 위의 책, 31.

이렇게 타인과의 관계 속에서만 자신의 정체성과 삶이 형성된다는 우분투 사상은 인간 사회의 깨어진 관계의 회복을 통해서 자기 자신의 회복에서 찾는다.[55] 우분투에서 피해자의 상처는 나와 공동체의 상처가 되고, 피해자의 치유는 나와 공동체의 치유가 된다. 심지어 가해자의 행악이나 공동체의 실패도 자신과 공동체의 실패로 여김으로써, 가해자를 용서하고 변화시키는 일은 자신과 공동체의 미래를 위한 필수적인 과제인 것이다. 앞에서 살펴본 바와 같이 TRC는 우분투 정신을 핵심 개념으로 삼은 이유는 단절과 파괴의 치유, 부당과 불의에 대한 올바른 처분, 가해자와 피해자 공동체의 깨어진 관계회복으로 공동체적 화해를 추구하기 위해서였다. 우분투 개념보다 기독교적 화해 비전을 완벽하게 설명하는 성경적 개념은 '샬롬'이다. 우분투 사상이 공동체적 인간성을 강조하지만 정의의 추구에는 미흡하다. 이에 반해 샬롬은 삶에서 하나님, 타인, 모든 피조세계 그리고 자기 자신과의 관계에서 적대감을 해소하고 조화롭고 완전하고 정의로운 질서 가운데 그 관계들을 향유하며 기쁨을 누릴 수 있는 참여의 공동체적 교제(koinoia)를 말한다.[56] 샬롬은 하나님의 구원 행위로써 인간의 타락으로 파괴된 하나님의 선한 창조의 원형을 회복하기 위해 공동체적으로 억압과 압제와 불의에 대한

---

55) Allan A. Boesak, *Farewell to Innocence: A Socio-Ethical Study of Black Theology and Black Power* (Maryknoll, NY: Orbis, 1984), 152.

56) Alan J. Torrance, "The Theological Grounds for Advocating Forgiveness and Reconciliation in the Sociopolitical Realm", in The Politics of Past Evil: Religion, Reconciliation, and the Dilemma of Transitional Justice, ed. Daniel Philpott (Notre Dame, IN: University of Notre Dame Press, 2006), 80. 성경적 개념으로서의 샬롬에 대해서, Walter Bruggerman, Living Toward a Vision: Biblical Reflections on Shalom, 2nd ed. (New York: United Church Press, 1982); Perry Yoder, Shalom: The Bible's Word for Salvation, Justice and Peace (Nappanee, IN: Evangelical Publishing, 1987)을 보라.

정의를 추구하는 것이다.

니콜라스 월터스토프(Nicholas Wolterstorff)의 주장과 같이 샬롬 공동체는 윤리적 공동체를 초월하여 "모든 피조물을 위해 제정된 하나님의 법에 순종하는 책임 있는 공동체"[57]이다. 샬롬은 세상을 향한 하나님의 큰 목적임으로 교회 공동체가 세상의 샬롬을 위해 책임 있는 동참을 하는 것은 소명이 된다. 그러나 그리스도인들에게 샬롬은 하나님의 은혜의 선물로 주어지는 것으로서 인간의 노력에 의해 획득하는 것이 아니며, 세속적 관점에서 샬롬은 종교적 이상주의로 볼 수 있으나, 그리스도인에게는 "하늘에서 이루어진 것 같이 땅에서도 이루어지는"(마 6:10) 신학적이고 역사적인 현실이다.

TRC가 남아공의 체제폭력 과거를 청산하고 계층과 인종을 포괄하는 화해 개념으로 우분투 사상을 차용한 것은 다분히 전략적인 선택일 수 있으며, 우분투에는 아프리카의 낙관주의와 낭만적 비현실주의가 있다. 이에 반해, 샬롬은 타락한 피조세계의 원형 회복을 위해 피조세계를 넘어서 성육신하는 초월성의 비전을 믿음으로 고백하고 나타내 보여주고 실현하여야 한다. 그리할 때, 샬롬의 비전은 가장 풍부한 기독교적 상상력을 제시하고 화해를 추구함에 있어 복잡한 요소들을 통합적으로 조율하며, 초월성과 내재성의 역동적 긴장관계를 현실적으로 적응하는 가장 최선의 화해담론이 될 수 있다.

---

57) 니콜라스 월터스토프, 『정의와 평화가 입 맞출 때까지』, 홍병룡 역,(서울: IVP, 2007), 146-147.

(3) '국가의 기억으로의 통합'과 기독교 신앙 공동체의 '구속 이야기로의 통합'에 대한 이해

필자는 앞에서 TRC가 정의와 화해라는 현실적 요구에 응하는 전략으로 '회복적 정의'와 '우분투 사상'이라는 개념을 제시함으로 살펴보았다. TRC는 이 두 개념을 조화시키며 실현하는 방식을 '스토리텔링을 통해 과거 체제폭력의 기억을 국가의 기억에 통합함'에서 찾았다. 그러면, TRC가 '스토리텔링'이란 방식을 차용한 이유를 살펴보자.

첫째, '스토리텔링'은 피해자의 정의 실현과 더불어 인간 존엄을 천명하는 가장 적합한 방식이다. 한편, 스토리텔링으로 피해자의 과거 기억을 타인에게 들려주는 것은 피해자의 개성과 인간성을 자신과 공동체 앞에서 긍정하게 하여 공동체로 다시 복귀할 수 있도록 하기 위함이다. 다른 한편으로, 가해자의 '스토리텔링'은 피해자가 원하는 용서와 화해의 초대에 대해 응답하는 도덕적 행위가 된다. 또한 가해자가 체제폭력 가해 행위에 대한 일을 진실하게 이야기함으로써 용서와 사면을 받고 공동체로 재합류의 기회를 얻는다. 결국 '스토리텔링'은 피해자와 가해자로 하여금 함께 진실을 규명하고 공동체적 회복을 추구하려는 묘책인 것이다. 둘째, '스토리텔링'은 피해자의 기억이 상실되지 않고 국가의 기억에 통합됨으로 과거의 체제폭력 악행이 미래에 반복됨을 저지하는 최적의 방식이 된다.

투투 주교는 "우리는 과거의 자신의 어두웠던 사실에 대한 진실을 찾아야 합니다. 과거의 체제폭력의 악령들이 다시 우리를 괴롭히지 못하도록 물리쳐야 합니다. 남아공의 우리 모두가 상처 입은 사람들입니다. 우리는 상처 받은 사람들이 치료되도록 일할 것입니다. 우리는 이를 위해 국가의 일치와 화해를 도모해야 합니다."[58]라고 TRC 인권침해조사위원회에서 연설했다.

투투 주교가 지적하였듯이, 체제폭력의 쓰라린 과거사를 이야기 형식으로 재구성하는 이유는 지나간 역사에 대한 철저한 회상을 위함이며, 역사가 회상되면 상처와 갈등이 망각 속에서 잠복하다가 생명을 얻어 회생하게 된다. TRC는 주장하기를 미래를 위하여 과거의 체제폭력은 용서해야 하지만 미래를 위해서 잊어서는 안 된다고 강조했다. 그러므로 회상하지 않음은 정의의 의무 이행을 위반하는 행위이며, 화해의 효과를 위태롭게 하는 것이다.

TRC는 체제폭력의 과거사를 잊지 않게 하며 체제폭력의 망령이 미래 세대를 다시 폭압하지 못하도록 체제폭력의 과거사를 '국가의 기억'(national memory)에 통합시키려 했다. 그리고 국가의 기억에 통합되어야 하는 이야기는 서사적 진실의 스토리텔링이어야 했던 것이다.

기독교는 하나님의 구원을 "이야기하는 종교"(storytelling religion)이다. 그러므로 기독교에서 '기억하기'(remembering)는 신앙교육의 근본 원리이며 동시에 기독교 영성의 독특한 특징이다.[59] 기독교의 진리는 하나님의 구속 이야기로써 기독교 삶과 종교행위와 예배의 가장 중심은 하나님의 구속 이야기의 기억과 기념과 고백과 송축인 것이다.[60] 그러므로 교회 공동체는 '기억하는'(remembering) 공동체

---

58) Desmond N. Tutu, 위의 책, 114.

59) Nicholas Wolterstorff, *"Spirituality, Justice, and Remembering"*, The Covenant Quarterly, no. 70 (2012), 10-11.

60) Dirk J. Smit, *"The Truth and Reconciliation Commission: Tentative Religious and*

이다. 결국, 기억(memory)은 교회로 하여금 정체성을 형성하고 유지하는 양식이 되는 것이며, 그리스도인에게 '기억하기'는 사랑하는 방식이고 살아가는 방식이며 정의를 실천하는 양식이다. 하나님은 이스라엘의 역사에서, 성육신 하신 예수 그리스도의 생애와 희생과 부활에서, 그리고 교회에서 행하신 역사 속에서 교회의 정체성을 규정하였으며, 교회의 기억 속에서 항상 재현되고 재해석 되어 교회 공동체의 존재양식을 형성했다.[61]

이러한 '기억'은 '이야기'의 형태로 구전되고 나누어지고 종합되는데, 그리스도인이 된다 함은 '나의 이야기'(my story)로 믿음 공동체가 공유하도록 하며 '예수의 이야기'(his story)에 편입시키는 것이며, 나아가 자신의 구원 여정(ordo salutis)을 하나님의 구원 역사(historia salutis)에 편입시키고 합치시키는 것이다. 또한 기독교 진리를 이해함은 자신의 이야기와 자신의 진리의 수준에서 멈춤이 아니라, 타인의 고통과 고난에 대한 이야기를 청취하고 타인의 이야기에 동참하여 자기의 것으로 삼음을 의미한다.[62] 이러한 의미에서 기독교의 진리는 초월적이고 객관적인 동시에 인격적, 서사적, 대화적, 공동체적이다.

그리스도인의 '기억하기'는 해석의 준거인 구속의 이야기를 가지고 오늘 현재에서 발생하는 사건들의 의미를 찾는 작업이며, 그리스도인은 '기억을 구속'하여,[63] 상처와 아픔의 트라우마의 기억을 '구

Theological Perspective", Journal of Theology for Southern Africa, no. 90 (1995), 3-6.

61) Smit, 위의 책, 3-4.

62) Smit, 위의 책, 5.

63) 미로슬라브 볼프, 『기억의 종말』, 홍종락 역,(서울: IVP, 2016), 47-49, 64-65. 볼프가 '과거의 구속'이라고 부르는 이 과정을 필자는 '기억의 구속'이라고 부르고 싶다.

원의 큰 이야기'(Grand story)에 연관시킨다. 기독교는 이것을 '기억의 구속'이라고 칭할 수 있다. 그러나 그리스도인의 기억을 위한 진실한 노력이 현실에서 항상 '기억의 완전한 구속'으로 보상받지는 못하지만, 그리스도인과 믿음 공동체가 추구하는 '기억하기'는 무능력한 수용을 위한 행위가 아니라 역사적 실재(reality)가 된다는 강렬한 확신이며 적극적 행위가 된다.

5. 요약 및 평가

독일 통일 후 동독 과거청산은 국가폭력 집행 당시의 동독 형법을 적용함으로 과거청산에 효과적인 대응이 불가능했다. 결국 주범들은 처벌 면제나 가벼운 처벌을 받고 하수인들만 처벌되는 불합리성을 드러냈다. 독일 형법의 성격은 개인의 범죄 처벌에 초점이 맞추어져 있어서 동독 국가 체제폭력 범죄에 대한 처벌 근거가 없었다는 것이다. 남북한이 통일이 되면 독일의 통일 이후의 과거청산은 우리에게 반면교사가 될 것이며, 독일이 1961년 베를린 장벽이 설치된 이후 통일 후를 대비해 중앙인권기록보존소를 설치하였듯이 우리도 국가적 차원의 종합적이고 체계적인 대안을 마련해야 한다.

한편, TRC가 전개한 남아공의 체제폭력에 대한 과거청산은 '회복적 정의'와 '우분투의 화해' 그리고 '스토리텔링에 의한 국가 기억으로의 통합'으로 이루어졌다. 이것들은 남아공의 특수한 상황에서 추진되었지만, 내면적으로는 신학적으로 공유할 수 있는 기독교적 가치와 비전을 기반으로 하고 있다. 이것을 준거로 삼아, 필자는

'하나님의 공감적 정의'와 '샬롬의 비전,' 그리고 '기억하기로 인한 구속 이야기로의 통합'을 가지고 북한의 체제폭력과 과거청산을 위한 기독교적 정의와 화해 담론의 방안으로 삼을 수 있음을 피력하고자 한다. 특히 남아공의 사례는 정의의 목표로써의 화해라는 몰트만 신학의 실현 가능성을 보게 했다. 더불어, 남아공의 사례는 본회퍼가 제기한 '타자에 대한 책임 회복으로서의 정의'를 북한의 과거청산에 접목시킬 수 있는 예시가 될 수 있다. 뿐만 아니라 남아공 사례에서 본 바 과거청산에 미흡했던 '사회 경제 정의의 실현'에 대한 과제는 사이더가 제시한 성서적 희년제도를 근간으로 해서 북한의 체제폭력 청산에 반면교사로 삼을 수 있을 것이다.

다음 5장에서는 몰트만, 본회퍼, 사이더의 신학 이론을 종합적으로 숙고하고, 통일 독일과 남아공의 과거청산 사례를 참고하여 북한 체제폭력으로 발생한 반인권적 범죄를 청산하고 북한인권의 회복을 도모하는데 한국교회가 감당해야 하는 역할을 살펴보겠다.

제5장

북한의 체제폭력 청산을
위한 한국교회 역할:
북한인권 개선

국제사회는 북한인권의 개선을 위해 다각적으로 노력하고 있다. 그 예로서 유엔총회의 북한인권 결의안 채택 과정에서 찬성 국가의 수가 점증하는 것은 북한인권의 심각성을 세계가 우려하고 있다는 증거이다. 미국은 자체적으로 북한의 인권문제 개선에 개입하고 이를 추진하여 왔다. 북한인권 법안을 제정하고 북한인권 특사를 임명하여 활동하면서 북한 체제의 인권에 대한 완전한 전환을 촉구하고 있다.

　한국정부는 북한인권 결의안에 대해 유엔과 공동제안을 하는 등 공조를 취하고 있다. 국내에 북한인권 단체들이 2000년부터 본격적으로 점증하고 있다. 특히 북한인권법 제정으로 정부가 북한인권에 대해 체계적이고 지속적인 정책을 수립할 수 있게 되었다. 한국교회는 통일 운동의 구체적인 실천의 장인 교회에서 통일 목회를 적용하고 실천하여 민족통일을 견인하고 나아가 민족 복음화의 기틀을 다지며 후손들에게까지도 선한 영향력을 끼칠 수 있도록 준비해야 한다.

　국가폭력은 그동안 인문·사회과학 분야에서 이론적, 실천적으로

다루어졌다. 그러나 여기서는 국가와 국가폭력의 기원, 유형, 국가
폭력 범죄피해 특성, 북한의 체제폭력에 따른 반인도적 범죄를 규명
하고 체제폭력 연구의 최근 경향을 보다 실천적인 차원에서 고찰해
보겠다. 특히, 독일 통일을 위해서 독일교회가 실천한 역할을 고찰
해 보고 한국교회의 통일 목회의 방향성을 제시해 보겠다. 동·서독
교회는 자체적으로 수행할 수 있는 비정치적인 분야에서부터 협력
체계를 확대함으로 분단 상황에서 통일된 효과를 모색하였다.

좀 더 구체적으로 동·서독교회가 기여한 다양한 역할을 보면,
전후 격앙된 유럽에서 평화의 고리 역할을 하였으며, 동·서독으로
양분되는 고착화 과정에서 동질성을 연결하는 매개의 역할을 했고,
독일의 패전으로 비참해진 생존 현장에서 종교적인 도피처 제공과
연합군정하에서 유일한 독일 주민의 대변 기관의 역할을 하였다. 정
치적인 역할로는 통일 독일에서 동독이 민주주의를 지향하며 탈나
치화에 앞장서는 데 기여하였다.

동·서독교회는 분단된 독일 민족의 화해와 일치를 위해 최선을
다해 섬겼다. 당시 동·서독교회는 특수한 공동체로서 외형적으로
는 분리 상황이지만 내재적으로는 일치임을 선언하였다.

1. 독일통일과 동·서독교회의 노력들

(1) 제2차 세계대전 이후에서 독일교회의 역할: 평화의 연결고리

독일은 제2차 세계대전에서 패전한 후 연합국에 의해서 동·서

독으로 분할 점령되었다. 그러나 독일교회는 동·서독을 이어주는 교량 역할의 여건을 만들어갔다. 제일 먼저 독일 전체 개신교회를 하나의 공동체로 연합한 '독일개신교협의회(Evangelische Kircheiin Deutschland EKD)'를 아이제나하 총회에서 1948년 7월에 발족했다.[1] 그러나 동독의 EKD는 베를린 장벽이 세워진 1961년 이후 활동이 중단되었다. 분리된 후 동독교회는 자체적으로 독일민주공화국교회연맹(Federation of Evangelical Churches, the Bund Evangelische Kirche BEK)을 조직한 것이다.

독일교회는 연합을 통한 평화의 장으로서 혼란한 이데올로기 전쟁 시대에 국민들의 도피처요 안전지대와 같은 역할을 수행하였다. 당시의 독일교회의 역할은 첫째, 동·서독으로 양분되어 고착화되는 과정에서 동질성으로 연대해 가는 매개가 되었다.[2] 둘째, 패전으로 비참해진 폐허의 생존 현장에서 종교적인 도피처 제공과 연합군 정하에서 유일한 독일 주민의 대변 기관이 되었다.[3] 셋째, 연합국이 추구한 바대로 패전국 독일의 탈나치화로 인한 민주주의 건설에 앞장섰다.[4] 넷째, 주도적인 정치활동 단체들을 중심으로 동독의 민주화 건설에 앞장섰다.[5]

---

1) 정일웅, "민족통일과 개혁 신앙: 특집: 교회의 연합 정신과 한국교회의 민족통일에 대한 노력", 『한국개혁신학』 20 (2006), 48.
2) 정일웅, 위의 논문, 49.
3) 정종훈, "독일교회에 비추어 본 한국교회의 남북통일을 위한 과제", 『한국기독교신학논총』 68 (2010), 259.
4) 정종훈, 위의 논문, 259.
5) 권오성, "독일 통일과 교회의 역할(I)", 『기독교 사상』 39 (1995), 95.

(2) 독일교회의 독일 민족의 화해와 일치를 위한 역할

독일교회는 분단된 상황에서 교회의 연합과 일치를, 동시에 동·서독 민족의 화합과 일치를 추구하였다. 그 노력의 결정체는 '동구 사회 백서'이며, 동구 사회 백서는 분단 독일의 현실과 독일인이 영토에서 추방되는 질곡의 역사를 맞고 있는 원인으로 나치 정권의 죄악이었음을 고백했다.[6] 동·서독이 이데올로기로 나누어진 첨예한 균열 상황에서 교회는 그리스도 안에서 하나라는 공동체성을 유지하며 동·서독을 왕래한 것이었으며, 독일교회는 공적인 종교 행사들을 동독 지역에서 개최하였는데, 총회, 전도 집회, 교회의 날 행사 등을 통해 교회의 일치와 민족의 공동체성 유지를 위해 노력하였다.[7]

분단 상황에서 독일교회가 추진한 제 노력의 결과 교류 여건이 조성되었고, 이로 인해 동독 주민들의 서독으로 탈출이 연평균 20만 명에 이르렀다. 이러한 상황에 대해 동독 정권이 취한 체제폭력은 첫째, 체제 유지의 안전을 위해 1961년 8월 13일 베를린 장벽 설치를 추진했다.[8] 둘째, 동독 지역의 교회와 서독교회의 공조를 방해하였다. 셋째, 서독교회와의 결별을 강요하였다.[9] 그 결과, 동·서독 교회가 분리되어 서독에는 개신교연합(EKD)이, 동독에는 동독개신교연맹(Bund Evangelischer Kirchen EBEK)이 각각 조직되었다.[10] 동독교회는 이러한 상황에 적응하기 위해 "동독개신교연맹은 교회

---

6) 정종훈, 위의 논문, 260.

7) 정일웅, "교회의 연합 정신과 한국교회의 민족통일에 대한 노력", 53.

8) 김영윤, "서독 정부의 동독 이탈 주민 정착 지원", (제17회 한반도 평화포럼 자료집, 2009년 10월 8일), 10.

9) 정일웅, 위의 논문, 54.

10) 오현기, "독일의 분단과 통일이 한국교회에 주는 교훈", 『복음과 선교』 12 (2010), 71-74.

는 사회주의에 속한 교회로서 사회주의에 대항해서는 안 된다"고 선언함으로써, 자신의 존재 형태를 규정했다.[11] 이러한 선언은 동독 교회가 특수한 공동체로서 동·서독 교회의 외형적인 분리 상황이지만, 내재적으로는 동·서독교회가 일치임을 선언한 것이다.[12] 이를 토대로 한 교회의 일체감으로 인해 서독교회가 동독교회를 지원할 수 있는 추동력을 얻게 되었다. 서독교회는 동독교회의 교회 건축비, 건물 보수비, 교회 연간 예산의 약 40%를 지원하였으며 동독 사회의 정치범 석방, 이산가족의 합류, 구금된 교회 관계자들의 석방 비용 등을 동독교회를 통해 지원하였다.

동·서독교회의 이러한 유대와 교류는 복음의 통로가 되었으며 동독 문화 형성에 기여하였다. 동독교회가 지속적으로 행한 복음 선포는 동독인 세계관의 중요한 원리를 형성하였고, 유물론 사관에 대한 저항 근거가 됨으로 급기야 공산 정권 붕괴를 촉발시켰다.[13] 그 결과, 동독교회는 동독 정권으로부터 통제 불가능한 집단으로 낙인찍혔으나, 오히려 일반 주민들은 교회를 신뢰하게 되어 감소된 교인 수와는 상관없이 전체주의 국가의 대안이 되었다.[14]

(3) 동독교회를 향한 서독교회의 섬김 역할

서독교회는 동독 정부의 압력 때문에 형식적으로는 분리되어 있는 동독교회가 사회주의 체제에서 존립할 수 있도록 '독특한 유대

---

11) 권오성, 『독일 통일과 교회의 노력』, (서울 : 고려글방, 2000), 27.
12) 정종훈, "독일 교회에 비추어 본 한국교회의 남북통일을 위한 과제", 261.
13) 정종훈, 위의 논문, 262.
14) 권오성, 위의 책, 149.

관계(Die besondere Gemeinschaft)'를 형성하였고, 여러 방법을 통해서 동독교회를 재정적으로 섬기기 위해 최선을 다해 나갔다.[15]

첫째, 서독교회는 동독교회 목회자들의 생활비를 지원하였는데, 동독 정부는 서독교회가 지원한 생활비 상당 부분을 강탈하였다. 그러나 동독교회의 존속 유지를 위해 서독교회는 이에 대해 동독 정부에 직접 항의하지 않았다. 여기서 서독교회의 복음을 통한 통일 추구의 열정과 인내심을 볼 수 있다.[16]

둘째, 동·서독교회는 상호 교류를 위한 자문단을 구성하여 매년 4회의 정기 모임과 사전 예비 모임 등으로 접촉 유지를 도모했다. 또한, 평화유지와 유럽의 평화증진을 위해 협의단을 구성하였다.[17]

셋째, 동독교회가 평화운동의 구심체가 되었으며, 1980년대부터 시작된 '평화 기도'와 '평화 묵상'이 1989년부터는 거대한 국민 저항운동으로 확장되었다. 이 운동은 교회가 시민사회와 연합한 운동으로써 동·서독 통일의 선봉이 되었던 라이프치히 촛불 평화 혁명으로 발전한 것이다.[18]

(4) 독일교회의 유럽 평화운동의 구심체 역할

동·서독교회의 평화운동의 경험과 역할은 동유럽 주변국들에게서 정치적 변화를 촉발시켰다. 그 결과, 폴란드의 공산당 독재정치에 대한 노조 연합의 저항과 동독의 젊은이들 중심으로 자유를 추

---

15) 주도홍, 『독일 통일에 기여한 독일 이야기』, (서울: 기독교문서선교회, 1999), 76.

16) 정일웅, "교회의 연합 정신과 한국교회의 민족통일에 대한 노력", 57.

17) 주도홍, 『독일 통일에 기여한 독일 이야기』, 78.

18) 정일웅, 위의 논문, 57.

구하는 열화와 같은 평화운동이 촉발되었고,[19] 소련 연방은 페레스트로이카 정책을 시행하게 되는 등, 동유럽 사회가 급격한 평화의 격랑에 휩쓸렸다. 동·서독교회는 평화운동의 구심점이 되어 격랑의 국제정세와 급속한 정치적 변화로 인한 유혈혁명의 가능성 속에서 독일 국민들의 울분과 강력한 열기를 평화운동의 분위기로 만드는데 공헌하였다.[20] 그 결과, 교회가 정치적 변혁 과정에서 정신적 지주로서 비폭력 평화적인 변혁을 선도하였고, 민중의 공동 결정 과정에 동참하였다. 이러한 사회변혁의 패러다임은 교회가 개최하였던 평화를 위한 기도회의 정신에 의해 설정된 것이다. 교회는 정권을 향한 불만과 저항을 예배와 성경 말씀으로 민중들에게 하나의 언어, 하나의 구조로 하나의 비폭력적 문화를 제공한 것이다.[21]

(5) 독일 통일 이후 동독 정권 체제 변혁 과정에서의 완충 역할

동독교회는 동독의 급속한 체제 변화 가운데 사회주의에 종속되지 않으면서 각자 추구하는 다양한 욕구를 충족시켜주는 완충 역할이라는 중대한 임무를 감당했다. 동독교회에는 평화추구, 군대 거부, 생태계와 인권문제를 추구하는 다양한 그룹이 발생했다. 베를린 장벽붕괴 후에는 자유로운 외국 여행을 추구하는 그룹까지 동독교회로 모여들었다.[22] 동독교회로 모여든 민중들은 기독교로 개종을

---

19) 정일웅, 위의 논문, 55.
20) 정종훈, "독일 교회에 비추어 본 한국교회의 남북통일을 위한 과제", 266-267.
21) 권오성, "독일 통일과 교회의 역할(II)", 『기독교 사상』39 (1995), 145.
22) 정종훈, "독일교회에 비추어 본 한국교회의 남북통일을 위한 과제", 265.

한 것은 아니었지만, 기독교에 대해 공감을 가지고, 인간의 근본적 과제인 정의와 평화를 위한 파트너십을 형성하기 원했다.[23] 1989년 베를린 장벽 붕괴 이후 동독에서는 주민들이 사회주의 개혁을 위해 전국적인 여론 수렴과 협의에 의한 결정을 위해 원탁회의를 운영하였다. 마침내 동독교회는 원탁회의를 주도하며 수동적인 단순한 보호처 역할을 넘어서는 민주주의 전초기지가 되었다.[24]

이처럼 동독교회는 첫째, 민중들이 교회에서 민주주의를 체험함으로써 자유를 갈망하게 하여 사회주의 개혁 의지를 증폭시켰다. 둘째, 사회주의 속에 존재하는 교회로서 민중들을 대변 공간이 되었으며, 여론 수렴과 토의 과정을 주도하는 공정한 기관으로 민중의 신뢰를 획득했다. 셋째, 사회주의 속에서 사회 변혁의 초석이 되었고, 사회 변혁의 주체적인 조직이 되었다. 넷째, 사회주의 체제라는 속박의 틀을 넘어 영적인 공동체로서의 사명을 감당하였다.

동독교회는 이념으로 분단된 상황에서 신앙 공동체성으로 분단 독일의 일치를 위한 연결 고리가 되었으며, 교인들과 국민 상호 간의 적대 의식 극복의 중요한 토대가 되었다.[25] 그러나 독일 교회가 어려웠던 점은 통일의 과도기에서 동독 주민들의 정체성 혼란에 의한 동·서독교회의 목적이 달랐던 것이다. 동독 민중들의 목적은 서독이 추구하던 통일에 있는 것이 아니라 평화에 있었다. 따라서 동·서독교회는 통일 독일의 급변하는 상황에서 로쿰 공동선언서[26]를 발

---

23) 권오성, 『독일 통일과 교회의 노력』, 183.

24) 정종훈, 위의 논문, 267.

25) 권오성, "독일 통일과 교회의 역할(II)", 160.

26) 권오성, "독일 통일과 교회의 역할(I)", 158-159. 로쿰 공동 선언서는 EKD의 마틴 크루제 감독과 BEK의 베르너 라이히 감독의 인도 아래 로쿰에서 열렸던 비공개 협의회로 열렸다. 이 로쿰 공동 선언서의 내용은 3가지로 집약될 수 있다. 첫째 비폭력 시위가 성공하고, 새로 자

표했다. 1990년 1월 15일부터 17일까지 로쿰의 개신교 아카데미에서 서독교회와 동독교회의 지도부가 비공식 회의에서 선언한 것이다.[27] 그들은 분단 상황에서 동·서독교회의 상호 경험과 차이점을 공유하면서 교회의 조직을 하나로 만들려는 의도를 표출했다. 그리고 동·서독의 문제를 넘어 세계의 가난한 사람들에 대한 관심과 정의, 평화, 창조 질서의 보존을 위한 노력을 함께할 것을 선언했다.[28] 그 결과, 동·서독교회는 로쿰 선언서를 통해서 급변하는 상황 가운데에서도 동독 민중들의 정체성 변화를 주도하였으며, 민족의 공동체성 유지와 통합을 도출하여 동독의 체제 변화로 인한 충격에 대한 완충지대 역할을 하였다.

2. 동·서독교회를 통해서 배우는 한국교회의 과제

(1) 성서적 통일 목회의 정립과 통일 운동의 사명 의식 고취

최근 한국교회가 남북통일에 대한 적극적인 관심을 갖기 시작하면서, 북한의 인권 개선 운동을 비롯하여 여러 가지 다양한 통일 운동에 매진하고 있다. 이것은 한국교회가 하나님께서 한국교회에게 주신 시대적 사명을 명확하게 깨닫고 성실하게 사명을 감당하는 증

유를 얻게 된 일에 하나님께 감사한다. 둘째, 독일 전체 개신교, 기독교 사이에 특수한 공동체성이 있음을 고백한다. 셋째, 앞으로도 희생과 헌신으로 교회가 일관해주기를 희망한다는 내용이다.

27) 권오성, 『독일 통일과 교회의 노력』, 235.
28) 정종훈, "독일교회에 비추어 본 한국교회의 남북통일을 위한 과제", 271.

거라고 사료된다. 한걸음 더 나가서, 한국교회는 보다 체계적으로 윤리 신학적 관점에서 성경적인 통일 목회를 정립하고, 모든 성도들에게 사명 의식을 고취시켜 나가야 할 것이다. 통일 목회의 출발점은 남남갈등, 남북갈등의 현실에 임재 하는 그리스도의 십자가 안에서 출발해야 한다.[29]

동독에서 동독교회가 민주화 운동을 주도하였던 추동력은 교회의 본질에 대한 이해를 하나님의 선교(Missio Dei)의 개념에서 찾은 데서 발원된다. 하나님의 선교는 교회의 존재 목적을 신앙 공동체로서 하나님 나라의 확장을 위해 존재하는데 두고 있다. 즉 선교는 교회가 아니라 하나님께서 하시는 것임으로 교회는 항상 하나님의 섭리로 이끌어지고 있는 역사에 대한 질문을 하여야 하는 것이다. 그러므로 교회는 교회 밖의 세계와 함께 가야 하는 것이다.[30]

이처럼 동독교회는 하나님의 나라와 통치라는 종말론적인 신학에 입각한 선교적 전망을 가지고 비폭력, 평화운동을 적극적으로 펼치며 사회 참여를 하였다. 이러한 하나님의 선교의 성서적 근거를 이사야 2장 4절 및 미가서 4장 3절에 두었으며, 격변하는 독일 통일의 과정에 성서적 비전이 세계 역사 현장에 영향을 미친다는 것을 고백하였고, 하나님 나라라는 주제는 동독교회의 공식적 회의나 평화운동에서 정치·사회적으로 예민한 현안들에 대한 해석과 적용의 중요한 도구가 되었다.[31]

동·서독교회는 교회의 일치성이라는 대전제하에 유대 관계를 더

---

29) 김영한, 『평화 통일과 한국 기독교』, (서울 : 도서출판 풍만, 1990), 27-64.
30) 권오성, "독일 통일과 교회의 역할(II)", 156.
31) 오현기, "독일의 분단과 통일이 한국교회에 주는 교훈", 81-82.

욱 공교히 하며 교회의 연합을 추구한 결과 독일의 평화적인 통일에 초석이 되었다.[32] 이와 같이, 한국교회도 평화통일의 초석이 되기 위해서는 동·서독교회가 '하나님의 선교'에 교회의 본질을 두었듯이 성서적 통일 목회의 정립이 우선되어야 할 것이다.

성경에 통일의 개념을 가장 잘 표현한 것은 하나됨이다.[33] 하나됨의 출발은 창세기 2장 24절의 '한 몸'이며, 이 말씀을 예수님도 인용하셨다(마 19:5). 성경에서 '하나됨'은 예수님의 기도 제목이었다. 삼위 하나님이 하나가 된 것 같이 제자들도 '하나가 되게 하고' (요 17:21), 나아가 제자들을 하나가 되게 하시는 이유는 삼위 하나님과 하나가 되게 하기 위함(요 17:23)이라고 하였다.

삼위일체 하나님으로부터 오는 통일의 개념은 단지 물리적인 하나됨 또는 획일성이라는 의미의 영적인 개념이 아니며, 여기에서의 통일은 그리스도의 머리 되심을 인정한다는 의미의 질적인 개념이다. 즉, 남북한의 통일은 단지 남한과 북한뿐만이 아니라 온 우주가 산술적으로 정치적·경제적·사회적·제도적·문화적으로 하나 되는 것을 의미하지는 않으며, 예수 그리스도의 머리 되심으로 성령의 평안의 매는 줄로 하나 되게 하신 것을 지키는 것으로, 통일은 삼위일체 중심에서 그 출발점을 삼아야 할 것이다.

성경은 하나됨에 대한 좋은 예를 보여 주는데, 하나님의 말씀이 에스겔 선지자에게 임하여, "인자야 너는 막대기 하나를 가져다가 그 위에 유다와 그 짝 이스라엘 자손이라 쓰고 또 다른 막대기 하나를 가지고 그 위에 에브라임의 막대기 곧 요셉과 그 짝 이스라엘 온

---

32) 권오성, 『독일 통일과 교회의 노력』, 27-28.
33) 정종기, 『통일 목회를 위한 디딤돌』, (서울: 청미디어, 2016), 148-150.

족속이라 쓰고, 그 막대기들을 서로 합하여 하나가 되게 하라 네 손에서 둘이 하나가 되리라"(겔 37:16-17)라고 하시는 말씀이 있다.

이 말씀은 한반도에 살고 있는 한국교회에 위로의 말씀으로 들려진다. 남과 북이 한 왕 되신 그리스도의 통치와 다스림을 받아, 남북이 나누이지 않고 한 민족으로 살게 하신다는 하나님의 계시의 말씀으로 들리기 때문이다. 이렇듯 하나됨은 우리 민족과 한국교회의 절실한 주제가 된다. 목회는 방향성을 가지고 있다. 하나님께 영광이라는 목표는 목회 사역에 있어서 빼놓지 못하는 주제이며, 이것에 더하여 통일 목회의 방향은 하나됨이다. 하나됨은 성경 전반에 나타난 통일의 의미이고 이것은 통일 목회의 가장 주요한 방향이 된다.

성경에서 하나됨을 한반도의 상황에 맞추어서 해석한다면, 로마서 15장 6절을 기억해야 한다. "한 마음과 한 입으로 하나님 곧 우리 주 예수 그리스도의 아버지께 영광을 돌리게 하려 하노라"(롬 15:6). 불화와 갈등 속에서는 하나님의 영광에 흠이 간다고 말씀하고 있다. 즉 그리스도인들의 연합을 소중히 여기시는 하나님의 마음을 보게 된다. 북한 선교나 통일의 문제는 한반도의 교회와 성도들이 같은 생각과 같은 의지와 같은 목적으로 해야 하는 것임을 '하나됨'이란 단어에서 찾아보게 된다. 이러한 예수님이 말씀하신 하나 됨을 사도 바울은 '통일'로 해석하였다. 바울은 자신을 이방인의 사도로 자처했지만 그의 이방인 전도의 궁극적 목적은 회복이었다.[34] '온 이스라엘'이 구원을 얻도록 하는 것이었다.[35] 이런 사도 바울의 소명 의

---

34) 김연호, "이스라엘의 회복과 온 이스라엘의 구원", (제5회 이스라엘 신학 포럼 이스라엘 독립 70주년 기념 포럼, 예루살렘 히브리대학교, 2018년 1월 31일), 67.
35) 위의 논문, 67.

식을 바라 볼 때, 한국교회의 목회 패러다임을 바꾸어야 하는 것에는 분명한 당위성이 있다. '동족을 품지 않고 땅끝까지 선교'라는 한국 목회의 패러다임은 틀렸다고 인정한다면, 한국교회가 살길은 윤리적 도덕적 그리고 본질의 회복에 앞서 동족을 품고 땅끝까지 선교하는 복음 통일을 이루는 통일 목회 패러다임을 가져야 한다.

(2) 한국교회의 지원에 의한 북한교회의 자생과 자립화

한국교회가 북한교회와의 대화와 교류를 위해서 서독교회의 섬김의 신학을 준거로 북한 교회를 지원해야 한다.36) 서독교회는 동독교회를 위해 재정적으로 지원하여 동독교회의 생명력 유지를 위해 최선을 다했다.37) 서독교회의 이러한 지원으로 동·서독교회가 정신적 신학적인 교류를 활성화시킴으로써 동독교회가 동독 정부의 핍박 가운데도 생존력을 유지할 수 있었다. 그 결과 동독교회는 서독교회와의 연대성을 가지고 유물론적 사회주의 상황에서도 교회의 정체성과 자립의 힘을 보유하였으며 동독 정권을 향한 지속적인 저항 운동으로 동독 정권의 붕괴 가속화를 촉진시켰다.38)

동·서독교회의 경험을 바탕으로 한국교회도 북한 조선기독교연맹을 지원하여 자립성을 갖도록 하여, 북한 정권의 통제로부터 독립적인 조직이 되도록 지원해야 한다. 또한 북한교회 지도자들의 사역이 북한사회에서 지도력을 발휘하도록 직·간접적인 지원을 확대해 나가야 할 것이다.

---

36) 정종훈, "독일교회에 비추어 본 한국교회의 남북통일을 위한 과제", 262.
37) 오현기, "독일의 분단과 통일이 한국교회에 주는 교훈", 79.
38) 오현기, 위의 논문, 79.

이와 같은 결과를 얻기 위해 첫째, 한국교회는 북한교회가 북한 정권하에서 입지가 강화되어 북한 사회가 친기독교적인 분위기로 바뀌도록 기여해야 한다.[39] 둘째, 동·서독교회는 재정 지원만이 아니라 자문단과 협의단을 조직하여 정기적인 회합을 통한 교류를 확대하였다. 그 결과 동독교회가 동독사회의 신뢰를 획득하였고 동독 변화의 주도 세력이 되었던 것[40]과 같이 남북 교회의 교류의 활성화를 도모해야 한다. 셋째, 남북교회의 공통 관심 주제를 가지고 기념 행사, 연구 활동, 기독교 유적지 발굴 및 선양 등의 사업을 통해 공동체성과 일치 운동을 추진해야 한다. 남북한 교회가 다양한 형태로 만남과 친교를 나누고, 공동 관심사를 공유하고, 그리스도 안에서 한 형제자매임을 확인할 것을 추구해야 한다.[41] 이러한 섬김의 신학은 대한민국의 정권 변화와 상관없이 꾸준히 지속적으로 추진하는 가운데 완충 역할을 감당해 나가야 할 것이다.

(3) 남북한 교회들과 북한 정권과의 지속적 관계 개선

동독교회는 동독 정부로부터 통제를 받으면서도 국가에 대해 독립성을 가지고 종속되지 않았는데, 그 이유는 비기독교인과 기독교인들 모두가 동독교회의 역할과 활동을 지지하였기 때문이다. 그러나 북한은 동독교회와 같이 지지하는 세력이 없으며, 북한 정부의 강력한 통제를 받고 있다. 따라서 한국교회는 북한 정부와 협력적 관계를 유지하고 발전시켜서 북한교회의 입지를 도와야 한다. 동독

---

39) 정종훈, 위의 논문, 265.
40) 정종훈, 위의 논문, 265.
41) 정종훈, 위의 논문, 265-266.

교회는 정부의 사회복지 사각지대의 사회복지 사업을 담당함으로써 정부와의 공존의 장을 마련하였다.[42] 한국교회는 북한을 향한 사회복지 사업을 직간접적으로 시행하여 간접적인 복음 전도와 남북의 공동체성을 활성화 시키는데 기여할 수 있다.[43] 한국교회는 대한민국의 정권 변화가 남북 관계에도 항상 변화 요인으로 작용하였던 것을 고려하여 정권의 변화와는 무관하게 지속적이며 일관성 있는 교류를 유지해야 한다. 따라서 국가적 차원의 교류와 화해와는 별도로 한국교회가 북한 선교 차원에서 추진해 온 북한 사회봉사 사역을 통해서 북한 정권과의 지속적인 협력적 관계 유지를 위한 창의적인 접근 방법으로 모색해야 한다.[44]

미국을 중심으로 한 UN과 그 산하 국가들이 행하고 있는 북한 경제 제재 상황에서 정치성이 배제된 한국교회의 역할이 그 어느 때보다 중요한 시점이다. 이럴 때 한국교회가 하나 된 협의체로서 구심점을 갖고 북한 조선기독교연맹을 지원하는 명분하에 실제적으로 북한 정권과의 관계 개선을 모색해야 할 것이다. 이런 과정에서 북한 정권으로 하여금 남북교회가 민간 교류를 통한 북한의 경협 활성화에 반드시 필요한 존재라는 사실을 각인시켜야 할 것이다.

---

42) 오현기, "독일의 분단과 통일이 한국교회에 주는 교훈", 77.

43) 오현기, 위의 논문, 78.

44) 강병오, "통일 독일의 과거청산 사례 분석과 그것이 한반도에 주는 교훈-북한 선교 관점에서", 32.

(4) 통일 이후 대비 차원에서 한국교회를 대표할 수 있는 교회 협의체의 필요성

한국교회는 독일과 같은 대표할 만한 교회 협의체가 없다. 한국교회의 연합 기구는 한국기독교교회협의회(KNCC)와 한국기독교총연합회, 그리고 한국교회연합회가 있으며, 이 세 단체는 한국교회의 진보 진영과 보수 진영을 대표하는 협의체일 뿐 전체를 대표하지 못하고 있다. 한국교회가 민족의 통일문제에 대해 한 목소리로 영향력을 발휘하고 통일 이후를 대비하기 위해서는 전략적 연합이 필요하다.[45] 한국교회의 이러한 연합의 필요성은 한국 내에서뿐만 아니라 북한의 '조선기독교연맹'[46]과의 대화와 협력을 위해서도 요청된다. '조선기독교연맹'은 노동당원으로 구성된 북한을 대표하는 기독교 기관으로서 북한 정권으로부터 독립된 힘을 가지지 못하고 있다.[47] 그러나 엄연히 북한에서 기독교를 대표하는 협의체로 존재하고 있는 것이다. 따라서 한국교회도 민족의 통일과 통일 이후 북한의 체제폭력 청산을 위해 단일화된 대표적 연합 기관이 있어야 한다.

---

45) 정일웅, "교회의 연합 정신과 한국교회의 민족통일에 대한 노력", 59-60.
46) 박종화, 『평화 신학과 에큐메니칼 운동』. (서울: 한국 신학연구소, 1991), 146. 조선기독교연맹의 설립 목적과 활동 목적은 다음과 같다. 첫째, 종교 생활의 자유와 기독교인의 이익 수호, 둘째, 국가를 위한 기독교인의 봉사 격려. 셋째, 사회정의와 평등을 위해 노력, 넷째, 에큐메니칼 국제 연대 강화 및 평화통일을 위한 노력이다.
47) 조은식, "남북 교회 교류를 통한 통일 선교 과제", 『장신논단』21 (2004), 351.

3. 북한인권 개선을 위한 통일 목회

(1) 북한인권 개선 운동의 현황

지금 국제사회는 북한의 인권 문제를 끊임없이 제기하고 있으며, 국내적으로도 탈북자들이 북한인권 문제의 심각성을 가감 없이 폭로하고 있다. 특히 주목할 것은 유엔총회의 지속적인 움직임이다. 2003년 제59차 '유엔 인권위원회'에서 '북한 인권결의안'이 처음으로 채택되었는데, 유엔총회는 14년 연속 이 결의안을 계속해서 채택하고 있다. 한국교회는 북한 주민들의 심각한 인권침해 실태에 대한 염려와 개선책을 담고 있는 유엔 인권 결의안을 존중하고, 북한 주민들의 인권문제 해결을 위해 다각적인 노력을 경주해야 한다.

뿐만 아니라 한국교회는, 한국 사회 내부에 강고하게 자리 잡고 있는 극단적 반공주의자들의 반인권적 주장과 행동에도 강력한 경고를 보낼 수 있어야 한다. 한국사회는 경험적 반공주의와 더불어 분단의 깊이만큼 학습을 통해 고착된 반공주의가 뿌리박혀 있다. 더 나아가서 고착화된 반공주의는, 불합리한 과잉 정치가 배태한 부정성이 냉전 이데올로기와 결탁하여 극단적인 반공 매카시즘 (McCarthyism)으로 진화되기도 했다. 이러한 과정에서, 극단적 반공주의자들은 법과 인권을 무시하고 반공이라는 이념의 잣대로 반인륜적 인권침해를 자행한 부끄러운 역사를 보여주기도 했다. 제주, 그리고 여수와 순천은 극단적 반공주의자들에 의해 저질러진 반인륜적 참상과 비극을 간직한 땅이 되었다. 이처럼 극단적 반공주의에 사로잡히면 공산주의를 신봉하고 있는 북한 주민들의 인권을 침해

하거나, 그 침해를 정당화할 수 있다. 따라서 북한의 인권침해의 문제를 객관적으로 다루고 싶다면 한국 사회에 깊게 뿌리를 내리고 있는 극단적인 반공주의 매카시즘을 먼저 극복해야 한다. 극단적인 반공주의자들이 한국 사회의 패권을 장악할 때 한국교회도 손을 내밀어 이를 악용하기에 급급했던 어두운 과거가 있다. 이제라도 한국교회가 남남 갈등, 남북 갈등의 단초를 제공하고 이를 확대 재생산해온 어두운 과거를 철저하게 회개해야 할 것이다.[48]

그러므로 한국교회는 진정한 회개와 자아성찰을 통해서 통일 목회의 구체적인 열매를 맺어 나가야 한다. 통일 목회의 열매를 맺기 위해서 한국교회는 북한인권 개선을 위한 국내외의 노력이 좌초되거나 왜곡되지 않도록 끊임없는 관심과 지원을 아끼지 말아야 한다. 동시에 한국교회는 한국 사회의 저변에 깊게 뿌리를 내리고 남남 갈등을 부추겨왔던 극단적 반공주의 매카시즘을 옹호하고 손을 잡았던 부끄러운 과거를 반성하고, 인권과 정의를 중시하는 한국 사회를 건설하기 위해 솔선수범해야 한다. 한국 교인들과 국민들의 의식 속에 주관적인 이념이 아니라 객관적인 인권과 정의가 판단 기준으로 확고하게 자리를 잡을 때, 북한인권 개선을 위한 통일 목회의 사역은 비로소 정당하게 전개될 수 있을 것이다. 그러면 먼저, 북한인권 개선을 위한 국내외의 노력을 일고해 보고, 이어서 북한인권 개선을 위한 통일 목회의 방향성을 상고해 보겠다.

---

48) 고재길, 『한국교회, 본회퍼에게 듣다』 (서울: 장로회신학대학교 출판부, 2014), 245-255.

(2) 북한인권 개선을 위한 국내외적 노력

국제사회가 북한인권을 본격적으로 논의하게 된 시기는 북한이 심각한 식량난 극복을 위해 국제사회에 지원 요청을 하고, 이로 인해 국제기구들이 북한과의 접촉이 증가하면서 시작되었다.[49] 동시에, 탈북자들의 증가와 이에 따른 그들의 증언도 국제사회가 북한인권을 활발하게 논의하는데 기여하였다.

유엔은 북한인권 문제에 대한 논의와 더불어 구체적인 대응 방침을 제시하고 있다. 이러한 대응과 더불어 유엔총회의 북한인권 결의안 채택 과정에서 찬성 국가의 수가 점증하는 것은 북한인권의 심각성을 세계가 공감하고 우려하는 증거이다. 물론 유엔의 북한인권 결의에 의한 권한은 강제력이 없는 권고로 그칠 뿐이지만, 국제 협력에 의한 도덕적 외교적인 압력 효과가 발생한다. 이에, 유엔을 통한 국제적인 인권선언과 규약들은 북한에 대해 간접적인 규범적 압력 효과가 있다.

세계 여러 국가들은 북한인권 문제를 위해 조약, 법률 제정을 마련하면서 북한인권 개선을 위한 활발한 운동을 전개하고 있다. 미국은 국제사회와 유엔 동의와 상관없이 필요시 자체적으로 북한의 인권 문제 개선에 개입하고 이를 추진하여 왔다. 미국은 북한인권 법안을 제정하고 북한 인권 특사를 임명하여 활동하면서 북한 체제의 완전한 전환을 촉구하고 있다. 일본도 초당적으로 북한인권 관련법을 제정하고 있다.[50]

---

49) 강명옥, "북한인권과 국제사회", (박사학위 논문, 연세대학교 대학원, 2006), 16.
50) 서보혁, "한·미·일 3국의 북한인권법 비교 연구", 『담론 201』19 (2016), 68.

한국 정부는 2008년부터 유엔의 북한 인권결의안에 대해 공동 제안을 하고 있는데, 서울에 유엔 OHCHR[51]의 북한인권 현장 사무소를 설치하기도 하였다. 북한인권 단체들이 본격적으로 많아진 것은 2000년대 이후였는데 진보 단체, 보수 단체, 종교 단체들이 정부의 북한인권 문제에 적극 개입을 촉구하며 범국민적으로 여론을 확산시키고 있다.[52] 대표적인 인권 단체들을 보면 북한민주화네트워크, 북한인권시민연합, 참여연대, 인권운동사랑방, 평화네트워크 등이 있는데 북한의 식량 및 보건, 의료 부분, 생존권 보장 운동, 인도적인 지원 등의 영역에서 다양하게 활동하고 있다.[53]

북한인권법의 제정 안은 국내에서 복잡한 논란 가운데에서도 유엔총회에서 북한인권법이 높은 지지를 받으며 통과되고 북한의 인권 문제에 대한 국제사회의 압박 강화 기류에 편승하여 통과되었다.[54] 북한인권법 제정은 정부가 북한인권 문제에 대해 체계적이고 지속적인 정책을 수립할 수 있도록 제도화가 되었다는데 큰 의미가 있다. 또한 북한인권법 제정은 정권 교체 때마다 대북 정책이 변화되는 것과 무관하게 북한인권 문제 대응 정책을 독립화 시키게 된 것이다. 한국 정부는 분단을 넘어 남북 통합 지향을 위해 세계국가들과는 달리 주도적인 역할을 적극적으로 감당할 것이다. 이를 위해 한국 정부는 내부적 역량 강화와 구체적인 전략 수립과 로드맵 설정

---

51) Office of the United Nations High Commissioner for Human Rights : 유엔인권고등판무관 사무소

52) 이상신, "북한인권과 NGO : 북한인권 개선을 위한 노력의 변화 과정", 『현대북한연구』 6 (2003), 194.

53) 통일부에 등록된 통일 관련 단체의 역할과 목표, 활동 사항 등은 조만준, "한반도 통일을 위한 개혁 신학의 과제 연구", (박사학위 논문, 총신대학교 일반대학원, 2016), 60-63. 참조.

54) 통일연구원 북한인권연구센터, 『북한인권법 제정 의의와 향후 과제』, (서울: 통일연구원, 2016), 67.

을 해야 하며 동시에 관련 부처끼리 정보 공유와 유대를 통해 통일 이후까지의 북한인권에 대한 청사진을 준비해야 한다.[55]

(3) 북한인권 개선을 위한 통일 목회의 방향

한국교회의 통일 목회는 북한의 인권개선에 대한 노력과 국내외적인 통일 의지 공감대를 형성하고 확산하며 통일 이후의 체제폭력 청산을 준비하는 실천적이고 다양한 노력을 추구해야 한다. 첫째, 통일 목회는 남북한의 통일 과정에서 한반도를 향한 민족적이며 세계적인 평화통일을 염원하는 흐름에 응답하여 북한의 인권 현실을 정확하게 제시하는 역할을 해야 한다. 우선 분단 체제에 의한 상호 적대감, 불신감의 극복과 신뢰, 화합을 추구해야 한다. 통일 목회는 자유 억압과 인권유린을 추구하는 운동이나 사조 또는 질서에 대해 반대를 명확하게 표하면서 이루어져야 하며, 북한의 인권문제에 대한 통전적인 시야를 제공해야 한다. 또한 통일 목회는 남북통일을 위해서 동질성 회복과 경제적, 실용적 목적을 넘어서 인권적인 통일 공감대를 형성할 수 있는 배경을 제공해 주어야 한다.[56] 통일 목회는 북한 정권으로 하여금 세계의 보편적 흐름에 합류하여 인권의 보편적인 가치 체계를 지향하도록 도와주어야 한다.

둘째, 통일 목회는 남북한의 통일 과정에서 자유, 인권, 자유 민주주의를 추구하기 위해 사회적인 공감대 형성에 기여하는 가운데 점진적, 단계적 준비와 협력 회의를 추진해야 하고, 사회와 가정 등

---

55) 한승호, 이윤진, "북한인권법 제정 이후 인권 정책의 방향과 실천 과제",『세계지역연구논총』 34 (2016), 125-126.

56) 정일웅, "교회의 연합 정신과 한국교회의 민족통일에 대한 노력", 37.

삶의 현장에서 통일 목회를 통해 배운 것을 주변으로 확산해야 한다. 동시에, 북한 정권의 인권적인 특성에 대한 정확한 분석과 냉철한 현실 파악을 해야 한다. 또한 통일 목회는 북한의 체제폭력적 인권유린에 대한 참상의 조사와 개선을 촉구해야 하며, "북한 정치범 수용소의 반인륜적 인권유린들, 반인권적인 행위에 대해 침묵이 아니라 국제사회와의 연대로 강력한 대응 구조의 필요성"을 지속적으로 홍보해야 하고,[57] 북한인권 문제해결 과정에서 단순한 감상적 접근이 아니라 냉철한 대북 인식을 가져야 하며 낙관론적이고 성급한 통일된 미래의 청사진을 배격하고 실제적인 사회과학적 접근에 기초한 통일 전략이 수립되어야 하며 이와 더불어, 통일 목회는 북한인권에 대해 정부와의 교류와 민간단체와의 협력구조를 가지고, 사회를 향한 소통 창구를 형성하는 네트워크가 되어야 한다. 통일 목회는 북한의 인권문제 해결을 위해 개입의 정당성을 논의하거나 북한인권법을 제정하는 수준을 넘어서 천부적 인권 이념의 확대를 위한 노력을 경주해야 한다.[58]

셋째, 인권 운동은 사회적 연대가 초래하는 힘을 바탕으로 공동체의 가치를 지향해야 한다. 그러므로 국내외적인 연대를 통해 북한인권 문제 해결 방안에 대한 사회적 합의와 정당성을 도출해내야 한다. 그러므로 북한으로 하여금 인권에 대한 보편적 가치를 추구하게 하며, 북한 주민이 세계시민으로서의 역할을 감당하게 하고, 세계시민으로서의 사회적인 연대감과 남북한의 사회통합을 이루는 방향으로 진행되어야 한다.

---

57) 위의 논문, 37.
58) 송원근 외, 『목회: 정말 원하십니까? 통일 목회 하십시오!』, (서울: 청미디어, 2017), 136.

김대중 정부가 민족의 동질성을 강조하면서 남북통일의 길목에 중간 단계를 설정한 점은 시사하는 바가 크다.[59] 그러나 기독교 현실주의 시각에서 그 중간 단계를 바라볼 때, 먼저 양 체제가 가지고 있는 이념과 사상의 불완전함을 겸허하게 인정해야 할 것이다. 또한, 어떤 사상이든 그 이면에는 인간의 탐심이 개입될 수 있다는 통찰력을 가지고 경제개발 협력, 문화 사절단의 교환, 종교 인사들의 관계 개선 등을 펼쳐나갈 때, 비로소 평화통일을 이루는 중간 단계가 구축될 것이다.[60]

결국 통일 목회는 분단이 초래한 다양한 문제를 극복하면서 사회적인 연대 운동으로 북한인권 문제해결을 위한 실천적인 합의 추구를 준비하는 과정이 되어야 한다. 그렇게 될 때 통일 목회는 북한의 체제폭력 청산에 따른 인권의 개선과 변화가 촉발되게 하는 첨병이 될 수 있다.

넷째, 통일 목회는 교우들이 북한인권 문제 해결의 중요성을 인지하는 것에 머무르는 것이 아니라 실천하게 해야 한다. 교우 개개인은 미약하지만 위임 공동체인 교회가 될 때 실현 가능성은 폭발적으로 증가하게 된다. 개인의 개혁 의지의 발아와 실천은 북한 체제 인권 상황의 건강성을 회복하고 유지하며 남북한 민족 공동체의 일체감을 가져올 것이다.[61]

---

59) 유경동, 『남북한 통일과 기독교의 평화』, (서울: 도서출판 나눔사, 2012), 340에서 재인용.
60) 위의 책, 340-341.
61) 송원근 외, 『목회: 정말 원하십니까? 통일목회 하십시오!』, 137.

4. 요약 및 평가

동·서독교회는 독일 통일 과정은 물론, 통일 이후에까지 다양한 역할로 기여했다. 지속적인 복음 선포로 동독 주민들의 의식구조를 바꾸어 놓았다. 의식구조의 변화를 통해서 유물론 사관에 저항할 수 있는 용기를 얻었고, 이러한 저항은 공산 정권의 붕괴를 촉발시키는 결과를 가져왔다. 의식구조의 변화를 추동했던 동독교회는 동독 정권으로부터 많은 박해를 받았다. 이러한 동독교회를 서독교회는 최선을 다해 섬겼다. 동·서독으로 양분된 고착화 과정에서 동·서독교회는 동질성을 회복하는 매개의 역할을 하였으며, 통일 이후에도 교회는 동독인들이 민주주의를 지지하고 탈나치화를 지향할 수 있도록 버팀목이 되어 주었다. 동·서독교회의 이러한 노력들은 자국의 이익에 국한되지 않았고 궁극적으로 유럽 평화운동의 구심체로 자리매김하였으며, 동·서독교회는 평화의 구심점이 되어 국제 정세와 급속한 정치적 변화로 인한 유럽 혁명의 가능성 속에서 평화운동의 분위기를 만드는데 크게 공헌하였다.

한국교회도 평화통일의 초석이 되기 위해서는 동·서독교회가 '하나님의 선교'에 교회의 본질을 두었듯이, 성서적 통일 목회의 정립과 더불어 북한 교회와 주민들을 향해 끝까지 통 큰 섬김으로 헌신해야 할 것이다. 그러기 위해서는 빠른 시일 내에 한국교회의 대표성 있는 단일 교회 협의체를 구성해야 할 것이다.

한국교회는 통일 목회 철학을 가지고 북한의 인권 현실을 명확하게 제시하는 역할을 감당해야 한다. 즉, 동질성 회복과 경제적, 실용적 목적을 넘어서서 인권적인 통일 공감대를 형성할 수 있는 남북

통일의 당위성을 제공해 주어야 하며, 북한 정권으로 하여금 세계의 보편적 흐름에 합류하여 인권의 보편적인 가치 체계를 지향하도록 추진해야 하고 북한인권에 대해 정부와의 교류와 민간단체와의 협력 구조를 가지고 사회를 통한 소통 창구를 형성하는 네트워크가 되어야 한다. 또한, 북한의 인권문제 해결을 위해 개입의 정당성을 논의하거나 북한인권법을 제정하는 수준을 넘어서 천부적 인권 이념의 확대를 위한 노력을 경주해야 한다. 뿐만 아니라 국내외적인 연대를 통해 북한인권 문제해결 방안에 대한 사회적 합의와 정당성을 도출해 내야 한다. 결국 통일 목회로 분단이 초래한 다양한 문제를 극복하면서 사회적인 연대 운동으로 북한인권 개선을 실천해 나갈 때 한국교회가 통일 이후 북한의 체제폭력 청산의 전초기지가 될 것이다. 이를 위해 먼저 한국교회가 민족의 통일과 북한의 선교를 위해서 그리고 조선기독교연맹의 파트너십을 위해 단일 연합체를 구성해야 한다. 한국교회는 북한 교회를 지원하여 북한 교회가 자생하고 자립할 수 있도록 도와야 한다. 즉, 한국교회는 동·서독 교회가 보여준 모범을 본받아 북한 조선기독교연맹을 지원하여 자립성을 갖도록 하며, 북한 정권의 통제로부터 독립적인 조직이 되도록 지원을 아끼지 않아야 한다. 또한 북한 교회 지도자들의 사역이 북한 사회에서 지도력을 발휘할 수 있도록 직·간접적인 지원을 확대해 나가야 할 사명이 있는 것이다.

제1세계 국가들에 의한 제3세계 국가들의 착취, 세계 도처에서 자행되는 인권유린, 경제적 수탈 등으로 점철된 오늘의 세계를 본회퍼의 관점에서 전망해 본다면, 그리스도인과 교회 공동체가 세계 평화와 사회적 책임에 선교적 역량을 집중할 때이다. 한국교회는 통일 목회를 통해 그리스도를 뒤따르는 제자로서 북한 체제의 인권 개선을 추구하고 동시에 민족적 과제인 평화통일에 기여해야 할 것이다. 미완의 해방을 완성시킨 남북통일 이후 세계 평화의 중심에 한국교회가 타자를 위한 교회의 모습으로 자리매김할 것이다.

다음 6장에서는 몰트만, 본회퍼, 사이더의 윤리 신학적 관점과 통일 독일과 남아공의 체제폭력 청산 사례를 참고하여 북한의 체제폭력으로 발생한 생태계 파괴 문제를 살펴보고 한반도의 상태계 회복을 위한 한국교회의 역할을 고찰해 보겠다.

제6장

북한의 체제폭력 청산을
위한 한국교회 역할:
한반도 생태계 통합 과제

한국교회는 한반도 전체의 생태계 통합을 위한 노력을 경주해야 한다. 한반도의 생태계 회복에 효율적인 최적의 생태계 기술을 남북한 공동으로 개발하여 함께 시행해 나가야 한다. 철저한 조사와 자료 수집을 근거로 한반도 생태계 회복 법안을 남북이 통합적으로 제정해야 한다. 한국교회는 공공 신학에 바탕을 둔 생태 목회를 실천하여 생태계 회복 법안의 필요성을 환기시킴과 동시에 시민단체들과 손잡고 법 제정을 관철해 나가야 할 것이다. 우선적으로, 북한의 나무심기부터 연대성을 가지고 실천하는 가운데 거시적으로는 DMZ 세계 평화공원 조성에 이르기까지 힘을 모두어야 할 것이다.

생태계 오염과 파괴는 국제적인 현상이며 해결해야 할 중요한 과제이다. 독일 통일 이전에 동독 지역에서의 생태계의 파괴는 서독에게도 심각한 피해를 주었다. 뿐만 아니라 동·서독이 처한 생태계 문제는 유럽과 전 세계가 다국적, 다각적으로 그 대응책을 모색해야 할 상황이었다. 그러나 동·서독 간의 생태계 협력이 국제무대에서 원활하지 못했다. 통일 이후 동·서독의 노력으로 동독 지역의 생태계가 상당 부분 회복되어, 생태계의 질은 개선되고 있으나, 경제 활성화를 추구하는 경제개발 우선정책으로 '생태계와 경제의 내적 통합 실천'에 큰 어려움을 겪고 있다. 동·서독의 생태계 정책 통합 과정에서 양 국가 간의 이질성이 나타났다. 동독이 중앙집권적인 체제에 길들여져 있어 지방분권화 행정 체계에 적응을 위해 많은 시간과 노력이 필요했기 때문이다. 그리고 동독 지역과 서독 지역의 생태계 관련 법규의 급속한 통합은 동독 주민에게는 혁명적인 사고 방식으로의 전환이 강요된 것이었기 때문이다. 동·서독 통일 정부가 막대한 통일 비용을 지불했지만 아직까지도 서독과 동일한 수준이 되려면 장기간의 시간과 지속적인 투자가 요청되는 요인들이다.

남북한 통일 과정에서는 이를 거울삼아 한반도의 생태계에 걸맞은 적합한 생태계 복원 기술을 남북한 공동으로 개발하여 시행해야 할 것이다. 동·서독은 충분한 재정 능력에 첨단 생태계 복원 기술까지 보유하고서도 생태계 복원 투자에 비효율적이었다. 이를 거울삼아 남북한은 북한의 생태계 파괴에 대한 정확한 통계자료와 연구 조사 자료를 서둘러 공동으로 수집하여 생태계 회복을 위한 법안을 통합적으로 제정해야 한다. 그리기에 지금부터라도 한국교회를 비롯해서 생태계 운동과 관련된 민간단체들이 적극적으로 참여하여 활동해야 할 것이다.

1. 독일 통일 과정 사례를 통한 남북한의 생태계 통합 연구

(1) 생태계 분야에 대한 교류·협력의 동·서독의 사례: 직접 교류와 간접 교류 병행

동·서독 간에 통일 이전의 생태계 분야의 교류·협력 사례는 남북한 간의 교류·협력에 중요한 참고가 될 것이다. 생태계 오염과 파괴 문제는 국제적으로 발생하고 있으며 초국가적인 연대와 대처를 요구하고 있다. 동독 지역에서의 생태계의 파괴의 영향은 동독만 아니라 서독에게도 심각한 영향을 끼치게 되는 지정학적이고 기상학적 요인이 상재하고 있었다. 동·서독을 흐르는 강의 상류에 동독이 위치하여서 동독의 하천 오염은 서독에 심각한 피해를 주었으며, 대기오염 문제도 대부분의 바람이 동쪽에서 서쪽으로 불어오는 경향성이 있었기 때문에, 서독에 심각한 타격을 주는 상황이었다.[1] 그 결과 서독의 생태계 오염 방지 대책은 주로 서독 지역을 대상으로 수립되고 집행되어야 했다.

이에 반해 동독은 생태계 피해 제거 비용을 원인 제공자가 부담해야 한다는 원칙에 동의하면서도 서독에만 일방적으로 유익하다는 핑계로 예산 배정에 미온적이고 인색한 태도를 보임으로써, 양국 간의 실질적 협력 원칙은 실천되기 어려웠다. 동·서독 간의 생태계 협력이 시작된 것은 동·서독 간에 1972년 12월 21일에 기본 조약

---

1) 물론 서독에서 발생한 대기오염 물질이 동독에 영향을 미치는 부분도 있었다. 서독은 1970년 대 말까지 "고충 굴뚝 정책 (Politik der hohen Schornsteine)"을 통하여 자국에서 발생하는 대기오염 물질을 유럽 전역으로 흩뜨렸다. 그러나 1980년대에 접어들면서 대기오염 감축을 위한 조치로 성공적으로 추진하였다.

이 체결된 때부터였다. 동·서독 정부는 양측에서 생태계에 손상을 입힐 위험을 예방하기 위해 공동으로 노력한다고 합의한 양해각서를 체결했다.[2]

그러나 동독은 1974년 7월에 서독이 연합 생태계국을 서베를린에 설립하자 동독은 일방적으로 협상을 중단했다. 외교적으로는 동·서독이 생태계 분야 교류·협력에 대한 중요성을 표명하였지만, 정치적 경제적 입장이 생태계 문제에 대한 중장기적인 협력 구축에는 제약이 존재했다. 그러한 정황 속에서도 제한적으로라도 연명되었던 것은 서독의 예산 부담과 기술을 제공하는 배려로 가능했었다. 동·서독 간의 생태계 분야 교류·협력에 대한 대화는 1980년대 초에 재개되었다.

동·서독 국가 간의 교류 협력은 서베를린의 하천 보호 사업으로부터 시작되었다, 동베를린 세 곳에 오염 정화 시설을 설치하기로 1982년 9월 28일에 최초로 합의하였다. 서독은 동독 지역임에도 불구하고 6천8백만 DM을 부담하였다. 동독의 튀렝겐 주와 서독의 바이에른 주를 흐르는 뢰덴(Röden) 강의 정화 사업을 실시하기로 1983년 10월 12일에 결의하고 서독은 1천8백만 DM을 부담하였다. 그리고 동·서독은 베라가 지역의 수산화칼륨 감축 협의를 1984년 12월 13일에 결의하였다.[3]

생태계 보호 분야에서 동·서독 간의 본격적인 교류·협력은「생태계 보호 분야의 포괄적 관계 형성을 위한 동·서독 정부 간의 합

---

2) Press- und Informationsamt der Bundesregierung, ed., Bulletin, 155(1972)에서 인용.

3) Maria Haendcke-Hoppe und Konrad Merkel, eds., *Umweltschutz in beiden Deutschlands*, (Ost-Berlin, 1986), 123-130.

의서: 생태계 보호 기본 협정」의 채택에서부터이다. 1987년 9월 8일에 정식 서명한 협정은 동·서독과 서베를린에서도 무제한의 구속력이 있으며 생태계 보호와 모든 분야에서 협력을 추진하기로 합의하였다. 그리고 실질적인 협력을 위해 학술회의와 전문인·학자들의 접촉과 상호 간 정보 교환을 하기로 했다. 1986년 체르노빌 핵발전소 사고는 「동·서독 정부 간에 방사선 보호 분야의 정보와 경험 교환 협정」의 체결을 촉진시켜서 1987년 9월 8일 정식 조인되었다.

동·서독 간의 민간 차원의 대표적인 교류·협력으로는 1987년에 개최된 동독의 민간 기구인 '자연 및 생태계 보호 단체(Gesellschaft fur Natur und Umwelt: GANU)'와 서독의 민간 기구인 '생태계 및 자연보호 연맹 (Bund fur Umwelt und Natur)' 간의 회담이 개최되었다. 동·서독의 생태계 보호 민간단체들의 상호접촉은 베를린을 중심으로 이루어졌다. 1988년과 1989년에 동독 지역인 쇤베르크(Schönberg)에 소재한 폐기물 처리장 주위에서 개최된 바 있는 '서독 지역의 산업 쓰레기와 가정생활 쓰레기 유입 반대 공동 집회'가 대표적이다. 이러한 동독 지역 개신교 신자들을 중심으로 전개된 생태계와 평화운동은 동독 체제 전환의 결정적인 영향력을 발휘하였다.[4]

이상에서 동·서독 간의 생태계 분야의 직접 교류와 협력에서 도출된 시사점은 다음과 같다. 첫째, 동·서독 간의 생태계 분야의 교류·협력은 양측 간의 정치적 환경에 영향을 받았다. 둘째, 생태계 보호 기본 협정 체결을 해도 양측 간의 정치적 관계에 준해 시행 여부에 결정적인 영향을 미쳤다. 셋째, 동독은 생태계 정책을 서독으

---

[4] 동독 정권은 점증하는 생태계에 대한 시민적 관심을 국가가 통제하는 기구로 집중시키고 여과하기 위하여 GAU 1980년 발족하였다. 동 단체는 1980년대 말 6만여 명의 회원을 확보하였다.

로부터 기술과 재정 지원을 유도하기 위한 수단으로 활용하였다. 넷째, 양측 간의 생태계 협력은 제한된 분야지만 성취된 것은 서독이 동독 측의 사업비를 부담해 주고, 기술을 제공해줌으로써 추진되었다. 다섯째, 동·서독 간의 공적 교류 협력과 동시에 동·서독의 NGO 간의 교류가 큰 의미를 창출했다. 특히 개신교 신자들을 중심으로 전개된 생태계와 평화운동의 영향은 지대했다.[5]

동·서독이 처한 생태계 문제는 유럽을 비롯한 세계적으로 대응책이 모색되어야 할 문제였다. 그러므로 동·서독은 국제적인 생태계에 대한 교류·협력에 적극적으로 동참하여 해결책을 공동으로 모색하여야 했다. 그러나 아쉬운 것은, 동·서독 간의 생태계 협력이 국제 무대에서 원활하게 공조되지 못했다는 점이다. 1984년 북해 보호를 위한 '북해 보호 회의'를 서독과 유럽공동체가 개최하여 동독의 참여를 촉구하였으나 북해 오염 행위의 주범격인 동독의 불참으로 회의의 목적이 성취되지 못했다. 생태계 보존 문제에 있어서 동·서독 간의 정책 방향성과 시행 지침은 뚜렷한 차이를 보여주는데, 서독은 1986년 통일 유럽 헌장 제정으로 EC 공동 생태계 정책을 추진한 반면, 동독은 동유럽사회주의국가경제협력기구 COMECON 과의 협력을 도모하였다. 그러나 동독은 COMECON의 비효율적 운영으로 효과를 얻지 못하였고, 1988년 6월 바르샤바조약기구 회원국들이 '국제적인 생태계 안보'를 협의하고 결의하였으나, EC가 보여주었던 조직적인 협력 단계까지는 이르지 못했다. 이와 같이 동·서독은 UN기구 및 다른 여러 국제기구들과 다차원적인 교류·

---

5) 박종권, "북한의 환경 실태와 통일을 대비한 환경 정책 방향", (석사학위 논문, 경남대학교 행정대학원, 1998), 56.

협력을 추진하였으나, 동독의 생태계 개선을 위한 가시적 성과는 거두지 못했다. 그러나 이러한 협력을 통해서 1987년 동·서독 간에 '생태계 보호 기본 협정'이 체결되기에 이르렀다.[6]

필자가 위에서 살펴본 바에 의하면, 통일 이후 동독 지역의 생태계의 질(質)은 지속적으로 개선되고 있으나, 경제 활성화를 추구하는 경제개발 우선정책으로 인해 '생태계와 경제의 내적 통합 실현'에는 여전히 넘어야 할 장애물이 많다. 큰 어려움을 주고 있다. 나아가 동독 주민들의 소비 패턴이 변화되어 폐기물 배출량이 증가하였으며, 관광자원 개발과 도로공사로 인한 자연 생태계의 파괴라는 새로운 형태의 생태계 문제가 초래되었다. 동·서독의 생태계 정책 통합 과정에서 양 국가 간의 이질성이 있었는데 동독은 중앙집권적 체계로 되어 있어서 지방분권화 행정 체계에 적응을 위해 많은 시간과 노력이 요구되었기 때문이다. 그리고 급속한 동독 지역에 대한 생태계 관련 법규의 통합은 동독 주민에게는 혁명적인 사고 방식의 전환을 요구하였다.

동·서독 통일 정부가 막대한 통일 비용을 지불함으로써 통일 독일의 경제에 위기가 닥쳐올 정도였지만, 실상 경제 위기뿐만이 아니라 생태계 복구 비용과 보존 비용 문제도 간단하게 해결될 문제가 아니다. 즉, 생태계 보존을 위한 재정 능력은 약한 상태이고, 생태계 보존 대책을 수립하고 집행할 수 있는 전문 인력 또한 부족하다. 동독의 생태계 질(質)이 어느 정도 개선되고 있지만 서독과 동일한 수

---

6) Sicherheit und friedliche Zusammenarbeit in Europa - Dokumente 1972-1975 (West-Berlin, 1976), 546-547. 동독 의정서의 Basket 2에 생태계 보호가 규정되었으며, 대기 및 수질오염 대처, 유럽 해양 생태계 보호, 토양 보호, 자연보호 및 자연 보존지역 확산, 거주 지역 생태계 조건 개선, 생태계 변화 평가 및 기반 조사 등의 분야에서 서명국 간 공동협력을 추진하기로 합의되었다.

준이 되려면 장기간의 노력과 지속적인 투자가 요청된다. 통일 이후 독일이 제일 어려움을 겪었던 분야가 생태계 문제였다. 따라서 남북 통일의 궁극적인 목적이 한반도 주민의 인간다운 삶의 실현에 있고 이는 생태계 회복에서부터 시작된다는 인식이 요구된다.[7]

(2) 동·서독의 통일 과정을 통해선 본 생태계 정책의 시사점: 최상의 기술력 바탕 위에서 단계적으로 이질성 극복

독일 통일 사례는 생태계 정책의 통합이라는 측면에서 급진적 흡수 통합이 아닌, 단계적 통합 방안을 강구하는 것이 바람직하다 것을 시사해 준다. 즉, 단계적 통일 과정에서 남북한의 상호 이질성의 극복을 위한 다양한 프로젝트를 시행하며 생태계 법과 생태계 정책 문제를 비롯한 사회 체계 개선을 위한 다양한 프로젝트가 필요하다.[8]

동·서독 통일 정부가 막대한 통일 비용을 지불한 상태에서 생태계 보전을 위한 재정 지원에 한계를 보였듯이 재정 능력의 한계를 극복할 수 있는 생태계 통합의 방안을 강구해 나가야 할 것이다.[9]

동·서독 통일 과정에서 독일은 세계 최상급 생태계 복원 기술과 기계 제작 기술을 보유하고 있어서 생태계 보존을 위한 재원이 마련되었을 때, 즉시 생태계 보존을 위한 사업을 시행할 수 있었다. 남북한의 통일 과정에서도 남한이 북한의 환경오염 복구를 위해서 세계적인 생태계 복원 기술을 파악하여 적용할 뿐 아니라 한반도의

---

7) 손기웅, 『북한의 환경 정책과 실태』, 60.
8) 박종권, "북한의 환경 실태와 통일을 대비한 환경 정책 방향", 43.
9) 위의 논문, 43-44.

생태계에 적합한 생태계 복원 기술을 남북한 공동으로 개발하여 시행해야 할 것이다.[10]

동·서독은 충분한 재정 능력과 첨단 생태계 복원 기술까지 보유하고서도 생태계 투자에 비효율적이었는데, 남북한은 북한의 생태계에 대한 정확한 통계자료와 연구 조사 자료조차 충분히 확보하고 있지를 못하고 있다. 그러므로 가능한 수단과 방법을 총동원하여 북한 생태계 실태 파악과 자료 확보에 매진해야 한다. 이러한 작업은 통일 후 북한의 생태계 개선과 남북 통합형 생태계 행정 수립에 큰 기여를 할 것이다.[11]

2. 북한의 생태계 문제해결을 위한 접근 방식

(1) 한반도의 생태계 문제

북한에서의 생태계 파괴는 사회 전반적으로 묶이고 있는 현상이다. 한편, 남한도 사회 구조적인 생태계 문제를 안고 있다. 그러므로 통일 이후 경제의 도약과 삶의 질을 높이기 위해 생태계 회복은 절실한 과제이다. 남북한에 내재한 이념적 차이에도 불구하고 생태계 분야는 상호 공동 협력을 통한 접근 가능성이 양호한 교류 협력의 장이 될 수 있다.[12]

---

10) 위의 논문, 44.

11) 위의 논문, 44.

12) 본 내용은 김수곤 외 6인, 『통일 이후의 사회와 생활』, (서울: 미래인력연구센터, 1996), 211-241에서 인용.

생태학적인 면에서 남한의 현재 상황은 생태계 관리 문제가 심각하게 대두되고 있는 실정이다. 따라서 국민들의 생태계 의식을 고양시키고 국제적 역할을 증진시켜야 하는 시대적 소명을 수용해야 한다. 유조선 침몰과 바다의 적조 현상, 4대강에서 발생한 녹조 현상 등에서 보듯이 점차 심각한 생태계 문제에 직면할 가능성이 농후하다. 국제적인 정황은 갈수록 생태계 규제가 강화되고 있는데 반해, 남한은 국민의 소득 수준 향상으로 인해 여가 시설과 위락 시설이 급속하게 개발되어 가고 있어 자연 생태계의 파괴가 심각해져 가고 있다.

북한의 상황은 기아의 문제해결을 위해 개혁 개방을 통한 경제개발과 정치체제 안정을 추구해야 한다. 이러한 긴급한 실행을 위해 경제개발 정책이 생태계를 파괴하는 산업 체계를 독려할 우려가 있다. 또 개방에 의해 도시화가 촉진되어 생태계 파괴를 심화시킬 우려도 있다. 북한 지역은 우수한 관광자원이 있으며, 또 입지 조건이 스키장 등 여가 위락시설의 조건으로 탁월하기 때문에 외부 자본 유치를 위한 개방으로 인해 자연파괴가 심화될 우려가 있다. 특히 북한은 가정용 에너지가 부족하여 산림훼손 현상이 더욱 심하게 나타날 것이다.[13]

(2) 남북한 통일 한국의 생태계 정책의 과제와 추진 방향: 개선 사업 추진과 법 제도 정비 병행

남북한 간 민간 교류에 의한 생태계 개선 협력 방안은 생태계 보

---

13) 진상문, "북한의 환경문제와 남북 환경협력의 추진 방향", (박사학위 논문, 연세대학교 대학원, 1998), 33-34.

전형 경제협력을 추구하면서 북한 경제를 성장시켜 나가도록 협력해야 한다. 북한이 개혁 개방으로 인해 경제 발전의 효율화를 성취하지 못하면 생태계 문제에까지 관심을 보이는 것은 쉽지 않는 일이다. 그러므로 북한의 경제개발을 위한 협력은 필수적이며 동시에 경제협력을 어떻게 생태계 친화적으로 이끄느냐 하는 것은 더욱 중요하다. 그러기 위해 다음과 같은 정책 수립과 추진이 필요하다.

우선적으로 남북한 사이의 생태계 개선 사업은 다음과 같이 추진되어야 한다. 첫째, 오염도가 높은 공장과 산업 시설들의 폐쇄 둘째, 오염 지역 복구를 위한 공공투자 사업 확대 셋째, 적극적인 생태계 친화화인 산업 시설로서 현대화를 추진해야 한다. 그리고 생태계 오염 방지 시설을 조기 확충 사업으로 적극 지원하여 생태계 오염 배출을 줄여야 한다. 우선 생태계 복구 사업이 필요한 지역을 선정하여 생태계 개선 특별 대책 지역으로 규정하고 집중적인 지원을 해야 한다.[14]

생태계 개선 사업과 동시에 법 제도의 정비가 병행되어야 한다. 법 제도 정비는 다음과 같은 사항을 염두에 두고 시행되어야 한다. 첫째, 남북한 간의 생태계 법 적용의 유예 기간을 두어 북한 경제에 대한 타격을 줄여주어야 하며, 남한에서 북한에 신규 투자를 할 때는 남한과 동일한 법 적용을 하고 북한 지역의 상황에 따라서 점차 강화된 법 적용을 검토해야 한다. 둘째, 남북한 간의 생태계 규제를 위해서는 생태계 법에 생태계 기준, 배출 허용 기준을 적시해야 하고, 북한 지역 생태계 기초 시설을 확충하는 문제를 연구해야 하며,

---

14) 진상문, 위의 논문, 48.

에너지 전환으로 대기오염을 억제해야 한다. 또한 산림녹화 사업과 자연 생태계를 보전하며, 생태계를 훼손하지 않는 방식으로 투자 재원을 조달하는 방안과 배분 방식을 명시하는 생태계법 제정이 필요하다.

북한 지역의 우수한 관광자원에 대한 무분별한 개발 욕구가 분출될 가능성이 있으므로 엄격한 개발 규제가 필요할 것이다. 그리고 북한 지역의 난개발 방지를 위해 생태계 영향 평가 제도의 강화가 요청된다. 또한, 북한 주민에 대한 생태계 교육과 홍보를 강화해야 하며, 열악한 생태계 의식을 깨우치기 위해 생태계 전문가 충원을 위한 정책 개발이 필요하다. 또한 북한 지역의 하천 오염과 토양 정화를 위한 시급한 재원 조달에 대비해야 한다. 그 외에 동북아의 주변 국가와의 생태계 외교를 통해 개발과 생태계 보전에 대비하여 적절한 협력을 강화하고 생태계 외교의 전문화를 추구해야 한다.15)

3. 요약 및 평가: 생태계 통합을 위한 한국 교회의 과제

북한의 체제폭력으로 인해 파괴된 생태계를 회복하고 통일 이후 남북한 생태계 통합을 이루어 내기 위해서 한국교회가 일정 부분 그 역할을 감당해야 할 것이다. 몰트만은 '인간이 생태계를 굴복시켜 이용의 대상으로 만들었던 구조적 폭력에 의해 생태계가 파괴되어 왔다.'고 지적한다. 따라서 인간들이 생태학적 하나님의 정의가 실현되

---

15) 위의 논문, 48.

도록 생태 피조물의 일원임을 깨닫고, 피조 공동체를 향해 책임성 있는 사랑의 삶으로 다시 태어나야 한다고 주장한다. 그런 의미에서 만물의 다시 태어남은 인간에 의해 일방적으로 지배되던 상태가 아닌 인간과 생태계의 상호 관계성 하에 창조자이신 하나님과 화해를 통해 서로를 위한 정의로운 피조 공동체로 세워져가는 것이다.16)

인간은 생태계를 향한 폭력 행위를 멈추고 그리스도의 통치가 가능하도록 책임지는 공동체로 다시 태어나야 한다. 이렇게 다시 태어남은 호흡하는 생태계뿐만 아니라 호흡은 없지만 생명력이 있는 세계의 정치, 경제, 문화에까지 확대시켜야 한다고 본회퍼는 주장한다.17) "자연적 생명과 그 삶은 단순히 인간의 생명과 그 삶만을 의미하는 것이 아니며, 예수 그리스도의 오심과 생명의 가치를 지향하는 것은 자연, 피조세계 즉 생태계의 전 영역에서의 적용을 배제하지 않는다. 전 지구적 차원에서 일어나는 생태계의 파괴의 현상을 목도하면서 우리는 오늘의 시점에서 자기의 권리를 박탈당한 채 살아가는 존재가 생태계라는 사실을 알게 된다."18)

교회 공동체가 새 창조를 기다리지 않는다면 첫 창조를 헛되게 하는 것이 되고, 새 창조를 선취하기 위해 노력하지 않으면 창조적인 생명력을 잃게 될 것이다. 그러므로 한국교회는 하나님의 말씀으로부터 새 창조의 능력을 위임 받은 '생태 목회'로써, 파괴된 남북한의 생태계를 회복하며 통합적 생태계로 화해를 추구하는 방향으로 통일 이후의 때를 준비해야 할 것이다. 이를 위해서 피해자인 생태 피

---

16) 위르겐 몰트만, 『희망의 윤리』, 249-251.

17) 디트리히 본회퍼, 『창조와 타락』, 173.

18) 고재길, 『한국교회, 본회퍼에게 듣다』, 221.

조물을 위한 실제적 법안을 만들고 이 법안이 채택되어 통일 이후 통합적인 생태계 조성이 이루어질 수 있도록 한국교회가 일정 부분 그 역할을 감당해 나가야 할 것이다. 통일 과정에서 북한에 나무심기와 DMZ 세계 평화공원 조성을 위한 노력들도 하나의 대안이 될 수 있을 것이다.[19] 또한 '금강산-DMZ 생태 관광 계획', '금강산-설악산-민통선 지구의 생태 관광자원과 공동관리' 등 남북한 공동의 생태 자원 보전을 위한 구체적인 안들이 마련될 필요가 있다.[20]

다음 7장에서는, 몰트만, 본회퍼, 사이더의 신학 이론적 분석의 틀과, 통일 독일과 남아공의 과거사 청산 사례를 참고하여 북한 체제폭력으로 발생한 경제적 가난의 문제를 토지 제도 개편을 통해서 극복하기 위해, 한국교회의 통일목회가 나아갈 방향성은 성서의 희년제도에 입각한 토지 정의구현이라는 관점을 피력하겠다.

---

19) 박삼경, "남북한 평화통일의 모습들", 『통일 시대로 가는 평화의 길』, (서울: 열린 서원, 2015), 204-206.

20) 손기웅, 『북한의 환경 정책과 실태』, 54.

제7장

북한의 체제폭력 청산을
위한 한국교회 역할:
북한의 토지개혁

통일 이후 북한의 경제체제 전환을 위해서는 무엇보다도 토지개혁이 급선무다. 필자는 이를 위해 먼저 토지공유제를 고찰하고자 한다. 즉, 필자는 통일 후 북한 지역 토지 제도 개편 시, 성서의 희년제도 정신에 부합한 토지공공임대제 도입의 당위성을 논증하고자 한다.[1] 이미 사유화된 남한의 경우, 토지공공임대제를 당장 도입하고 싶어도 여러 여건들이 우호적이지 않다. 오히려 보유세 강화가 더 실효성이 있는 정책인 것이다. 반면, 북한의 경우는 토지가 국유화 되어있기 때문에 토지공공임대제와 같은 토지 정의실현 정책의 구현이 가능하다. 이미 북한은 경제특구와 개발지구를 중심으로 토지공공임대제를 일부 시행하고 있는 것도 사실이다. 하지만 중국을 모델로 시작했기 때문에 이에 따른 부작용과 문제점이 노출되고 있다.[2] 이에, 중국 사례의 문제점을 중심으로 살펴보고자 한다.

한국교회는 희년제도 실천에 따른 토지공공임대제 도입과 법 제

---

1) 물론 토지공공임대제의 도입은 통일 방식이 합의 통일 혹은 북한의 국가성을 인정한 흡수 통일을 할 때 적용할 수 있다. 흡수 통일이 되어 북한을 국가로 인정하지 않을 경우 남한의 토지 사유제가 북한의 몰수 토지에도 적용되어야만 한다. 이에 따라 토지공공임대제 적용이 거의 불가능하다.

2) 김윤상 외, 『헨리 조지와 지대 개혁』, (대구: 경북대학교출판부, 2018), 309-310.

정을 위한 청원 운동 등, 다양한 방법으로의 통일 목회를 감당해 나가야 한다. 토지공공임대제 도입과 법 제정을 위한 분위기 조성 일환으로 한국교회가 우선적으로 북한에 두고 온 토지의 소유권을 희년 정신에 입각해 포기하는 운동을 전개해야 한다.

1. 토지공공임대제의 일반적 정의

(1) 토지공공임대제란 무엇인가

김윤상은 민법에 규정짓고 있는 소유권의 권능, 즉 수익권, 사용권, 처분권 중 어떤 권능을 사적 주체에게 귀속시킬 것인가에 따라 토지 소유 제도 유형을 토지사유제, 지대조세제, 토지공유제, 토지공공임대제로 구분하여 제시했다. 헨리 조지가 1879년 『진보와 빈곤』에서 처음 제안했던 지대조세제는 토지사유제의 폐단을 해결하기 위한 것이다. 지대 조세제는 현재 토지 소유주는 그대로 인정하면서 수익권에 속하는 지대에 세금을 징수하여 환수하려는 것이다.[3] 토지공유제는 북한의 토지국유제와 비슷하며, 세 가지 권능 모두가 국가나 공공에게 귀속되는 유형이다. 토지공공임대제는 토지 사용권을 개인에게 일정 기간 임대하여 지대를 받는 제도로서, 토지공유제에 시장경제 시스템을 도입한 방식으로 북한처럼 국유화된 사회주의 경제체제에 있는 국가들이 시장경제로 제도 개선을 하기에 최고로 적합한 유형인 셈이다.[4]

---

3) 헨리 조지, 『진보와 빈곤』, 김윤상 역, (서울: 비봉출판사, 2016), 405-412.
4) 김윤상 외, 『헨리 조지와 지대 개혁』, 291-292.

헨리 조지가 제안한 지대조세제는 국가가 시장임대료에 해당되는 지대를 토지 소유자에게 매년 조세로 징수하여 정부의 우선 수입으로 잡는 제도이다. 헨리 조지는 진보 속의 빈곤 문제를 근본적으로 해결하기 위한 처방책으로 사유화된 토지를 공유화한 후 최고 지대 청약자에게 토지사용권을 분배하는 토지공공임대제 실시의 필요성을 지대조세제 주장에 앞서 먼저 제기했었다. 헨리 조지가 주창한바 토지공공임대제는 국가나 시 정부가 토지 전체를 소유하여 지대를 토지사용자에게 징수하는 제도이다.[5]

헨리 조지가『진보와 빈곤』에서 제안하고 있는 토지공공임대제를 정리하면, 토지사용권은 경매를 통한 방식으로 최고가 청약자에게 이전하고, 토지사용권을 국가가 확실하게 보장한다. 지대 징수는 매년 단위로 하며, 환수된 지대는 공공이익을 위해 사용한다. 그 대신에 토지사용권자가 자신의 노동과 자본 투자로 취득한 개량물에 대해서는 확실하게 보호해 준다. '토지공공임대제'나 '지대조세제' 모두 지대의 공적 환수라는 목적에서는 동일하다. 단지 적용 방법에 있어서 남한과 같이 토지 사유제가 실시된 나라에서는 지대 조세제를 실시하고, 북한과 같이 토지가 국유화된 나라에서는 지대를 임대료로 대처한 토지공공임대제의 적용이 효율적일 것이다.[6]

(2) 토지사유제의 부정의성

헨리 조지는 토지사유제의 부정의성에 대하여 주장하기를 "토지

---

5) 위의 책, 292-293.
6) 위의 책, 293-294.

의 개인소유를 인정하면 다른 개인의 자연권을 부정하게 된다. 이 잘못은 반드시 불균형한 부의 분배로 나타난다."[7]고 역설하였다. 토지사유제를 정당화하기 위해서는 어떤 특정한 사람은 다른 사람보다 우월하다는 객관적인 자료와 이론에 바탕을 두어야 한다. 토지 사용에 대한 모든 인간의 권리에 있어 평등성은 명백하며 인간 존재 그 자체가 이를 입증한다. 인간이 창조주의 걸작품으로써 이 땅에 존재한다는 것은 창조주께서 인간에게 다스리라고 맡겨주신 땅을 비롯한 모든 생태계까지 평등하게 사용할 수 있는 권리를 갖는다. 이것은 누구에게 양도할 수 없는 자연적인 권리이다.[8] 토지사유제를 받아들여 한 사람이 다른 사람의 삶의 터전인 땅을 배타적으로 소유한 순간부터 지배와 피지배의 상태가 형성될 것이고, 물질적 진보가 가속화 될수록 빈익빈 부익부 현상은 극심해질 것이다.[9]

헨리 조지는 토지사유제야말로 토지공유제의 최고의 적이자 걸림 돌이라고 지적하면서 토지를 사유화하면 토지를 적절하게 사용하는데 방해되며, 토지소유자가 사용할 의사나 능력이 없는데도 다른 사람이 토지를 개량하거나 사용하지 못하게 됨으로써 땅이 유휴화 된다고 한다.[10] 남한의 토지사유제는 만성적 투기를 부추기고 불로소득 조장으로 말미암아 빈부 격차를 심화시켜 계층 간 갈등을 야기한 주범이다. 그렇다고 북한처럼 토지국유화를 통한 공동사용도 효율적이지 못하다. 따라서 현실적인 북한 경제체제에서 토지공공임대제가 필요하다.

---

7) 헨리 조지, 『진보와 빈곤』, 347.
8) 위의 책, 344.
9) 위의 책, 362.
10) 위의 책, 405-406.

2. 토지공유제의 제(諸) 유형

(1) 사회주의적 토지소유권

마르크스는 인간을 소외시키는 현상의 원인을 사유재산권의 존재로 보면서, 평등한 이상 사회 건설을 위해서 생산수단의 사회화를 추구해야 한다고 주장했다. 즉 사유재산이 자본주의 죄악의 근원임으로 노동자를 착취하고 인간 소외의 근본 원인인 토지 소유권을 전면적으로 폐지하여 무산자 계급의 해방을 완성하는 프롤레타리아 혁명은 필연적일 수밖에 없다고 주장했다. 그는 이러한 문제점을 극복하기 위해 토지공유제(公有制)를 주장하였다.

사회주의적인 토지소유제도는 토지에 대한 착취적인 개인의 소유권을 철폐하고, 토지소유권을 국가와 협동 단체에만 부여하고, 개인에게는 소비재에 한해서만 소유권을 부여하고 있다. 그러나 중국과 베트남은 사회주의적 토지제도의 경직성을 보완하고자 토지 이용권을 도입하여 외국 투자자와 자국민에게 토지를 일정하게 점유하여 사용하고 수익을 창출할 수 있는 권리 보장을 해 주고 있다. 토지 이용권 제도는 사회주의 원칙인 토지의 국유화를 고수하면서 국민에게 장기토지이용권을 부여하여 토지 생산성을 증대하고, 외국 투자기업에게는 토지이용세를 부과하여 국가재정 확보를 위한 큰 역할을 가능하게 하고 있다.[11]

---

11) 유민정, "북한 경제특구 법제 연구", (박사학위논문, 이화여자대학교 대학원, 2007), 97-98.

(2) 헨리 조지의 토지공유제

헨리 조지는 가난의 문제를 근본적으로 해결하고 노동자의 임금 정의 실현을 위해서는 토지공유제가 그 해결책이라고 주장하였다.[12] 그는 토지공유제를 위해 토지를 몰수하거나 매수하는 부정의한 방법이 아닌, 지대환수를 제기한다. 이는, 지대를 징수한 후 그 재원을 공공 경비에 사용하자는 것이며, 모든 지대에 조세를 징수하되 지대조세 이외에 부과되는 조세는 모두 철폐할 것을 강조한다.[13]

물론, 토지공유제에 따른 외형상의 변화는 조금도 발생하지 않는다. 원래 토지보유자는 토지를 현재의 상태로 가지고 있으면서 매매도 할 수 있고 필요에 따라 유증, 상속도 자유롭게 할 수 있다. 단지 지대만 환수하는 것이기 때문이다. 정부 또한 토지 임대문제에 불필요한 인력과 기구를 낭비할 필요가 없다. 따라서 이에 따른 특혜가 사라지고 각종 청탁으로 인한 부패도 근절 된다. 기존 조직과 기구와 인력으로도 운영이 가능하기 때문에 정부 조직을 새롭게 개편하거나 확대할 필요도 없고, 이를 위한 추가 비용이나 손실도 발생하지 않는다. 오히려 지대 징수를 통하여 발생하는 재원을 국가의 공공경비에 사용함으로써 토지에 대한 공동의 권리를 누릴 수 있다.[14]

토지공유제를 통해 국가가 국토의 지주가 되지만, 형식상 토지소유권은 현재 개인에게 그대로 존속된다. 토지소유권 박탈이라는 혁명적 조처도 불필요하며 개개인의 토지소유량을 임의로 조절할 필요도 없다. 국가가 지대 조세를 징수하기 때문에 국가가 실질적인

---

12) 헨리 조지, 『진보와 빈곤』, 334-335.
13) 위의 책, 409-410.
14) 위의 책, 409-410.

토지 소유를 하며, 사회 구성원 모두에게 소유의 이익이 돌아가게 된다. 물론 여기에서 발생한 소유의 이익도 다양하게 발생한다. 근본적인 가난의 해결로서, 빈민층이 줄어들며, 높은 임금의 일자리들이 창출되고, 이에 따라 적재적소에 필요한 인재 양성을 하게 된다. 또한, 자본소득의 향상으로 범죄가 줄어들고 도덕적인 사회로 거듭나며, 깨끗한 정부가 탄생됨으로써 개인의 취향과 지성을 고양시키며, 문명의 가치를 승화시킨다.15)

(3) 희년 정신에 따른 토지공유제

성경에서는 토지가 하나님의 것이기 때문에 모든 사람에게 토지에 대한 평등한 권리가 주어졌다고 말한다. 성경은 세 가지 규정을 통해 평등지권의 정신을 제도화하여 인간의 삶 속에서 정착시켜 나가고자 한다.16)

첫 번째, '지계표 이동 금지 규정'으로 토지의 경계표를 자의적으로 옮기지 말라는 것이다. 하나님께서 "네 이웃의 지계표를 옮기는 자는 저주를 받을 것이다."(신27:17)라고 말씀하셨다. 지계표를 옮기는 것은 다른 사람의 생존권을 침해하고, 기본적인 자유를 박탈하는 행위이기 때문이다.

두 번째는 토지에 대한 영구 매매금지 규정이다. 하나님께서 "토지를 영영히 팔지 말라"(레25:23)고 말씀하셨다. 성경에서 토지매매 자체를 원천적으로 금지한 것은 아니었으며, 상황에 따라 사람들이

---

15) 위의 책, 410.

16) 남기업 외, 『희년, 한국 사회, 하나님 나라』, (서울: 홍성사, 2016), 255-256.

토지를 사고 팔 수 있었는데, 이는 한시적인 매매만을 허락한 것으로서, 50년마다 찾아오는 희년까지 사용권만 사고파는 것이다.[17]

세 번째는 무르기 규정인데,[18] 희년이 도래하기 전이라도 토지를 되돌려 받을 수 있다. 가까운 친족이 대신 사주거나, 그럴 친척이 없을 경우, 가족끼리 돈을 모아서 다시 사올 수 있게 하는 제도이다.[19]

이와 같이 희년이 되어 토지를 원소유주에게 다시 돌려주는 것이 바로 정의이며, 토지를 반환하지 않은 처사는 불의를 저지른 것이라 할 수 있다.[20] 남기업[21]은 정의 가운데 핵심을 토지정의로 보았다. 토지 정의는 세금이라는 방법을 통해서 구현하는 것인데, 토지세만이 아닌 조세제도 전반에 따른 제도개혁을 통해서만 가능하다. 세제개혁에 따른 세 가지 원칙을 보면, 첫째 원칙은 토지 중심이다. 이는 건물보다는 토지에 세금을 부과하는 것이다. 둘째 원칙은 보유세 중심으로서, 거래가 아닌 보유에 세금을 집중시킨다. 셋째 원칙은 토지 보유세에 집중하는 대신 다른 세금을 감면하여 경제적 부담을 덜어주는 조세 대체 적용이다.[22]

---

17) 대천덕, 『대천덕 신부가 말하는 토지와 경제 정의』, 전강수, 홍종락 역, (서울: 홍성사, 2003), 16-18, 42-44.

18) '무르기'는 예수 그리스도의 예표이기도 하다. '속죄'의 영어식 표기가 바로 'redemption(무르기)'이다. 예수님은 스스로 우리의 구속자 즉 근족이 되어 우리를 위해 피를 흘려 값비싼 대가를 지불하셨다. 이로 인해 마귀의 종에서 해방되어 하나님 나라의 기업 무를 자가 된 형제자매들끼리 신실한 가족 공동체를 이루게 된 것이다.

19) 대천덕, 『대천덕 신부가 말하는 토지와 경제 정의』, 18, 25-27.

20) 남기업 외, 『희년, 한국 사회, 하나님 나라』, 256-258.

21) 남기업, "통일 이후의 북한 토지제도의 개선 방향", 『기독교와 통일』3 (2009), 345-367. 남기업은 2005년 헨리 조지 사상으로 박사학위 논문을 썼으며, 2007년 토지+자유연구소 설립에 참여해 2009년부터 소장을 맡고 있다. 그는 "경제 정의 없이 사회정의를 달성할 수 없으며, 경제 정의의 기초는 토지정의"라고 단언했다.

22) 남기업 외, 『희년, 한국사회, 하나님 나라』, 258-276.

3. 북한 경제체제의 토지제도 개편과 공공임대제

(1) 중국에서 시행한 토지공공임대제 문제점

중국은 토지사용권을 다섯 가지 방식으로 민간 양도를 시행했다. 유상양도 방식은 출양방식, 연조방식이고 무상방식은 행정배정 방식, 기업출자방식, 수탁경영방식이다. 이 중 두 가지 방식을 살펴보면, 출양 방식은 토지사용자가 토지 출양금을 지방정부에 일시불로 지불하는 방식이다. 연조방식은 출양 방식의 문제점을 보완하여 토지 사용료를 매년 납부하는 방식이다.[23)]

유상매각 방식을 하는 경우, 토지사용권에 대한 가격이 입찰방식과 경매방식이 아닌 협의방식으로 결정되므로 시장가격보다 토지사용권에 대한 가격이 훨씬 낮게 설정되는 문제가 발생한다. 임대 방식의 실행은 토지공공임대라는 이상에는 부합하지만, 토지지대를 정상적으로 징수하지 못한 결과, 중국의 도시 토지 시장에서 토지사용권 확보를 위한 부정부패, 공공임대료 및 시장임대료의 차액을 겨냥하는 토지투기가 발생하고 있다.[24)] 그런데 지대와 관련한 토지사용권 시장의 문제점은 크게 두 가지로 볼 수 있다.

첫째, 개혁 개방 이전, 국유 기업들이 행정배정방식으로 토지사용권을 무상 획득한 후 지속적으로 지대를 유지하는 구조다. 둘째, 지대를 일시불로 납부해야 하는 출양방식은 부동산 구입자와 토지 개발업자들로 하여금 목돈마련을 위한 재정적 부담을 갖게 한다. 목돈마련을 위해 부동산 담보대출을 받는 과정에서 부동산 거품이 조장

---

23) 김윤상 외,『헨리 조지와 지대개혁』, 298-300.
24) 전강수, "북한 지역 토지제도 개혁 구상",『통일문제연구』19 (2007), 212.

되고, 급기야 부동산 투기가 발생된다. 이에, 급속한 경제 성장을 예측하지 못하고 미래 수십 년 후의 지대를 추정하여 총지대액을 결정하기 때문에 재정 수입 손실을 초래하며, 지속적이며 안정적인 재정 수입의 원천을 포기해야 한다.

이러한 문제점은 몇 가지 측면에서 토지사유화 경향을 초래하고 있다. 즉, 지대가 사유화 된다. 주택건설용지 토지사용권이 자동으로 연장되며, 도시 주택이 합법화 된다. 또한, 토지사용권 만기로 토지 출양금 재납부 여부가 시비 대상이 되고 있으며, 이를 해결하는 것이 중국이 추진하고 있는 토지공공임대제의 큰 과제다. 이것은 남북통일 이후 북한 토지제도 개편에 커다란 시사점을 던져 준다.[25]

(2) 북한 토지공공임대제 시행에 대한 예상 효과

토지를 누가 소유하고 있느냐 여부보다는 투기차익에 준하는 지대를 국가가 제대로 환원하자는 것이 토지공공임대제의 정신이다. 이러한 토지공공임대제 시행 시 예상되는 효과를 살펴보자.

첫째, 사회기반 시설의 구축을 용이하게 해 준다. 아담 스미스의 주장처럼 시장경제의 장점은 공익과 사익의 조화를 이루는 것이다.[26] 토지가격이 제로(Zero)이기 때문에 국가 차원의 토지 보상비 지출이 거의 발생하지 않는다. 또한 사회기반시설을 구축하면 주변 토지 가치 상승효과가 발생하는데 그것을 임대료 책정에 반영시켜 투자비용을 회수하는 순환구조가 형성된다.

---

25) 김윤상 외, 『헨리 조지와 지대 개혁』, 306-307.
26) 김광수, "근대 시민사회에서 사익과 공익의 양립 가능성에 대한 제 사상", 김광수 외 2인, 『정치경제학과 경제주의』, (서울: 서울대출판부, 1997), 참조.

둘째, 농업 생산량의 비약적 증산을 가능하게 한다. 중국의 경우, 불완전한 임대제를 시행하였는데도 불구하고 비약적인 생산량 증가로 이어진 것은 "노동과 그에 따른 보상과의 상관성을 높인 생산 조직 방식의 변화가 초래한 결과"라는 데에 주목할 필요가 있다.[27]

셋째, 토지공공임대제에서는 토지투기가 원천적으로 자리 잡을 기회가 없어진다. 현재 북한 내에서 수익성이 가장 높은 사업으로는 아파트 건축과 부동산 임대사업을 꼽을 수 있는데, 정부 관료와 돈주들이 결탁하여 불법으로 매매를 성사시키고 있으며, 막대한 불로소득을 향유하고 있는 실정이다. 따라서 북한의 지속 가능한 경제체제 전환을 위해 토지공공임대제 시행이 필요하다.[28]

넷째, 토지공공임대제는 토지공유제와 시장경제 시스템을 효과적으로 결합한 것이다. 경매 시장을 통해 토지사용권을 누구나 낙찰받을 수 있으며, 자유롭게 이용 및 매매할 수도 있는 점에서 시장 친화적인 제도이다. 이 제도는 북한과 같은 사회주의 국가에서 채택하여 운용하면 큰 실효성을 거둘 수 있다.[29]

---

27) 장윤미, "개혁 개방에 관한 비교 사회주의 연구: 중국과 러시아의 체제 전환", 『한국과 국제 정치』23 (2007), 154.

28) 김윤상 외, 『헨리 조지와 지대 개혁』, 312.

29) 한겨레 21 [제1216호], "정의롭고 시장 친화적인 공공 토지 임대제를" http://h21.hani.co.kr/arti/economy/economy_general/45478.html

4. 통일 한국의 토지 정책의 방향성과 한국 교회의 역할

(1) 통일 한국의 토지 정책의 고려 사항

토지사용권은 경매, 입찰 등 시장 경쟁 방식을 통해 분배하며, 이때 생계비 지수, 물가상승률, 경제성장률 중 최적의 지표를 연동시켜 시장 지대를 결정하며, '시장 지대'를 매해 징수하되, 공공기관은 회계상 지대를 납부하게 하여 경제 전체에서 차지하는 지대 총액의 규모를 제대로 파악함으로써 매년 객관적인 시장 지대 재평가를 통한 도시 경영의 수요를 만족시켜 나가고, 부동산 거품을 차단하여 부동산 투기의 근원을 없앤다. 또한, 지대 이외의 대상에 부과한 모든 조세는 공제한다.[30]

개인과 기업 및 공동체의 합법적인 토지사용권을 보호한다. 토지사용자가 현재의 토지 사용을 계속 원하고, 정부도 공공이익을 위한 토지 이용에 대한 특별한 계획이 없는 경우, 이를 재평가하여 재조정된 시장 지대를 납부하는 원칙하에 기존 사용자가 계속 사용할 수 있는 권리를 준다. 또한 공공이익과 도시계획상 불가피하게 토지사용권을 회수하게 되는 경우도 남은 기한과 건축물의 가치에 합당한 보상을 실시한다. 사용권 기한은 해당 지역의 도시계획 수립 주기에 따라 그 배수로 정하며, 토지사용자는 재임대, 양도, 상속, 증여할 수 있다.[31]

토지문제는 오늘 남북 분단에 커다란 원인으로 작용했다. 조선

---

30) 김윤상 외, 『헨리 조지와 지대 개혁』, 312-314.
31) 위의 책, 313-314.

말 특권층들이 자행한 농민 수탈은 토지독점에 따른 병폐였고, 마침내 일제에 나라를 빼앗겼다. 일제의 산물인 지주-소작제는 해방 후 사회 갈등을 최고조로 증폭시켰고, 토지문제 해결에 있어 시각이 다른 방법론으로 말미암아 남과 북이 갈라져 이념적 대립 끝에 6.25 전쟁을 치르면서 분단이 고착되었다. 한 나라의 건강한 토지 제도야말로 나라의 번영과 평화를 기약하는 필요충분조건인 셈이다. 이런 맥락에서 필자는 헨리 조지가 제시한 토지공공임대제를 통일 한국의 토지 정책의 대안으로서 제안한다. 남한은 나름대로 지대 조세제로(Zero) 토지제도를 개혁해 나가고 북한은 중국 사례의 한계로 지적된 일시불 납세방식을 지양한 토지공공임대제로 개혁해 나가다 보면, 남북한은 공히 '지대 공유'에서 만나게 될 것이다. 이것이 토지의 관점에서 고려할 통일 한국의 토지 정책의 핵심 사항이다.[32]

(2) 희년제도 실천을 위한 한국교회의 역할

남기업은 토지 정의 구현을 위해서 교회는 무엇을 할 것인가에 대하여 말하기를 "희년 말씀으로 돌아가기 전, 우리는 우리 안에 깊게 뿌리내린 '패배주의'를 극복해야 한다. 하나님께서는 '하나님 나라와 정의를 최우선으로 구하라'(마 6:33)고 명령하셨음에도 불구하고, 실현 불가능하다고 여기고 있는 잘못된 믿음을 회개해야 한다. 하나님 나라와 의를 구하는 것은 얼마든지 가능하고 그걸 위해 애쓰는 것이 진보적인 믿음이 아니라 성경적인 믿음임을 다시 확인해야 한다. 패배주의에 빠져 있는 신앙을 영적인 것처럼 위장하고 그

---

32) 위의 책, 314-315.

것을 보수적 신앙으로 간주하는 오류에서 벗어나야 한다."[33]

남기업은 패배주의를 극복하기 위해 교회가 먼저 철저하게 회개하고 말씀에 입각해서 변해야 한다고 주장했다. 그 구체적인 예를 네 가지 변화를 주문하였는데, "첫째는 기도 내용의 변화다. 우리의 기도는 취직, 결혼, 친구 관계, 질병, 상한 감정의 치유 등, 지나치게 사적이고 개인적인 영역에만 머물러 있다. 다시 말해서 희년의 말씀이 이루어질 수 있도록 주님께 간구해야 한다. 둘째로 목회자는 희년을 공부하고 성도들에게 희년을 지킬 수 있는 자세한 방법을 가르치고 설교해야 한다. 셋째는 하나님의 놀라운 법인 희년의 말씀을 이해하고 이웃에게 전해야 한다. 넷째는 정의의 제도화를 위해 교회가 사회에 거룩한 영향력을 행사해야 한다."[34]

남기업은 이러한 희년정신을 회개와 더불어 삶 속에서 실천하기 위하여 한국교회에 다음과 같은 실천적 방안을 제시하였다. "첫째, 집을 여러 채 소유한 사람들은 전월세를 올리지 말아야 하고, 더 나아가 돈 벌기 위해 산 땅과 부동산을 팔아서 구입했을 때의 원금과 소유 기간 동안의 이자만 제하고 나머지는 이웃과 나눠야 한다. 둘째는 교회가 희년기금을 조성해서 불의의 희생자들을 돌보는 사역을 해야 한다. 조성된 희년기금으로써 인상된 전월세금이 없어 고통당하는 성도들, 실직자들 그리고 부채로 고통 당하는 성도들을 대신해서 부채를 갚아 주는 일도 해야 한다. 자신에게 빚진 가난한 사람이 6년이 지나도록 [빚을] 갚지 못하면 [그] 빚을 탕감해 주어야 한다."[35] 결과적으로, 이와 같은 희년정신을 가슴에 품고 실천적 삶을

---

33) 남기업 외, 『희년, 한국사회, 하나님 나라』, 288.
34) 위의 책, 289-290.
35) 위의 책, 291-292.

사는 그리스도인과 교회를 통해 하나님 나라는 임할 것이고 희년의 말씀은 성취될 것이다.

사이더는 하나님의 토지법에 대한 이야기로 가난에 대한 해결책을 제시한다. 레위기 25장과 신명기 15장은 성경에서 하나님이 기회의 균등을 얼마나 중요하게 생각하셨는지를 보여준다. 레위기에서 희년제도는 50년마다 땅을 원래 소유주에게 돌려주고, 신명기 15장에서는 빚을 7년마다 탕감해 주어야 한다고 한다.

하나님은 50년마다 원래의 소유주에게 땅을 돌려주어야 한다고 말씀하셨다. 하나님은 기본적인 자원이 부족해서 사람들이 가난해지는 것을 원하지 않으신다. 그러므로 하나님의 백성들 가운데 어떤 사람도 땅을 영원히 잃어버리지 않게 하기 위하여 보장하는 법을 만들어 주셨다. 50년마다 원래의 소유주에게 땅을 돌려주어 모든 사람들이 충분히 생산 자원을 가질 수 있도록 하나님이 정해 주셨다(레 25:10-24). 이 놀라운 명령은 바로 여호와가 모든 만물의 주인이며, 토지의 주인이심을 기억하도록 하는 신학적 기초가 된다고 말한다. "토지를 영구히 팔지 말 것은 토지는 다 내 것임이니라. 너희는 거류민이요 동거하는 자로서 나와 함께 있느니라."(레 25:23)

모든 토지는 하나님의 것이며, 하나님은 그 땅에 살며 경작하고, 먹고, 아름다움을 즐기도록 그들의 백성들에게 허락하셨고, 그 백성들을 청지기로 살도록 하셨다. 이러한 청지기 정신은 토지와 경제자원과 관계에 대하여 모든 성경적인 이해의 중심이 되는 신학적 범주 가운데 하나이다. 희년의 전후에는 땅을 사고 팔 수 있었지만 토지를 사는 사람은 땅을 사는 것이 아니라 그 땅의 수확물을 사는 것이다(레 25:16). 그리고 다음 희년까지 산출한 수확물에 대하여

공정한 가격을 무시하고 더 받으려고 하는 사람에게는 하나님의 재앙이 닥친다.[36]

신명기 15장의 말씀은 7년마다 땅과 노예, 그리고 채무자들을 해방시킬 것을 요구한다. 율법은 7년마다 토지를 그대로 놓아두라고 명령하고 있는데,[37] 그 목적은 생태적이고 인도주의적인 목적을 지니고 있다. 또한, 7년마다 곡식을 심지 않으면 땅이 회복된다고 하며, 하나님은 가난한 사람들에게 언제나 관심을 가지신다고 말한다. "너는 여섯 해 동안은 너의 땅에 파종하여 그 소산을 거두고 일곱째 해에는 갈지 말고 묵혀두어서 네 백성의 가난한 자들이 먹게 하라." (출 23:10-11) 하나님은 7년째에 가난한 사람들이 들과 포도원에서 자라나는 것을 마음대로 모을 수 있도록 허락해 주셨다(신 15:9-11).

희년과 마찬가지로, 안식년에 빚을 면제해 주는 것은, 소수의 많은 재산을 소유한 사람들과 가난한 사람들 사이의 간격이 벌어지는 것을 방지하기 위한 제도적 장치임을 사이더는 말하고 있다.[38] 이스라엘 백성들이 바벨론 포로로 잡혀가게 된 이유 가운데 하나가 이 법에 순종하지 않았기 때문임을 말하고 있다(예레미야 26:34-36; 역대하 36:20-21). 가난을 줄이는 제도적인 장치를 마련해야 하는 것은 하나님의 백성을 향한 그 분의 뜻이다.[39]

사이더는 애굽인들이 이스라엘 백성을 대한 것처럼 고아와 과부, 나그네를 대해서는 안 된다고 하나님이 명령하셨음을 말하면서[40]

---

36) 사이더, 『이것이 진정한 기독교다』, 109.

37) 출애굽기 23:10-11; 레위기 25:2-7.

38) 사이더, 『이것이 진정한 기독교다』, 114.

39) 위의 책, 115.

40) "너는 이방 나그네를 압제하지 말며 그들을 학대하지 말라. 너희도 애굽 땅에서 나그네였음

하나님이 출애굽 할 때에 가난한 사람들을 돌보셨던 것처럼 이스라엘 백성들은 가난한 사람들을 사랑해야 한다고 말한다.[41]

해결책으로 레위기 25장에 기록된 것처럼 50년마다 원래의 소유주에게 돌려주어야 한다고 말씀하신 것과 신명기 15장에 명령한 것처럼 7년마다 빚진 것을 탕감해주는 것을 예로 든다. 그렇게 해야 하는 신학적인 이유는 하나님이 모든 소유의 주인임을 강조하고 있다. 이에 근거하여 한국교회가 북한의 원토지소유권자들을 상대로 토지소유권 포기운동을 전개한다면 물리적 통일을 넘어서서 국민 심성적 통합과 경제통합, 신앙통합에까지 기여하는 한국교회가 될 것이다.

5. 요약 및 평가

헨리 조지가 1879년 『진보와 빈곤』에서 처음 제안한 '토지공공임대제'는 사유화된 미국의 토지를 공유로 되돌린 뒤, 시장경제 방식으로 최고 임대료를 제시한 청약자에게 재산권이 안정적으로 보장되는 토지사용권을 주자는 것이다. 헨리 조지는 땅에서 얻는 불로소득이 경제적 불평등의 뿌리라고 보았고, 이를 해소하기 위한 해결책이 '토지공공임대제'라고 했다. 미국의 토지 전체를 공유제로 바꾸는데 어려움이 있기 때문에 현실적으로는 강력한 보유세를 부과하

이라. 너는 과부나 고아를 해롭게 하지 말라. 네가 만일 그들을 해롭게 하므로 그들이 내게 부르짖으면 내가 반드시 그 부르짖음을 들으리라. 나의 노가 맹렬하므로 내가 칼로 너희를 죽이리니 너희의 아내는 과부가 되고 너희 자녀는 고아가 되리라."(출애굽기 22:21-24)

41) 사이더, 『이것이 진정한 기독교다』, 158.

는 지대조세제를 먼저 제안했다. 시장임대료 수준의 보유세를 해마다 무겁게 물려, 땅 주인이 누리는 불로소득을 사회로 환원하자는 것이다. 이는 가장 적극적인 형태의 토지공개념이라고 할 수 있다.

하나님은 레위 지파 외의 모든 지파에게 골고루 땅을 분배하시고 땅을 임의로 거래하지 못하게 하셨다. 토지가 거래되면 토지의 부가 소수에게 집중될 가능성이 있고, 토지를 상실한 사람은 노예와 같은 삶을 살게 되기 때문이다. 희년 규정에는 부득불 토지가 매매되더라도 50년마다 원토지 소유주에게 되돌려 주게 하셨다. 이러한 희년의 정신에 근거하여 토지공공임대제가 제시되고 있다. 남기업은 토지공공임대제에 대해 사회가 형성한 토지가치를 정부가 환수해서 사회 전체가 공유하여 사용하고 개인의 노력에 의해 창출된 소득은 개인이 자유롭게 사용할 수 있도록 인정해 주는 제도라고 말한다.[42]

---

42) 남기업, "성서의 토지정의, 독도, 그리고 한국 토지문제", 『기독교사상』 646 (2012), 11.

제8장

나가는 말

1. 요약과 제안

지금까지 필자는 이 졸저에서 한국교회가 남북통일 이후 북한의 체제폭력으로 야기된 불행한 과거를 청산하는 과정에서 어떠한 기준과 방식과 대안을 가지고 참여해야 하는지를 논구해 보았다. 특히, 과거청산의 범위와 방향을 북한 주민의 인권침해 회복, 한반도의 생태계 복원, 그리고 북한의 경제난 해결모색으로 잡고, 윤리 신학적 근거 위에서 각각의 주제를 분석하고 통일 목회의 대안적 실천 지침을 제시하였다.

필자의 연구 결과는 먼저 정의와 화해를 위한 윤리 신학적 근거(2장)를 몰트만, 본회퍼, 사이더의 신학을 토대로 다음과 같이 정리되었다. 몰트만은 십자가에 근거한 칭의론에서 모든 사람을 보편적인 가해자로 규정한다. 하나님께서 의롭다고 칭하시는 정의는 예수 그리스도의 부활로 '다시 태어남'의 창조적 정의와 연합된 모습으로의 완전한 칭의이다. 몰트만의 정의론에서 의롭다 칭함을 받는다는 것은 하나님이 인간에게 전가하는 의의 소유만이 아니라 인간의 삶에서 의의 효력이 실제적으로 발휘되는 칭의의 능력을 가리킨다. 칭의의 대상에는 가해자와 피해자 모두가 속한다. 먼저 피해자는 예수 그리스도의 부활로 인하여 다시 태어난 결과, 새로운 정의의 공동체 형성에서 첫 번째 주체로 세워진다. 다음으로 가해자는 피해자들의 눈으로 자신의 불의를 성찰하고 피해자들을 위한 삶을 살아가야 함을 명시한다.

몰트만의 정의론은 모든 피조세계에 범주를 확장시켰다. 생태계적 신학의 입장에서 피해를 입은 생태 피조물에 대한 정의를 진술하면서, 상처 당하기 쉽고 죽어가는 생명에 대하여 예수 그리스도의 부활로 만물의 새 창조가 일어난다고 했다. 몰트만의 칭의론과 함께 두 기둥을 이루는 것은 정의의 목표인 화해로서의 하나님 나라 이해이다. 그는 하나님 나라를 정의와 평화를 앞당겨 선취하는 것으로 이해한다. 이러한 몰트만의 윤리신학을 근거로 필자는 남북통일 이후 한반도의 생태계 회복을 위한 한국교회의 역할을 제시했다.

본회퍼는 '타자에 대한 책임 회복으로서의 정의'를 주창하면서 그리스도는 이를 위해 십자가 희생으로 책임을 지셨다고 갈파한다. 그는 교회가 고난받는 자들과 함께하는 성숙한 공동체가 되어야 하며, 제자들은 자신이 처한 상황을 회피하지 말고 낮은 자들의 고난에 동참해야 한다고 말한다. 교회의 중심은 그리스도이며, 그리스도는 자신의 몸인 교회 공동체로 존재한다. 그리고 교회의 존재 양식은 공동체적으로 사회문제에 참여하지만, 지배가 아닌 봉사와 섬김의 방식이어야 한다는 것이다. 본회퍼의 책임 공동체 신학에서 세상은 하나님에 의해 이미 화해되었고 용납되었다. 범죄한 인간은 하나님과 자신을 피조세계로부터 소외시킴으로써 스스로 단절되었지만,

성육신하신 그리스도에 의해 화해되고 용납되어 칭의를 얻은 것이다. 인간은 그리스도 안에서 화해가 이루어진 세상에서 하나님의 부르심에 응답해야 할 뿐이다. 따라서 연구자는 디트리히 본회퍼의 '타자에 대한 책임 회복으로서의 정의'를 바탕으로 한국교회가 북한인권 개선에 앞장설 것을 제안했다.

사이더는 사회 정치적 현실과 경제적 현실을 제대로 직시하는 가운데 가난이 어떻게 발생하였는지를 이해하게 되었다. 사이더는 가난이 인간다운 삶을 위해 필요한 경제적 재화의 결핍이라는 구티에레즈의 개념을 수용하면서 한걸음 더 나아가 사회 정치적 현실에 주목했다. 사이더는 이러한 가난의 이해를 바탕으로 그 해결책을 성서적 관점에서 찾아 나섰다. 가난의 문제에 대한 세계교회의 대응은 성서적 관점을 도외시한 채 시대적 흐름에 지나치게 민감했고 현상적인 방법 제시에 급급했다. 더 이상 분파주의적인 대처 방안이 아니라 하나님 사랑, 이웃사랑으로 예수 그리스도를 전하는 복음전도운동, 정의의 성취로서의 통합적인 사회운동, 그리고 끊임없이 헌신하게 하는 성령운동의 에너지가 함께 어우러지는 새로운 기독교 평화운동이 필요한 시점이다. 연구자는 사이더가 피력한 기독교 평화운동을 북한의 가난문제 해결에 접목시켰다. 하나님의 토지법인 희년제도에 따른 토지정의 실현이 그 대안이 될 것이다.

북한의 체제폭력과 그 피해에서는 폭력 주체로서 국가 체제폭력, 생태계에 미친 북한의 체제폭력, 그리고 북한의 경제난으로 대별하여 살펴보았다. 폭력에 대한 본격적인 논의는 세계 1, 2차 대전 과정에서 구소련의 국가 사회주의 체제가 범행한 홀로코스트에 대한 자책과 해결을 위한 문제 제기로부터 시작되었다. 국가는 국민의 행복한 삶을 위해 질서유지와 환경을 조성하기 위해 법적인 제재를 사용해야 하는데, 집권자들이 사익과 권력유지를 위해 국가폭력을 오용하면서 국가폭력이 발생해 왔다. 따라서 국제사회와 개인은 불의하게 발생한 국가폭력에 대한 과거청산의 당위성과 의무를 가지게 된다. 국가폭력의 범위는 광범위하게 발생하고 있지만 국가폭력 해결 과정에서는 실정법상 범죄가 성립되는 사건으로 한정되어 청산 절차를 밟게 된다.

국가폭력 범죄는 정치가 시행되는 현장에서 언제나 존재하는 특징이 있다. 또한 광범위한 영역에서 다양하게 자행되고 있으며 그 피해는 심각한 후유증을 초래한다. 국가폭력은 사회질서 유지와 국가의 기강 확립을 위해서는 당위성이 있지만 동시에 절제해야 하는 양면성을 가진다. 국가폭력의 피해자는 생존과 생활환경 등에서의 2차 피해가 두려워 피해 사실을 은폐하려는 경향이 있다. 국가폭력 방법은 피해자의 육체와 정신까지 파괴시키는 고문을 하였으며 민주화 운동과 다양한 국가를 향한 시위에 대해 무차별적인 폭력이 가해졌다.

북한인권 침해 상황에 대해서는 매년 발행하는 북한 인권백서에 기록이 잘 보존되고 있으며, 북한 주민의 인권실태뿐만이 아니라 북한의 자연 생태계도 심각한 훼손 가운데 있다. 북한의 생태계 폭력과 훼손에는 세 가지의 축이 존재한다. 즉, 산업구조의 문제, 재정적 기술적 투자가 이루어지지 못한 경제적 시스템, 생존을 위해 생태계를 착취, 수탈의 대상으로 삼고 있는 주민들 의식의 문제이다. 북한의 경제난을 초래한 북한 경제체제는 크게 두 가지 측면에서 구조적으로 문제가 있다. 첫째, 사회주의 계획경제체제라는 구조적 모순으로 자립적 민족경제 건설노선을 고수하는 것이다. 둘째, 군사력·경제개발 병진노선에 따른 중공업 우선 정책으로서 산업구조의 불균형이 형성된 것이다.

체제폭력 청산의 국제적 노력과 관련하여, 필자는 독일과 남아프리카 공화국이 보여준 과거 사례를 통해서 고찰했다. 통일 독일은 구 동독 체제폭력 청산 과정을 철저한 법치주의에 근거하여 진행했다. 즉 과거청산을 급진적인 혁명재판을 통해서 폭력적으로 진행하거나 과거에 대한 전면적 부정을 택하지 않고 법치주의적, 단계적, 화합적 청산방법으로 집행했다. 독일연방공화국은 구 동독 체제폭력의 과거청산을 특별법 제정을 통해 급속하게 추진을 하지 않았고, 동·서독 간 조약에 의한 정치적 통합이라는 한계 가운데 일반 형사법으로 처리했다. 이것은 합리적이기도 하였지만 통일 과정에서 동독 체제폭력 청산에는 적절하지 못했다. 그러나 다른 한편으로는 일반법을 준거로 하여 매우 진지하게 동독의 과거청산 작업을 추진했다고 평가 받고 있으며, 연방 독일이 통일 후 이질적이었던 체제 통합 과정에서 비폭력적이며 법치주의적 청산이라는 좋은 평가를 받고 있는 것이다. 그러나 이는 화해와 화합을 지나치게 강조함으로써 온전한 청산을 하지 못했다는 지적을 또한 받고 있다. 그 결과 가해자들 일부가 호의호식하는데 피해자들은 피해의 트라우마를 안고 어려운 생활을 하고 있다는 비판이 제기되었다.

독일 통일의 가장 큰 특징은 동독에서 일어난 시민혁명으로 동독 정부의 유지가 어려운 결과 정치적 지도자들의 정치적 타협을 통해 성취된 것이며, 그러한 측면에서 남북한 체제와는 다른 면이 많다. 동독 정권은 폭력적이고 비이성적인 통치를 하였지만 합리적인 노력을 추구했다는 점에서 북한 체제와는 다른 상이한 체제였다. 독일 통일 후 동독 과거청산은 국가폭력 집행 당시의 동독 형법을 적용함으로써 과거청산에 효과적인 대응이 불가능했다. 남북한이 통일이 되면 독일의 통일 이후의 과거청산은 우리에게 반면교사가 될 것이다.

남아공의 체제폭력에 대한 과거청산에는 그 시대의 에토스와 파토스와 로고스가 있었다. 넬슨 만델라와 데스몬드 투투 주교와 같이 기독교적인 화해의 비전을 제시한 것은 기적의 에토스이다. 분노와 타도 대신 용서와 포용으로 새로운 남아공의 미래를 향한 비전을 받아들였던 흑인과 백인들은 기적의 파토스이다. TRC의 역할은 과거로 하여금 미래와 통합되고 정의가 화해의 산파가 되는 담론과 비전을 제시하는 것이 되어 기적의 로고스가 된 것이라 볼 수 있다.

남아공의 체제폭력에 대한 과거청산에는 TRC의 역할이 매우 지대했다. TRC가 전개한 남아공의 체제폭력에 대한 과거청산은 '회복적 정의'와 '우분투의 화해', 그리고 '스토리텔링에 의한 국가 기억으로의 통합'으로 이루어졌다. 이것들은 남아공의 특수한 상황에서 추진되었지만, 내면적으로는 신학적으로 공유할 수 있는 기독교적 가치와 비전을 기반으로 하고 있다. 이것을 준거로 삼아, 필자는 '하나님의 공감적 정의'와 '샬롬의 비전', 그리고 '기억하기로 인한 구속 이야기로의 통합'을 가지고 북한의 체제폭력과 과거청산을 위한 기독교적 정의와 화해 담론의 방안으로 삼을 수 있음을 주장했다.

북한의 체제폭력 청산을 위한 한국교회의 역할을 모색함에 있어서, 통일 독일을 위해서 동·서독교회가 보여준 노력은 중요한 자료가 되었다. 더 나아가서, 한국교회는 한반도의 생태계 통합을 위해 새로운 전략을 수립해야 하며, 성서적 희년제도에 대한 철저한 연구를 통해서 토지공유제와 공공임대제에 대한 공감대 형성에 주력해야 한다.

동·서독교회는 통일 이전에 전후 주변국들의 반대로 자체적으로 할 수 있는 비정치적인 분야에서부터 시작하여 협력을 증대시킴으로써 분단 상황에서 통일을 통해서 맛볼 수 있는 효과를 체험했다. 독일교회는 전후 격앙된 유럽에서 평화의 고리 역할을 하였다. 또한 동·서독으로 양분되는 고착화 과정에서 동질성을 연결하는 매개의 역할을 할 수 있었다. 정치적인 역할로는 통일 독일에서 동독이 민주주의를 지향하며 탈나치화에 앞장서는 데 기여하였다. 동·서독교회는 분단된 독일 민족의 화해와 일치를 위한 역할을 최선을 다해 감당하였다. 당시 동·서독교회가 외형적으로는 분리 상황이지만 내재적으로는 동·서독교회가 일치임을 선언하였다. 이 선언을 토대로 한 교회의 일체감은 서독교회가 동독교회를 지원할 수 있는 추동력이 된 것이다. 동·서독교회의 유대와 교류는 복음의 통로가 되었고 동독의 문화형성에도 기여하였다. 동독교회가 지속적으로 행한 복음선포는 동독인 세계관의 중요한 원리를 형성하였고 유물론 역사에 대한 저항 근거가 되므로, 공산정권 붕괴를 촉발시키는 결과를 초래했다. 그 결과 동독교회는 동독정권으로부터 통제 불가능한 집단으로 낙인찍혔지만 오히려 일반 주민들은 교회를 신뢰하게 되어 감소된 교인 수와는 상관없이 전체주의 국가의 대안이 된 것이다. 서독교회는 동독교회를 향한 섬김의 역할을 최선을 다해 감당하였고, 동독교회가 사회주의 체제에서 존립할 수 있도록 겉으로는 정부의 압력 때문에 형식적으로는 분리되었으나, 양자 간

'독특한 유대 관계'를 형성하여 다방면에서 재정적으로 섬기기 위해 최선을 다한 것이다.

독일교회가 통일 과정에서 기여한 노력들을 살펴보면, 유럽 평화운동의 구심체로서의 역할을 한 것이다. 동·서독교회는 평화운동의 구심점이 되어 격랑의 국제정세와 급속한 정치적 변화로 인한 유혈혁명의 가능성 속에서 독일 국민들의 울분과 강력한 열기를 평화운동의 분위기로 만드는데 크게 공헌하였으며, 통일 이후에는 동독정권 체제변혁 과정에서의 완충 역할을 하였다. 동·서독교회는 로쿰선언서에 의해서 급변하는 상황 가운데에서도 동독 민중들의 정체성 변화를 주도하였으며, 민족의 공동체성 유지와 통합을 도출하여 동독의 체제변화에 따르는 충격의 완충지대 역할을 한 것이다.

한국교회가 독일교회의 통일 과정에서 행한 역할에서 배울 점을 살펴보면, 동·서독교회는 교회의 일치성을 가지고 유대 관계를 위해 노력하며 교회의 연합을 추구한 결과 독일의 평화적인 통일에 초석이 되었다. 한국교회도 평화통일의 초석이 되기 위해서는 동·서독교회가 '하나님의 선교'에 교회의 본질을 두었듯이 성서적 통일 목회의 정립이 우선되어야 할 것이다. 한국교회는 통일 목회 철학을 통해 북한인권 현실을 정확하게 제시해야 할 것이다. 북한정권으로 하여금 세계의 보편적 흐름에 합류하여 인권의 보편적인 가치체계를 지향하도록 추진해야 한다. 북한 정치범 수용소의 반인류적 인권유린, 반인권적 행위에 대해 침묵이 아니라 국제사회와의 연대로 강력한 대응 구조의 필요성을 지속적으로 홍보해야 한다. 북한의 인권문제 해결을 위해 국내적인 연대를 통해 해결점을 도출해 내야 한다. 결국 통일 목회를 통해서 분단이 초래한 다양한 문제를 극복하면서 사회적인 연대 운동으로 북한인권 개선을 실천해 나가는 한국교회가 되어야 할 것이다.

아울러 통일 이후 한반도 생태계 통합을 위해 북한의 생태계 파괴 상황을 남북한 공동으로 조사하고 객관적인 자료를 수집해야 할 것이다. 이후 이를 바탕으로 하여 적합한 생태계 기술을 공동으로 개발하여 생태계 개선사업을 추진해야 한다. 이와 동시에 한반도 생태계 회복 법안을 남북이 통합적으로 제정해야 한다. 이를 위해 한국교회가 공공신학에 바탕을 둔 생태 목회 일환으로 시민단체들과 연대하여 자생적인 생태계 교육과 홍보를 강화해야 하며, 통일 정부는 동북아 주변국가와의 생태계 외교를 통해 생태계 보존과 회복을 협력적으로 추구해야 한다. 한국교회는 효율적인 통일 운동과 통일 이후를 위해 한국교회의 대표성 있는 단일 교회 협의체를 구성해야 하며, 민족의 통일과 북한의 선교를 위해, 그리고 조선기독교연맹의 파트너십을 위해 단일화된 대표적 연합 기관이 필요하다. 또한, 한국교회는 동·서독교회가 보여준 모범을 본받아 북한 조선기독교연맹을 지원하여 자립성을 갖도록 하며, 북한정권의 통제로부터 독립적인 조직이 되도록 지원을 아끼지 말아야 한다. 이와 더불어 한국교회는 북한교회 지도자들의 사역이 북한 사회에서 지도력을 발휘하도록 직·간접적인 지원을 확대해 나가야 할 사명이 있는 것이다. 이러한 신뢰를 바탕으로 한 남북한 기독교 협의체 주도하에 북한의 인권개선 운동, 북한에 나무심기 운동, DMZ 세계 평화공원 조성 등을 통한 생태계 통합을 일구어 내어야 할 것이다.

통일 이후 북한의 체제폭력 청산을 위해 한국교회가 해야 할 궁극적인 목적은 북한과 남한의 하나됨이다. 이를 위해서 북한의 가난

문제가 원천적으로 해결되어야 하며, 하나님께서 우리에게 성경의 말씀을 주신 이유는 하나님의 말씀이 이 땅에서 이루어지길 원하시기 때문이다. 성경에서 희년제도를 그토록 강조한 이유는 분명하며, 전 세계의 마지막 분단국가인 한반도의 통일과 더불어 하나님의 토지법인 희년제도가 이 땅에서 성취되길 하나님께서 원하시기 때문이라고 생각한다. 필자는 이 논문을 통해 로널드 J. 사이더를 만날 수 있었고, 그의 문헌을 통해 남북통일 이후 토지공공임대제 실현의 토대를 세우기 위한 방향성을 제시하였다.

2. 향후 과제

국가 체제폭력에 따른 과거청산은 과거의 국가 체제폭력에 대한 정확한 파악의 전제하에 가해자가 스스로 잘못을 인정하여 미래에 또 다른 가해자가 양산될 수 있는 근거를 소멸시키기 위한 것이다. 그러나 국가 체제폭력 과거청산은 피해자들이 용서해 주는 절차가 담보되어야 보복이 없는 미래 통합이 가능해지는 것이다. 강병오는 통일 독일의 과거청산 노력이 한반도에 미치는 교훈에 대해 피력한 바가 있다. 먼저 한반도에 급격한 평화통일이 도래할 경우, 통일 독일의 형 집행 모델을 과거청산 유형으로 제시한 바 있다. 반면, 평화통일이 점진적으로 성취될 때는 적합한 화해 모델이 필요함을 제시했다.[1)]

---

1) 강병오, "통일 독일의 과거청산 사례 분석과 그것이 한반도에 주는 교훈-북한 선교 관점에서", 34-35.

북한의 체제폭력은 인간만을 향한 것이 아니라 생태계에 이르기까지 전 방위적으로 가해진 폭력이다. 그러기에 물리적, 경제적 청산을 넘어서서 트라우마 치유와 생태계 회복을 아우르는 전인적, 총체적 통합까지 이루어야 하는 과제이다. 고재길은 본회퍼의 "타자를 위한 교회"라는 사회성의 신학이 한국교회의 공공 신학과 손잡고 한국교회의 출발점이 되길 바란다.[2]고 피력했다 한국교회는 냉전 이데올로기에 편승하여 이를 확대 재생산시킨 잘못을 먼저 회개하는 데서 출발하여 그에 합당한 열매로 "화해의 삶과 평화의 윤리" 실천을 해야 한다고 강조한다.[3] 손규태는 "하나님 나라가 지향하는 사회적 공공성의 실천을 위해서는 그리스도인은 사회적 유토피아를 꿈꾸는 사람들과 협력해야 할 뿐만 아니라, 같은 꿈을 가지고 있는 다른 종교인들과도 협력해야 할 것이다. 이러한 협력을 위해서 개신교회는 특히 독단적인 교리 지상주의를 버리고 성서가 가르치는 화해의 복음에 귀를 기울일 필요가 있다."고 주장한다.[4] 유경동은 기독교 공공신학의 역할에 대해 강조하면서 인권, 생태계 등 다양한 이슈에서 그 역할이 증대되고 있는 비정부적 기구(NGO)와의 연대 필요성을 피력한다.[5] 강병오는 통일 독일의 과거청산 사례 분석을 통해 통일한반도의 과거청산 모델로 '화해'를 제시하면서 현재에서부터 미래지향적으로 이를 실천하는 과정이 무엇보다 중요하다고 보았다.[6]

---

2) 고재길, 『한국교회, 본회퍼에게 듣다』, 238.

3) 위의 책, 254-256.

4) 손규태, 『하나님 나라와 공공성 −그리스도교 사회윤리 개론−』, (서울: 대한기독교서회, 2010), 182.

5) 유경동, 『남북한 통일과 기독교의 평화』, 332.

6) 강병오, "통일 독일의 과거청산 사례 분석과 그것이 한반도에 주는 교훈-북한 선교 관점에서", 36.

필자는 남북한 통일 이후 전인적, 총체적 통합을 일구어내기 위해서 한국교회가 공공신학에 바탕을 둔 '정의의 목표로서의 화해'를 창출해 나가야 할 것이라고 진단한다. 한국교회는 이를 토대로 한 통일 목회로서 북한인권 회복, 생태 목회로써 한반도 생태계 회복에 앞장서야 할 것이다. 또한 하나님의 토지법인 희년제도를 남북한 통일 국가에 관철시킬 때, 통일 비용과 한반도의 가난 문제도 상당 부분 해결의 실마리를 찾을 수 있을 것이다. 이러한 여건 조성을 위해 한국교회는 북한의 토지에 대한 소유권을 희년정신에 입각하여 그 권리를 포기하는 운동을 전개해야 한다. 하루 속히 한국교회의 단일 연합체가 조직화되어야 하는 이유와 근거이기도 하다.

참고문헌

단행본

구티에레즈 구스타보.『해방신학 : 역사와 정치와 구원』. 성염 역. 서울: 분도
　　출판사. 1987.
고재길.『한국교회, 본회퍼에게 듣다』. 서울: 장로회신학대학교 출판부. 2014.
공우석.『북한의 자연 생태계』. 파주: 집문당. 2006.
김광수 외 2인.『정치경제학과 경제주의』. 서울: 서울대출판부. 1997.
김민, 한봉서.『위대한 주체사상 총서9: 령도체계』. 평양: 사회과학출판사.
　　1985.
김성호.『디트리히 본회퍼의 타자를 위한 교회』. 서울: 동연, 2018.
김수곤 외 6인.『통일 이후의 사회와 생활』. 서울: 미래인력연구센터. 1996.
김연철.『북한의 산업화와 경제정책』. 서울: 역사비평사. 2002.
김영한.『평화통일과 한국기독교』. 서울: 도서출판 풍만. 1990.
김윤상 외.『헨리 조지와 지대 개혁』. 대구: 경북대학교출판부. 2018.
김일성.『자연보호 사업을 강화할 데 대하여』. 평양: 조선로동당출판사. 1993.
남기업 외.『희년, 한국사회, 하나님 나라』. 서울: 홍성사. 2016.
대천덕.『대천덕 신부가 말하는 토지와 경제 정의』. 전강수, 홍종락 역. 서울:
　　홍성사, 2003.
데이비드 A, 시멘즈.『상한 감정의 치유』. 송현복 역. 서울: 두란노서원. 1986.
몰트만, 위르겐.『그리스도가 계신 곳에 생명이 있습니다.』. 채수일 역. 서울:
　　대한기독교서회. 1997.
＿＿＿.『삼위일체와 하나님의 역사-삼위일체 신학을 위한 기여』. 이신건 역.
　　서울: 대한기독교서회. 2017.
＿＿＿.『생명의 영』. 김균진 역. 서울: 대한기독교서회. 1992.
＿＿＿.『성령의 능력 안에 있는 교회』. 박봉랑 외 4인 역. 서울: 대한기독교
　　서회. 2011.
＿＿＿.『세계 속에 있는 하나님』. 곽미숙 역. 서울: 동연. 2009.
＿＿＿.『약한 자의 능력』. 전경연 역. 서울: 종로서적. 1996.
＿＿＿.『예수 그리스도의 길』. 김균진, 김명용 역. 서울: 대한기독교서회.
　　1990.

_____. 『오늘 우리에게 그리스도는 누구신가?』. 이신건 역. 서울: 대한기독
  교서회. 1997.
_____. 『절망의 끝에 숨어있는 새로운 시작』. 곽미숙 역. 서울: 대한기독교
  서회. 2006.
_____. 『정의가 미래를 창조한다.』. 안명옥 역. 서울: 분도. 1990.
_____. 『정치 신학 정치 윤리』. 조성로 역. 서울: 대한기독교출판사. 1992.
_____. 『하나님의 이름은 정의이다』. 곽혜원 역. 서울: 21세기교회와 신학포
  럼. 2011.
_____. 『하나님 체험』. 전경연 역. 서울: 대한기독교서회. 1982.
_____. 『희망의 윤리』. 곽혜원 역. 서울: 대한기독교서회. 2012.
미로슬라브 볼프. 『기억의 종말』. 홍종락 역. 서울: IVP. 2016.
박삼경. "남북한 평화통일의 모습들" 『통일 시대로 가는 평화의 길』. 서울:
  열린 서원. 2015.
법무부. 『통일 독일의 구 동독 체제 불법 청산 개관』. 과천: 법무부. 1995.
본회퍼, 디트리히. 『그리스도론』. 이종성 역. 서울: 대한기독교서회. 1981.
_____. 『나를 따르라』. 허혁 역. 서울: 대한기독교서회. 1974.
_____. 『성도의 교제』. 유석성, 이신건 역. 서울: 대한기독교서회. 2010.
_____. 『신도의 공동생활』. 문익환 역. 서울: 대한기독교서회. 1998.
_____. 『윤리학』. 손규태, 이신건, 오성현 역. 서울: 대한기독교서회 2010.
_____. 『저항과 복종』. 손규태, 정지련 역. 서울: 대한기독교서회. 2010.
_____. 『창조와 타락』. 강성영 역. 서울: 대한기독교서회. 2010.
_____. 『행위와 존재』. 정지련, 김재진 역. 서울: 대한기독교서회. 2010.
북한인권정보센터 부설 북한인권기록보존소 편. 『북한인권백서. 2017』. 서울:
  북한인권정보센터 부설 북한인권기록보존소. 2017.
브레드쇼 존. 『상처받은 내면아이 치유』. 오제은 역. 서울: 학지사. 2004.
롤스 존. 『정의론』. 황경식 역. 서울: 이학사, 2003.
사이더, 로널드. 『가난한 시대를 사는 부유한 그리스도인』. 한화룡 역. 서울:
  IVP. 2009.
_____. 『복음 전도와 사회운동』. 이상원, 박현국 역. 서울: CLC. 2013.
_____. 『이것이 진정한 기독교다』. 김선일 역. 서울: IVP. 1997.
사회과학원 주체경제학연구소. 『경제사전 제1권』. 평양: 사회과학출판사.
  1985.
샌델 마이클. 『정의란 무엇인가』. 이창신 역. 파주: 김영사. 2010.
서창원. 『깨어있는 예수의 공동체』. 서울: 진리의 깃발. 1999.

손기웅. 『북한의 환경 정책과 실태』. 서울: 통일부 통일교육원 연구개발팀. 2007.

손규태. 『하나님 나라와 공공성 -그리스도교 사회윤리 개론-』. 서울: 대한기독교서회. 2010.

송원근 외. 『목회: 정말 원하십니까? 통일 목회 하십시오!』. 서울: 청미디어. 2017.

신동혁. 『세상 밖으로 나오다 : 북한 정치범 수용소 완전 통제구역』. 서울: 북한인권정보센터. 2007.

아리스토텔레스. 『니코마코스 윤리학』. 최명관 역. 서울: 서광사, 1984.

오승렬, 최수영, 박순성. 『북한의 경제 개혁과 남북 경협』. 서울: 민족통일연구원. 1995.

요한 갈퉁. 『평화적 수단에 의한 평화』. 강종일 외 공역. 파주: 들녘. 2000.

유경동. 『남북한 통일과 기독교의 평화』. 서울: 도서출판 나눔사. 2012.

월터스토프 니콜라스. 『정의와 평화가 입 맞출 때까지』. 홍병룡 역. 서울: IVP. 2007.

이민부, 김남신, 한욱, 강철성, 한주연, 최한성, 신근하. 『북한의 환경 변화와 자연재해』. 파주: 한울. 2006.

이삼성. 『20세기의 문명과 야만: 전장과 평화, 인간의 비극에 관한 정치적 상황』. 서울: 한길사. 1998.

이태섭. "북한의 생필품난". 『北韓 經濟의 오늘과 내일』. 서울: 현대경제사회연구원. 1996.

정우진. 『북한의 에너지 산업』. 서울: 공보처. 1996.

정종기. 『통일 목회를 위한 디딤돌』. 서울: 청미디어. 2016.

존 맥아더. 『그리스도의 몸 된 교회』. 이춘이 역. 서울: 생명의 말씀사. 1986.

존 메이나드 케인즈. 『고용, 이자 및 화폐의 일반 이론』. 조순 역. 서울: 비봉출판사. 1997.

주도홍. 『독일 통일에 기여한 독일 이야기』. 서울: 기독교문서선교회. 1999.

최수영. 『북한의 에너지 수급 실태 연구』. 서울: 민족통일연구원. 1993.

카통골레 에마뉘엘, 라이스 크리스. 『화해의 제자도』. 안종희 역. 서울: IVP. 2013.

콘라드, 뵈르마. 『성경에서 본 빈곤한 자와 부한 자』. 김철영 역. 서울: 기독교문사. 2004.

통일교육원. 『북한 이해』. 서울: 양동문화사. 1998.

통일교육원. 『북한 이해』. 서울: 양동문화사. 2003.

통일부. 『북한 개요. 2000』. 서울: 통일부. 2000.

통일부. 『북한 이해』. 서울: 통일부. 2016.

통일연구원. 『2011 북한인권백서』. 서울: 통일연구원. 2011.

통일연구원 북한인권연구센터. 『북한인권법 제정 의의와 향후 과제』. 서울: 통일연구원. 2016.

한스 큉. 『교회』 정지련 역. 서울: 한들출판사. 2007.

허문영. 『북한의 경제정책 변화와 남북 경협 활성화 방안』. 서울: 민족통일연구원. 1996.

헨리 조지. 『진보와 빈곤』. 김윤상 역. 서울: 비봉출판사. 2016.

Boesak. Allan A. *Farewell to Innocence: A Socio-Ethical Study of Black Theology and Black Power.* Maryknoll NY: Orbis. 1984.

Bash. Anthony. *Forgiveness and Christian Ethics.* Cambridge, England: Cambridge University Press. 2007.

Gibson. L. James. *Overcoming Apartheid: Can Truth Reconcile a Divided Nation?.* New York: Russell Sage Foundation. 2006.

Meeking. Basil and Stott R. W. John. *The Evangelical-Roman Catholic Dialogue on Mission, 1977-1984.* W.B. Eerdmans, 1986.

Mouw. J. Richard. *Political Evangelism.* Grand Rapids: Eerdmans. 1973.

Maria. Haendcke-Hoppe und Konrad Merkel. *Umweltschutz in beiden Deutschlands.* Ost-Berlin, 1986.

Sauer, Heiner, Plumeyer, Hans-Otto. 『(서독) 잘쯔기터: 인권침해 중앙기록보존소』. 이건호 역. 서울: 북한인권정보센터. 2007.

Smit. J. Dirk. *"Compassionate Justice?" in Essays on Being Reformed.* ed. Robert Vosloo. Cape Town: SUN MeDIA, 2009.

The Truth and Reconciliation Commission. *The Truth and Reconciliation Commission of South Africa Report. vol.1.* Cape Town: The Truth and Reconciliation Commission, 1998.

Tutu. N. Desmond. *No Future without Forgiveness.* London: Random house, 1999.

United Nations Development Programme. *Human Development Report 2002.* New York: UNDP. 2002.

Vinay. Samuel and Chris Sugden. *The Church in Response to Human Need.* Wipf & Stock Publishers, 2003.

정기간행물

강병오. "통일 독일의 과거청산 사례 분석과 그것이 한반도에 주는 교훈-북한 선교 관점에서." 『신학과 선교』 53(2018), 9-40.

강용주. "아시아는 지금 : 과거청산과 국가폭력 치유센터." 『아시아저널』 20(2010), 109-139.

고재길. "디트리히 본회퍼의 사회윤리에 대한 소고." 『장신논단』 37(2010), 117-151.

권오성. "독일 통일과 교회의 역할(I)." 『기독교사상』 39(1995), 82-101.

_____. "독일 통일과 교회의 역할(II)." 『기독교사상』 39(1995), 144-162.

그라제만. 한스 위르겐, "독일 통일 후 동·서독 통합 과정에서 제기된 인권 문제." 평화재단 제48차 국제 전문가포럼. 평화재단, 2008.

김광수. "남아프리카 공화국의 국가 건설 : 진실과 화해 위원회(Truth and Reconciliation Commission : TRC)가 역사 청산, 국민 화합, 그리고 민주화 과정에 기여한 역할을 중심으로." 『Asian Journal of African Studies』 15(2002), 29-80.

김봉석. "철학적 정의론의 다차원성." 『한국 사회학회 사회학 대회 논문집』 6(2008), 277-284.

김연호. "이스라엘의 회복과 온 이스라엘의 구원." 제5회 이스라엘 신학 포럼 이스라엘 독립 70주년 기념 포럼. 예루살렘 히브리대학교, 2018년 1월 31일.

김영기. "마이클 샌델의 정의관 비판." 『동서사상』 10(2011), 1-26.

김영수. "남아공 시민사회와 진실화해 위원회." 『역사비평』 109(2014), 94-118.

김영윤. "서독 정부의 동독 이탈주민 정착지원." 제17회 한반도평화포럼 자료집. 한반도평화연구원, 2009년 10월 8일.

남기업. "성서의 토지정의, 독도, 그리고 한국 토지문제." 『기독교사상』 646(2012), 10-21.

_____. "통일 이후의 북한 토지제도의 개선 방향." 『기독교와 통일』 3(2009), 345-367.

서보혁. "한·미·일 3국의 북한인권법 비교 연구." 『담론 201』 19(2016), 61-91.

손기웅. "북한의 환경 문제와 남북한 교류협력 전망." 『통일경제』 15(1996), 49-61.

오현기. "독일의 분단과 통일이 한국교회에 주는 교훈." 『복음과 선교』

12(2010), 71-94.

유석성. "본회퍼의 평화윤리." 『신학사상』 91집(1995): 463-483.

윤여상, 제성호. "서독의 동독인권 침해 기록 사례와 한국의 원용 방안." 『중앙법학』 8(2006), 291-321.

윤철호. "치유적 관점에서 본 몰트만의 구원론." 『교회와 신학』 78(2014), 115-140.

이상신. "북한인권과 NGO : 북한인권 개선을 위한 노력의 변화 과정." 『통일과 법률』 4(2010), 76-97.

이수훈. "북한 문제의 에너지적 차원." 『현대북한연구』 6(2003), 169-197.

이종원. "응보적 정의와 회복적 정의 : 사형제도를 중심으로." 『신학과 실천』 28(2011), 879-901.

이태호. "예수와 사회정의: 마가복음 11:15-17." 『성경과 신학』 61(2012), 241-273.

장윤미. "개혁 개방에 관한 비교 사회주의 연구: 중국과 러시아의 체제 전환." 『한국과 국제 정치』 23(2007), 139-177.

전강수. "북한 지역 토지제도 개혁 구상." 『통일문제연구』 19(2007), 185-217.

정일웅. "교회의 연합 정신과 한국교회의 민족통일에 대한 노력." 『한국개혁신학』 20(2006), 35-69.

정종훈. "독일 교회에 비추어 본 한국교회의 남북통일을 위한 과제." 『한국기독교신학논총』 68(2010), 257-285.

조은식. "남북교회 교류를 통한 통일 선교 과제." 『장신논단』 21(2004), 331-354.

최정기. "국가폭력과 트라우마의 발생기제 : 광주 '5·18' 피해자를 대상으로." 『경제와 사회』 77(2008), 58-78.

한승호, 이윤진. "북한인권법 제정 이후 인권 정책의 방향과 실천 과제." 『세계지역연구논총』 34(2016), 115-128.

Elna Mouton and Dirk Smit. *"Shared Stories for the Future?: Theological Reflections on Truth and Reconciliation in South Africa."* Journal of Reformed Theology 2, no. 1 (2008), 40-62.

Nicholas Wolterstorff. "Spirituality, Justice, and Remembering." The Covenant Quarterly, no. 70 (2012).

Rich Arthur. Wirtschaftsethik I. Zeitschrift für Philosophische Forschung 40, no. 4 (1986), 652-54.

Smit J. Dirk. *"The Truth and Reconciliation Commission: Tentative Religious and Theological Perspective."* Journal of Theology for Southern

Africa, no. 90 (1995).

Verwoerd J. Wilhelm. *"Toward the Truth about the TRC: A Response to Key Moral Criticisms of the South African Truth and Reconciliation Commission."* Religion and Theology 6, no. 3 (1999).

학위논문/학술발표자료/신문

강명옥. "북한인권과 국제사회." 박사학위 논문, 연세대학교 대학원, 2006.

김하중. "체제 불법 청산 방안에 관한 헌법적 고찰 : 구 동독과 북한의 체제 불법을 중심으로." 박사학위 논문, 고려대학교 대학원, 2008.

김태영. "북한 경제난의 분석 : 1990년대를 중심으로." 석사학위 논문, 청주 대학교 대학원, 2004.

내외통신, 799호, 1992년 6월 11일자.

마사요시 하마타 일본 외무성 차관이 발표한 자료 http://www.mofa.go.jp/region/asia-paci/n_korea/abucation/state0702.html. 검색일자: 2013. 2. 4.

박종권. "북한의 환경 실태와 통일을 대비한 환경 정책 방향." 석사학위 논문, 경남대학교 행정대학원, 1998.

시사인. http://sisainlive.com/news/articleView.html?idxno=4920. 검색일: 201. 12.16.

연합뉴스. 특집:統獨3년, (7)舊동독 공산당 간부들의 현재, 2005. http://news.naver.com/main/read.nhn?mode=LSD&mid=sec&sid1=104&oid=01&aid=0367812. 검색일: 2010.12.18.

유민정. "북한 경제특구 법제 연구." 박사학위 논문, 이화여자대학교 대학원, 2007.

조만준. "한반도 통일을 위한 개혁 신학의 과제 연구." 박사학위 논문, 총신 대학교 일반대학원, 2016.

전남대학교 산학 협력단. "조사의 신뢰성 제고와 치료 및 재활 측면의 화해방 안 모색을 위한 심리적 피해 현황 조사 보고서", 광주 트라우마 센터, 2007.

진상문. "북한의 환경 문제와 남북 환경 협력의 추진 방향." 박사학위 논문, 연세대학교 대학원, 1998.

진실 화해를 위한 과거사 정리위원회의 보도자료. 2007. 8. 21.

BFWI. *Hunger.* 1995.

IT-95-10, 구 유고 형사재판소 판결, 1999년 12월 14일, 53항.

Mathatha Tsedu. "Questioning If Guilt Without Punishment Will Lead to Reconciliation: The Black Press Relieves its Own Horrors and Seeks Justice." Nieman Reports 52 (1998). http://niemanreports.org/articles/questioning-if-guilt-without-punishment-will-lead-to-reconciliation/ 검색일: 2017년 3월 25일.

Republic of South Africa. *The Promotion of National Unity and reconciliation Act.* 1995. http://www.sahistory.org.za/archive/promoion-national-unity-and-reconciliation-act (2017. 2.14 접속). Chap.2, s3.

한겨레21 [제1216호]. "정의롭고 시장 친화적인 공공토지임대제를." http://h21.hani.co.kr/arti/economy/economy_general/45478.html

김원천

저자 김원천 목사는 기독교대한성결교회 소속 목사로서 대부천교회를 담임하고 있다. 신학생 시절부터 말씀과 기도에 전적으로 착념했을 뿐만 아니라, 정의사회와 민족통일과 같은 사회적 문제에도 관심을 기울여왔다. 이러한 신앙적 자의식이 목회현장에서도 지속적으로 투영되어 대부천교회를 담임하면서도, "글로벌 문화선교회 운영위원장," "평창동계올림픽 선교위원회 후원회장," "국제스포츠인선교회 기획위원장," "KHN(Korea and Her Neighbor's Inc) 한반도 평화통일위원장"이라는 직함으로 정의사회와 민족통일을 위해 헌신해 왔다. 본회퍼의 신학을 통해서 목회활동과 사회운동을 하나로 묶어서 새로운 지평의 복음주의 운동으로 승화하고 싶은 열망을 가슴에 품고 서울신학대학교 신학전문대학원 박사과정의 문을 두드렸다. 2018학년도에 서울신학대학교 신학전문대학원에서 "통일이후 북한의 체제폭력과 과거청산에 대한 한국교회의 역할 - 정의와 화해의 관점에서"라는 제목으로 박사학위를 취득했다.

통일한국의 새지평

과거청산의
윤리적 시론

초판 1쇄 발행 2019년 03월 29일
초판 2쇄 발행 2024년 02월 29일

지은이 김원천
펴낸이 채종준
펴낸곳 한국학술정보㈜
주소 경기도 파주시 회동길 230(문발동)
전화 031) 908-3181(대표)
팩스 031) 908-3189
홈페이지 http://ebook.kstudy.com
전자우편 출판사업부 publish@kstudy.com
등록 제일산-115호(2000. 6. 19)

ISBN 978-89-268-8759-2 93230